性、謊言、吹哨者

She Said

Breaking the Sexual Harassment Story That Helped Ignite a Movement

Jodi Kantor 茱蒂・坎特　Megan Twohey 梅根・圖伊——著
游淑峰——譯

目錄

獻給我們的女兒：

米拉（Mira）、塔莉亞（Talia）與維奧利特（Violet）

序

二〇一七年，當我們為《紐約時報》（*New York Times*）展開對哈維・溫斯坦（Harvey Weinstein）的調查時，女性擁有的權力比以往都要更大。曾經幾乎被男性獨占的工作類別，像是警察、軍人或航空機師，至今已不復見。女性領導國家如德國、英國，也能領導如通用汽車與百事可樂這樣的企業。一位三十多歲的女性工作一年所賺得的錢，很可能比她歷代女性祖先辛苦一輩子全加起來的還要多。

然而，屢見不鮮的是，性騷擾女性的行為仍然可以不用受到懲罰。女科學家、女服務生、拉拉隊員、行政經理、女工必須面帶微笑經過人群、好色之徒或者不受歡迎的來者，才能得到下一筆小費、下一份薪水，或是下一次升遷。性騷擾是不合法的——但它在某些工作裡也是家常便飯。大膽說出來的女性往往會被解雇，或是遭受詆毀。受害者往往各自被藏匿或孤立起來。很多人會同意，她們最好的選項，是接受一筆錢作為某種形式的彌補，並且以噤聲作為交換。

而另一方面，加害者往往繼續高升，獲得更多的成功與掌聲。性騷擾者往往被認為是頑皮的壞男孩而被接納，甚至受到讚賞。極少人會受到嚴懲。梅根寫過幾篇文章，報導幾位女性指控唐納・J・川普（Donald J. Trump）向她們伸出魔爪，但後來她也報導了川普於二〇一六年贏得美國總統大選。

我們於二〇一七年十月五日揭發溫斯坦被指控性騷擾與性虐待後，我們驚訝地看著如同一道水壩坍塌。全世界上百萬的女性訴說自己遭受不當對待的故事。不計其數的男性突然必須為他們的魔爪行為做出回應，這是一個史無前例的究責時刻。記者推波助瀾，啟發了一種典範轉移。我們的工作只是這項改變其中一個驅動者，這項改變其實已經醞釀了好幾年，要感謝先鋒的女性主義者與法律學者的努力：發起「#MeToo」（#我也是）運動的安妮塔・希爾（Anita Hill）、塔拉納・伯克（Tarana Burke），以及其他許多人，包括我們的記者同僚。

然而，看見我們得來不易的調查發現，大幅改變了大眾的態度，這讓我們想問：為什麼是這個故事？如我們一位編輯指出的，哈維・溫斯坦甚至不算那麼鼎鼎有名的人物。在這個無奇不有的世界，這種劇烈的社會改變是怎麼發生的？

我們因此著手這本書，來回答這些問題。在這項改變中，沒有一件事是不可避免或能被提前預知的。書中我們描述了率先打破沉默、勇敢舉發溫斯坦的消息來源者，包含她們的動機，以及她們痛苦又危險的決定。蘿拉・馬登（Laura Madden），是一位住在英國威爾斯的前溫斯坦助理與全職媽媽，在她踉蹌走出離婚陰影，即將進行癌症後乳房手術時，披露了這件事。艾希莉．賈德（Ashley Judd）受到一段她不為人知的人生經歷所刺激，冒著職涯風險站出來，當時她暫時離開好萊塢，沉浸在設想性別平等的大格局思想中。賽爾達．帕金斯（Zelda Perkins）是一位倫敦的製片人，她對溫斯坦的投訴，受到二十年前簽署的一份和解書壓抑，即使可能因而遭受法律與財務上的懲罰，她還是選擇開口向我們說明。一位溫斯坦的長年員工，因為他明白事情的來龍去脈而日益寢食難安，他扮演了一個重要的（最初是匿名的）角色，幫助我們最終拆穿他老闆的真面目。英文版原書選擇的書名《她說》（*She Said*）是一個複雜的標題：我們寫那些說出來的人的故事，也寫那些選擇不說出來的人的故事，以及如何說、何時說、為什麼說的細微之處。

這也是一本關於調查報導的故事，從一開始報導內容充滿不確定性的那些日子，當時我們所知甚少，而且幾乎沒有人願意向我們透露消息。書中我們敘述如何套出祕密、鎖定訊息，並且極力追求關於一個權勢人物的真相，即使在過程中，他千方百計運用卑鄙手段，試圖破壞我們的工作。當這位製片知道他已經被逼進牆角了，我們也在出刊前，第一次，在《紐約時報》的辦公室與這位製作人攤開資料做最終攤牌——這也是他的最後一搏。

我們的溫斯坦報導發生在「假新聞」指控大行其道的時刻，「對事實的全國共識」這個概念似乎正在分崩離析。然而揭發溫斯坦事件的影響如此之大，部分是因為我們與其他記者建立了清楚且具壓倒性的惡行證據。書中，我們解釋了我們如何根據第一手自述、財務與法律紀錄、公司內部信件，以及其他蛛絲馬跡，勾勒出一種行為模式。當我們的調查公諸於世，大家對於溫斯坦的惡行很少有公開爭議，大部分爭論是在該如何回應這些做過的錯事。然而，溫斯坦繼續否認所有對「沒有合意的性行為」之指控，並多次宣稱我們的報導不實。「你們有的是指責跟控訴，但是你們沒有絕對的事實，」當我們要求對我們所揭露的內容給與回應，一位溫斯坦的發言人這麼說。

這本書的內容，在兩者中切換：一是我們於二〇一七年對溫斯坦的調查工作中獲得的第一手資料，二是自那時以來我們所收集的大量訊息。我們關於溫斯坦的報導，大部份有助於說明法律制度與企業文化如何使受害者沉默，而且至今仍然抑制變革。企業成為保護加害者的共犯。一些所謂為女性發聲者，從掩蓋不當行為的和解制度中受益。許多瞥見問題的人，例如哈維．溫斯坦的弟弟，同時也是其商業夥伴的鮑勃．溫斯坦（Bob Weinstein），接受了本書大量的採訪——他們在事發過程中，幾乎沒有去嘗試與阻止這些行為。

在我們撰寫此書時，亦即在二〇一九年五月，溫斯坦因涉嫌強暴與其他性侵害案件正等待刑事審判，並且面臨一系列的民事訴訟，包含女演員、前雇員和其他人士正在向他追究財務賠償。無論這些案件的結果如何，我們都希望這本書能為溫斯坦的行徑留下永遠的紀錄：他如何利用工作操縱、壓迫和恐嚇女性。

我們揭露溫斯坦的故事之後，#MeToo運動大爆發，新爭議不斷浮上檯面，從約會強暴、兒童性侵害、性別歧視，甚至到派對上的尷尬相遇。這使得公開對話感覺起來更豐富、更深入，但也更令人困惑：這個運動的目標是要杜絕性騷擾、改革刑事司法體系、粉碎父權，還是提倡無冒犯的調情？這個究責是不是太無限上綱，讓無辜的男性無端動輒得咎？或者這個運動走得還不夠遠，尚無法撼動體制而令人沮喪？

我們對溫斯坦的報導出版將近一年後，來自加州的心理學教授克里斯汀・布萊西・福特（Christine Blasey Ford）博士出現在美國參議院委員會，控告當時被提名為最高法院大法官的布萊特・卡瓦諾（Brett Kavanaugh）在高中一次喝醉酒後性侵她。卡瓦諾則激動憤怒地否認這項指控。有些人將福特視為#MeToo運動的終極英雄；有些人則視她為自不量力的象徵——對#MeToo運動日益高漲的反彈聲浪，這是一個活生生的例子。

至今，我們視她為揭露過最複雜的「她說了什麼」故事之一的重要人物，尤其是當我們開始了解她前往參議院作證之路，有多麼不被大眾了解。茱蒂從在聽證室時開始看著，一路觀察她律師團的部分運作，而且在隔天早上與她會面。十二月，梅根在加州帕羅奧圖（Palo Alto）與福特早餐會面，進行聽證會後的首次採訪。在接下來的數個月，她又與福特進行數小時的採訪，詢問她如何走到公開發聲一途，以及後續結果如何。我們也採訪其他形塑與見證她經歷的人。我們訴說福特前往華盛頓的心路歷程，以及排山倒海而來的看法、制度、政治角力與恐懼，對她造成的影響。

很多人好奇福特在參議院作證後，日子過得如何？這本書的最後一章納入一場很特別的團體採訪，當中，我們把不同故事報導中的幾位女性聚在一起，包括福特。然而，福特的旅程也意喻著某個更大的挑戰：人們繼續問，是什麼驅動與阻礙進步？#MeToo運動是我們這個時代社會改變的案例，但也是一項測試：在這個崩解的環境下，我們所有人是否能夠鍛造出一套新的、對彼此公平的規則與保護機制？

這本書記錄了美國與全世界女性驚心動魄的兩年。那段歷史屬於所有經歷過的我們：不像有些記者的調查是針對政府或企業深鎖的祕密，這次的調查工作則是關於我們——從我們自己的生活、工作場所、家庭與學校中經驗到的。但是我們寫這本書，是要帶讀者盡可能地接近事件爆發的核心。

為了要盡可能地直接與真確地敘說這些事件，我們集結了大量的採訪文字紀錄、電子郵件，以及其他原始文件。有我們與溫斯坦相關的電影明星的原始對話紀錄、鮑勃．溫斯坦寫給他兄長的究責信、福特相關文件的摘錄，以及其他許多第一手素材。有些原來是不公開的，但是透過更多的報導調查，包括回頭採訪涉案人士，才能將它收錄在此。我們透過記錄和訪問，得以將我們未親眼目睹的對話與事件描述出來。總的來說，這本書是根據三年來的報導，集結了數百次遍及倫敦到帕羅奧圖的採訪。書末註釋詳細的說明了資訊來源與紀錄。

最後，這本書也是一個我們投入了解這些事件，培養出夥伴關係的大事記。為了避免混淆，我們以第三人稱寫自己。（報導中的第一人稱敘述，通常是我們的共同作業，但往往包括各自追蹤個別線索，當中的「我」可能是茱蒂或梅根。）所以，在即將開始說這個故事之前，我們想先用我們自己的聲音說：謝謝你／妳揭開書頁加入我們的行列，謝謝你／妳和我們一樣在這些事件與線索中拼湊，見證我們所見證的，聽見我們所聽見的。

第一章 第一通電話

《紐約時報》對哈維・溫斯坦的調查工作，是從一個最有希望的，但卻連接電話都不願意的消息來源開始。

「事情是這樣的，我已經好幾次被你們家的報紙不堪對待，而且我相信問題根源是性別歧視，」[1]演員蘿絲・麥高恩（Rose McGowan）於二〇一七年五月十一日這麼寫，回覆茱蒂詢問她是否方便談話的電子郵件。麥高恩一一列出她的批評：她在一場政治晚宴上的演說，被刊登在風尚版，而不是在新聞版。她先前與一位《紐約時報》記者針對溫斯坦議題的對話，令她覺得不舒服。

「《紐約時報》需要檢視自己的性別歧視議題，」她回應說：「我沒這麼想幫忙。」

幾個月前，麥高恩未指名道姓的指控了一位製作人，有傳說是溫斯坦強暴她。「因為這在好萊塢／媒體是公開的祕密，而且他們一面羞辱我，一面還對我的施暴者恭維奉承，」[2]她在推特上說，並加了用來強調主題的「#」符號：「#為何女性不舉報」（#WhyWomenDontReport）。據說她正在寫一本回憶錄[3]，意在揭露演藝界對女性的不當對待。

不像好萊塢幾乎每個人，麥高恩過去就曾冒著自己生涯事業的風險，大聲疾呼性別問題。她曾經發推特提到她為一部亞當・山德勒（Adam Sandler）的電影試鏡時，服裝要求有多麼羞辱人：「展現乳溝的無袖低領背心（托高型胸罩更佳）。」[4]大致而言，她在社群媒體上的語調嗆辣，挑戰意味十足：「生氣是可以的。不用害怕，[5]」她在數月前的推文上這麼寫著，後來加了一句：「拆掉這個體系。」如果連麥高恩這樣的倡議者女星都不願意私下談話，誰會願意？

溫斯坦不是當時最有權勢的人。最近幾年，他的電影魔力已經開始動搖。但是他的名字是權力的同義詞，尤其是推進演藝生涯的力量。首先，他創造了他自己，從紐約皇后區不起眼的出身，到推銷演唱會，到發行與製作電影，他似乎知道怎麼把他身邊的每樣東西做大——電影、派對，而且最大部分是人。他一次又一次地將年輕的演員拱成巨星：葛妮斯・派特洛（Gwyneth Paltrow）、麥特・戴蒙（Matt Damon）、蜜雪兒・威廉絲（Michelle Williams）、珍妮佛・勞倫斯（Jennifer Lawrence）。他可以將小型的獨立電影如《性、謊言、錄影帶》（*Sex, Lies and Videotape*），或是《亂世浮生》（*The Crying Game*）變成風潮。他引領現代奧斯卡，為他自己贏得五座最佳影片，也幫助其他人抱走了好幾座小金人。他為希拉蕊・柯林頓（Hillary Clinton）募款、陪在她身旁打點過無數的募款者，幾乎長達二十年。當瑪莉亞・歐巴馬（Malia Obama）尋求在電影界的實習機會，她就是為「哈維」工作——只用名，不用姓氏，連許多陌生人都這麼稱呼他。二〇一七年，即使他的電影不如之前成功，他的名聲仍維持不墜。

他對待女性的傳言已經流傳一陣子了。人們公然對此開玩笑：「恭喜，妳們五位不再需要假裝被哈維．溫斯坦吸引了，」喜劇演員賽斯．麥克法蘭（Seth MacFarlane）在二〇一三年宣布奧斯卡入圍名單時這麼說。但是很多人只是將這種行為視作風流，沒有任何事被公開記錄下來。其他的記者過去曾嘗試過，但失敗了。二〇一五年紐約市警察局針對一宗指控溫斯坦猥褻的案件進行調查，最後沒有任何刑事起訴。「到某一刻，所有害怕談論哈維．溫斯坦的女性必須手牽手一起跳進去，[6]」一位記者珍妮佛．賽尼爾（Jennifer Senior）當時曾這樣推文回覆。兩年過去了。什麼事都沒發生。茱蒂曾聽說有另外兩位記者嘗試過，一位是《紐約雜誌》（*New York Magazine*）的作者，一位是全國廣播公司（NBC）的羅南．法羅（Ronan Farrow），但還沒有任何報導。

關於溫斯坦與女性互動的耳語是錯的嗎？麥高恩的推特文指涉的另有其人嗎？檯面上，溫斯坦吹噓自己擁有女性主義者的資歷。他以美國女權主義先驅格洛麗亞．斯泰萊納姆（Gloria Steinem）之名，捐了一大筆錢贊助一個教授職位。他的公司發行了《消音獵場》（*The Hunting Ground*），一部關於校園性侵的紀錄片與集體哭訴。他甚至於二〇一七年一月在猶他州帕克市（Park City）日舞影展（Sundance Film Festival）期間，參加串聯美國多座城市的歷史性女性大遊行，加入頭戴粉紅貓咪帽的人潮之中。[7]

《紐約時報》調查部門藏身遠離其他嘈雜的新聞室，目標是挖出從來沒有被報導過的事，追究某些刻意隱瞞犯罪的人們或機構。第一步通常是謹慎地向外尋找線民。所以，該如何回覆麥高恩，讓她有動機接電話呢？

麥高恩的電子郵件啟了一個開端。首先，她回信了。很多人從來不回覆的。她在她的訊息裡思考過，而且很認真地提出了一項批評。也許她是在測試茱蒂，戳《紐約時報》的痛處，看看這位記者是否會否認。

但是茱蒂不想對她工作了十四年的地方掀論戰。但恭維麥高恩（例如「我真的很佩服妳推文的勇氣……」）也不是辦法。這樣會削弱茱蒂在互動之中的權威。而且，對於麥高恩能夠貢獻的這個調查主題，她現在也沒什麼能說的：如果她問茱蒂已經和幾個女性談過，答案會是零。

話得要拿捏成這樣，不要提到溫斯坦的名字：麥高恩有在推特上貼出私人通訊的紀錄，例如亞當・桑德勒的試鏡注意事項。她是一個會想引爆事情的人，但是那樣的衝動在這種情況下，會有不良的後座力。（「嘿，大家來看看這封來自《紐約時報》記者的電子郵件。」）這個議題使得回應更加棘手。麥高恩說過她是一位性侵害受害者。對她施壓不是恰當的作法。

茱蒂從二〇一三年，就開始調查女性在企業與其他機構的處境。美國的性別爭議似乎已經充滿了情緒：社論、回憶錄、在社群媒體上忿怒的發洩文或姐妹情誼的互相取暖。它需要的是暴露更多隱藏的事實。尤其關於工作場所這部分。勞工，從最精英到最低階，往往都害怕質疑她們的老闆。記者則不然。在調查這些故事時，茱蒂發現，性別不只是個議題，也是一種調查的切入方式。因為女性在很多組織裡仍然是局外人，記錄她們所經歷的情境，即意謂著看見權力如何運作。

她回信給蘿絲．麥高恩時，訴諸她過往的報導經驗：

以下是我追蹤這些議題的紀錄：亞馬遜、星巴克、哈佛商業學院全都改變了他們的政策，以回應我報導揭露的性別相關問題。當我撰寫哺乳的階級差異，描述白領階級的女性可以在工作時擠奶，而低薪工作的女性不能，首次出現的移動式哺乳室是我收到的讀者回應，如今分布在全國兩百個以上的地點。

如果妳傾向不說，我能理解，也祝福妳的書出版順利。

謝謝妳，

茱蒂

麥高恩在數小時後回信了。她在週三前，任何時間都方便講話。

這通電話感覺有些弔詭：麥高恩因為有著強勢、留有一頭平頭的形象，以及經常發煽動性的推特貼文，顯得不太好惹。但是她在電話裡的聲音屬於熱烈、有冒險精神的，聽起來是一個有故事且正在找恰當抒發方式的人。她在推特文中關於她被強暴的事只是引子，很少細節。通常採訪的規矩是，它們是公開表明的（on the record），意謂著採訪內容可能出版，除非另有討論。但是，任何投訴溫斯坦性侵的女性可能連開啟對話都不願意，所以，茱蒂同意這通電話會保密，除非另外徵得同意，因此麥高恩開口了。

一九九七年，她還很年輕，少年得志，前往嚮往中的日舞影展。她在影展的首映會與派對中穿梭，還有一組電視攝影組人員跟拍。當時她只拍過四或五部電影，如青少年驚悚片《驚聲尖叫》（*Scream*），但是她正成為明日之星，影展中就有幾部她的新電影。「我當時是日舞影展之花，」她說。獨立電影是那個文化的中心，這個影展即是其舞台，而溫斯坦位高權重：這個影展是製片商—代理商採購小成本電影如《瘋狂店員》（*Clerks*）和《霸道橫行》（*Reservoir Dogs*）的場合，溫斯坦把這兩部片搖身變成文化試金石。在麥高恩的說法裡，她不記得那是哪一年；許多女星記憶過去不是根據日期，而是根據她們那時正在拍哪一部電影，或哪一部電影的上映時間。麥高恩記得那場首映會她恰好坐在溫斯坦附近。那部電影名為《青春迷航》（*Going All the Way*），她發出一副不可置信的笑聲。

後來，他要求與她會面，這很合理：頂尖製片想認識有潛力的新人。她和他約在帕克市鹿谷的史坦愛瑞克森渡假飯店（Stein Eriksen Lodge Deer Valley），在他的房間見面。她說，一開始沒什麼特別的事，只是關於電影和角色的閒聊。

但是要離開時，根據麥高恩的說法，溫斯坦把她拉進一個有熱水浴缸的房間，在浴缸邊脫掉她的衣服，然後硬把他的臉湊到她的兩腿中間。她說，她記得感覺自己像是離開了身體，飄浮到天花板上，從上面旁觀這幅景象。「我只覺得受到巨大的驚嚇，我進入了一種求生模式，」她說。為了順利逃脫，麥高恩說，她佯裝一個性高潮，心理上給自己一步步的指示：「轉開門把。」、「離開這場會面。」

她說，幾天後，溫斯坦電話留言在她洛杉磯的家，說了一個令人毛骨悚然的提議：其他的大牌女星是他的特別友人，她也可以加入他的俱樂部。麥高恩既驚嚇又極度焦慮，她向她的經紀人抱怨，也聘請了一位律師，最後從溫斯坦那裡拿到十萬美元的和解金。基本上，這是一筆平息這起事件的費用，不承認他那方有任何不當行為。她說她把這筆錢捐給強暴危機中心了。

她這筆和解金有紀錄嗎？「他們從來沒有給過我任何文件，」她說。

她說，整個問題遠比溫斯坦一人還糟。好萊塢是一個系統性虐待女性的體系。它用成名的願景吸引她們，把她們變成高度獲利的商品，把她們的身體當成財產，要求她們看起來是完美的，然後把她們丟棄。在電話中，她的控訴有如連珠炮，一個接著一個：

「溫斯坦──不只有他，這是整個機器，供應鏈。」

「只要沒有監督，他們就什麼都不怕。」
「每一個片場都做羞辱受害者和付錢的事。」
「幾乎每個人都有一份保密協議。」
「如果有一個白人男性的遊戲場，這裡就是。」
「這裡的女性一樣有罪。」
「不要逾越界線，妳會被取代。」

麥高恩的話很引人注意。說好萊塢占女性的便宜、迫使她們遵從，然後在她們年華老去或是背叛時將她們甩開，這些不是什麼新聞。然而，從一位熟悉的面孔聽見這些直接的剝削指控，完整而揪心的細節，而且加害者還是好萊塢最出名的製片人之一，就完全不同了：讓人聽起來覺得更尖銳、更具體，也更令人作嘔。

結束通話前，麥高恩同意很快可以再繼續聯絡。這位女星不是個普通人，但有時候她做出或說些驚世駭俗的事、或者與誰約會，其實都不影響她的目標。問題在於，她的敘述要怎麼經起嚴密的報導程序，以及，如果走得更遠，如何經得起溫斯坦勢必提出的挑戰，以及到時大眾的檢驗？甚至在《紐約時報》願意考慮刊登麥高恩的指控之前，報導需要有證據支撐，而且最後還需要通過溫斯坦那一關，因為他會被給與回應的機會。

報紙有公正報導的責任，尤其是這宗指控的嚴重性。二〇一四年，《滾石》（*Rolling Stone*）

雜誌描述了發生在維吉尼亞大學，該雜誌稱之為恐怖集體性侵的新聞，但是他們卻沒有足夠的證據[8]。隨後的爭議招致一連串的法律訴訟，幾乎毀了這份雜誌的名聲，讓那些說女性杜撰性侵故事的人士有攻擊藉口，反而使打擊校園性侵的目的嚴重受挫[9]。《華盛頓郵報》報導說，警察稱這則新聞是「完全胡說八道」[10]，而《哥倫比亞新聞評論》（*Columbia Journalism Review*）稱它為「一場混戰」，最後那篇文章贏得了「年度錯誤報導」獎。

乍看之下，麥高恩的敘述對上溫斯坦的挑戰，似乎顯得無力。溫斯坦可以輕易地說，他記得的實際情況不一樣，說她似乎樂在其中。他會有完美的證據：她佯裝的性高潮。舊式電話答錄機的錄音照理很重要，顯示溫斯坦運用他身為製作人的權力，希望強迫對方提供性招待。然而，除非麥高恩仍擁有這卷二十年前的錄音帶，否則這只是久遠記憶中的訊息，也很容易被否認。

作為單方敘述，麥高恩的故事極可能成為經典的「他說，她說」爭議。麥高恩會說一個可怕的故事，溫斯坦會否認。沒有任何目擊證人，人們會選邊站，蘿絲隊（Rose McGowan）對抗哈維隊（Harvey Weinstein）。

但是，麥高恩說她拿了一筆和解金。要找到它的任何紀錄是很困難的，但曾經有律師參與、一份簽署的同意書、轉手的錢、給強暴危機中心的捐贈，那份同意書必然在某個地方留下紀錄。它不能證明飯店房間裡發生過的事，但可以證明當時溫斯坦曾經支付一大筆錢給麥高恩，以平息某項爭議。

茱蒂把所有她知道的事，呈報給《紐約時報》與她長期合作的資深編輯蕾貝卡．寇貝特（Rebecca Corbett），她是複雜調查案的專家。她們討論麥高恩的陳述是否能被證實，以及關鍵的問題：其他女性跟溫斯坦之間是否也有過類似遭遇？

尋找這個答案需要花很大的力氣。過去幾十年，溫斯坦製作或發行了數百部電影。他和他的弟弟鮑勃共同擁有與經營兩家公司：米拉麥克斯（Miramax）與他目前經營的溫斯坦影業（The Weinstein Company, TWC）。這意味著潛在的消息來源極多，比起有時重要資訊被少數人把持，這種情況好很多。然而，也因有太多人可以聯絡，女演員和前員工散布在好幾大洲，她們絕大部分可能不願意談論這個問題。

六月中，寇貝特建議茱蒂聯絡另一位同事梅根．圖伊，她在新聞界的資歷相對較短。這位編輯說，梅根正在請產假，但她對這類工作有實戰經驗。茱蒂不知道梅根能幫什麼忙，但她還是寄出電子郵件。

當梅根收到茱蒂的電郵時，她正在照顧剛出生的寶寶，也正從她記者生涯中被攻擊到最鼻青臉腫的報導中復原。她自二〇一六年二月開始在《紐約時報》工作，負責政治新聞、調查總統候選人。梅根答應那份工作時，有一點猶豫：因為政治一向不是她的專長領域或興趣。

但在她開始上班後幾個星期，《紐約時報》的總編輯迪恩．巴克特（Dean Baquet）已經仰賴梅根的報導專長，交付她一個特別的議題：川普對女性的行為是否曾經踰越法律或倫理界線？有超過十年的時間，梅根一直在挖掘性犯罪與性失當行為。在芝加哥，她揭露了當地警察與檢察官如何將採集強暴案證據的工具束之高閣，剝奪受害者伸張正義的機會，也報導了犯下性虐待的醫師如何繼續執業。後來，她還揭發了一個收養孩童的黑市，一些孩童被交給性加害者收養[11]。

川普長期將自己塑造成花花公子的形象，或者至少是像花花公子的模樣。他現在與第三任妻子在一起，並曾在總統選舉時接受霍華德．史登（Howard Stern）專訪，吹噓他的風流韻事，他也對女性使用不堪的評論字眼，包括對他自己的女兒伊凡卡（Ivanka）。

巴克特在這些吹噓逞能之下，看出一些警示。如果川普只是行為放蕩，這不能成為一篇報導——報紙不是無故偷窺人們性生活的，即使是總統候選人的性生活。然而川普是在工作場合上說出這些評論，就可能造成性騷擾。在《誰是接班人》（*The Celebrity Apprentice*）這部他參與製作與演出的真人實境秀裡，他告訴一位參賽者：「妳如果跪下來，一定會是很美的畫面。」[12]幾十年前，川普的第一任妻子伊凡娜．川普（Ivana Trump）據報曾控告他婚姻強暴，之後這項指控被輕描淡寫。巴克特已經將另一位記者麥可．巴爾巴洛（Michael Barbaro）加進團隊裡，調查川普對待女性的情況，他要麥可與梅根回答，川普只是粗魯的對待女性，還是問題更廣泛嚴重？

最初，報導進展得很緩慢：大部分川普的前員工都受到保密協議限制[13]，他對於招惹他的人心懷報復，造成了寒蟬效應，以及川普多年來有多起訴訟纏身，這些原因加總起來，很難知道要先追查哪一件。

然而，二〇一六年五月，根據數百筆紀錄、超過五十次採訪川普的同事、屬下、與他約會或有社交往來的人，梅根與巴爾巴洛準備好寫出一篇報導了。川普是一位涉及對女性有爭議行為的權勢男人。對於與他共事的女性，他可能很大方、會給與鼓勵，而他的確也在公司擢升了幾位高階女性。然而，他也習慣不停地評論女性的身體，動搖工作場所的行為規範。

最重要的是，梅根拼湊了數起伊凡娜強暴指控之外的性暴力案[14]。一位前猶他州小姐詳細描述了一九九七年時，川普如何強吻她兩次，一次是在美國小姐選拔後的盛會，另一次發生在他的辦公室會面，當時是為了討論可能的模特兒工作。在兩件長年的訴訟裡，一位前川普選美事業的夥伴宣稱，川普在廣場酒店（Plaza Hotel）的一次工作晚宴上，從桌面下性騷擾她，而且在另一次工作聚會時，帶她進去一個房間，強迫「輕吻、愛撫，而且限制」她離開[15]。

謹慎是最重要的。如果這則報導中的任何一項指控站不住腳，可能會減損整篇文章的威信。曾有一位前選美比賽參賽者告訴梅根，川普在他位於棕櫚灘（Palm Beach）的豪宅猥褻她，迫使她逃回她的房間，驚慌失措的打了一通電話給她的父親。一位《紐約時報》的同仁在另一個國家追蹤到他。「找到這位父親了，」同仁在一封電子郵件裡回報。「簡單地說——他不記得這件事和川普有關。」這不代表這位女性說了謊，但確實意謂他們無法將這位參賽女性的指控寫進報導裡。

這篇擁有多位女性自述的文章，於（美東時間）二〇一六年五月十四日星期六的清晨出刊，新聞很快曝光了，這篇文章最後成為當年度《紐約時報》最多人閱讀的政治新聞。向來對攻擊他的文章會嚴辭抨擊的川普，整個周末沒有對此發表任何言論，象徵這篇文章強而有力。出刊前，梅根與巴爾巴洛曾對這位候選人進行冗長的採訪[16]，並將他的回應織寫進報導：包括他對任何不當行為的否認，以及堅稱自己總是尊敬女性。

星期一早上，他們在CBS無線電視網《早安新聞》（*This Morning*）節目的休息室，準備接受與這篇文章相關的採訪，這時蓋爾．金（Gayle King）走進來，指著電視說：「你們看到了嗎？羅萬妮．布魯爾．萊恩（Rowanne Brewer Lane）剛上了《福斯與朋友》（*Fox and Friends*）節目，質疑你們的文章[17]。」

羅萬妮．萊恩是這篇文章中第一個被引述的人。她之前是一位模特兒，於一九九〇年時，在海湖莊園（Mar-a-Lago）一個泳池派對上認識川普，她曾在一次訪談中描述川普如何注意到她，把她帶進一個房間，鼓勵她換上一套泳衣，然後向賓客們展示。羅萬妮．萊恩不是反駁關於這段互動的引述。她不同意的是被描寫成：「川普及一位與他素昧平生的年輕女子，一段墮落的相遇。」

這篇報導分成好幾個段落，共約五千字，有一段指出羅萬妮．萊恩後來繼續與川普約會。然而，她的公開批評給了川普攻擊整篇報導的立足點。他立刻抓住她的評論，開始一連串的推特文反擊：

> @《紐約時報》如此不誠實。他們昨天針對我的攻擊性封面故事，剛被羅萬妮．萊恩嗆了，她說那是一個謊言！
>
> 因為墮落的@《紐約時報》對我的攻擊文章裡，主角今天站出來，我們已經暴露這篇文章是騙人的！[18]

很快地，他的支持者也站出來口誅筆伐，在社群媒體、電子郵件和憤怒的電話中劍指梅根與巴爾巴洛。這篇報導嚴謹地記錄一系列川普的性失當行為。然而，因為一個相對不重要的插曲，梅根與巴爾巴洛反而落入守勢。

比爾．歐萊利（Bill O'Reilly）是一位右派新聞的誇大王，他的員工一次又一次地打電話給梅根，問道：「妳是女性主義者嗎？」彷彿這樣就能讓她失去信用。由於懷疑他們的動機，梅根拒絕了他們的訪談邀請，然後看著這位主持人在電視上對著數百萬的觀眾說，不要相信她的文章。「問題是，梅根．圖伊是一位女性主義者，或者看起來是，」他說。他的論證很荒謬——如《華盛頓郵報》所質問，難道應該由一位沙文主義者來報導這則新聞嗎[19]？但是，川普施盡他的影響力，以削弱這些調查發現的影響力，並試圖讓梅根名譽掃地。

那些公開的攻擊是梅根前所未見的。她很感謝二〇一六年六月的到來，一個先前已經安排好的約定，也就是她自己的婚禮，將她帶離了新聞室。

然而，其他女性是否有被強吻、撫摸或有更糟的指控？當梅根從蜜月回來，她繼續報導川普。

幾個月後，十月七日星期五，梅根正在電話裡與一位消息來源談話，這時她的同事們開始從他們的坐位上起身，集結到新聞室裡的各個電視機前面。《華盛頓郵報》拿到了一段二〇〇五年八卦脫口秀《走進好萊塢》（*Access Hollywood*）的錄音帶，川普在裡面吹噓他對女性的侵犯。

> 我自然而然地會被美麗的事物吸引——我就開始親她們……我甚至等都不等。而且，當你是個明星，她們會讓你做這件事。你什麼都可以做……抓她們的下體。你可以做任何事。[20]

他的言論完全不像一個總統候選人會在公開場合說的話。這像是確認了梅根花數個月拼湊起來的模式，像川普會做的事。

川普為他說的這段話道歉，然後加大否認的力道[21]。他堅稱，《走進好萊塢》錄音帶裡的評論只是更衣室的閒聊。兩天後，十月九日的一場總統辯論上，他否認他曾經未經允許而親吻女性，或者抓她們身體的私密處。是的，他吹噓過。但他是否真正做過那些事？「沒有，我沒做過那些事，」[22]這位候選人說。

一個星期後，梅根和巴爾巴洛又寫好了另一篇報導，有另外兩位女性說川普在錄音帶上的話，符合她們的親身經歷[23]。一位是傑茜卡．利茲（Jessica Leeds），她是一位七十四歲的曾祖母，住在曼哈頓上東區一間有條不紊的房間裡，她年輕時是一位股票經紀人；另一位是三十三歲的瑞秋．克魯克斯（Rachel Crooks），這位來自俄亥俄州綠泉（Green Springs）一個高等教育行政機構的博士候選人。她們寫電子郵件到《紐約時報》講述她們的指控。

一九八〇年代前期，利茲曾在一家報紙印刷公司擔任業務代表，有一次出差從達拉斯飛往紐約時，幸運被升等到頭等艙。隔壁座位正好是川普，他高大、金髮、談笑風生。利茲指控說，起飛四十五分鐘後，他靠過來，抓了她的胸部，而且想要用手掀起她的裙子。

「他對我上下其手，到處亂摸，」她在電子郵件中這麼寫，說她被迫逃到經濟艙座位。

克魯克斯的父母分別是技師與護理師，平常不談論政治但自認為是共和黨員。高中時，她是州裡的籃球、田徑與排球賽代表選手，而且被票選為「最佳新秀」。二〇〇五年，她想親身去體驗紐約。她和男朋友在布魯克林周邊租了一間便宜的公寓，睡在氣墊床上，直到他們有錢買一個真正的睡墊。為了付房租，她找到一份位於川普大樓二十四樓，一家房地產開發公司的祕書工作，處理與川普集團相關的合約。前一年，當季最受歡迎的新節目《誰是接班人》才剛開始播映[24]。

那年冬天的某一天，當她在辦公室看見川普正在外頭等電梯，她從辦公桌前起身，向他自我介紹，並伸手與他正式握手。她說，他不放手。他親吻她的臉頰。然後繼而用力親她的嘴唇。整件事只持續了一或兩分鐘。當時她才二十二歲，在此之前，唯一親吻過她的只有和她同住的男朋友[25]。「我很憤怒川普把我視為如此無足輕重的人，以為他可以強加這種事在我身上，」她寫道。

克魯克斯描述的強吻，與前猶他小姐指控的情況幾乎如出一轍。而利茲所描述的上下其手，類似前選美比賽工作夥伴所忍受的。而且，這全符合川普被錄下來、他所吹噓的不檢行為。在電話裡，利茲與克魯克斯都告訴梅根，她們已經準備好要公開說明。她們都不想被聚焦在自己身上。但是她們想讓全世界知道川普在撒謊。

梅根與巴爾巴洛明白當中的風險，他們一再跟這兩位女性曾經吐露過的朋友與家人查證。他們爬梳她們兩位的背景，確認她們與希拉蕊．柯林頓的陣營沒有關聯。梅根甚至請克魯克斯寄她過去在川普大樓的辦公桌照片，確認她曾經在那裡工作。這樣的審慎似乎有可能侮辱這兩位女性，但為了保護她們自己以及《紐約時報》不得不這麼做。

最後一步是讓川普團隊審視這些指控。當太陽即將下山，梅根坐在她的餐桌前，緊盯著她的電子郵件，預期將收到川普發言人寄來的敷衍否認。結果，反而是她的手機響了。

電話裡是川普本人。

梅根還沒開始問問題，他就開始破口大罵。傑茜卡．利茲和瑞秋．克魯克斯說謊。他完全不認識她們是誰。如果他對她們做過那些事，她們為何不向警察投訴？

梅根解釋說，這兩位女性沒有宣稱她們認識他，只是剛好遇到他。她提醒前猶他小姐以及曾與他共事的選美比賽工作夥伴都曾提出類似指控。

川普氣呼呼的，轉移了焦點。他說《紐約時報》編造了這些女子的陳述。如果《紐約時報》刊登這則報導，他會提起告訴。

梅根乘勝追擊，鐵了心要他繼續講。那最近流出的《走進好萊塢》錄音是怎麼回事？她又問了他一次，他是否做過他吹噓的事？

「沒做過，」他堅稱，他的音量提高了：「沒做過。那只是更衣室的閒聊。」

他開始對梅根發火。「妳令人作嘔！」川普大叫：「妳是令人作嘔的人。」[26]

當電話斷線，梅根鬆了一口氣。對話雖然如此火爆，但她已經給川普足夠的機會回應這些指控。他們接下來可以刊登這篇文章，而且補上他的回應。

幾分鐘後，川普走上佛羅里達州一場造勢大會的舞台[27]，開始將他群眾雷霆萬鈞的能量與憤怒，一股腦導向記者。

「腐敗的媒體正集結起來和你們作對，各位美國同胞，」他說：「而我要告訴你們，那是誹謗、詆毀、可怕的，而且完全不公平。但我們將擊倒這個體系。」

距離選舉投票日不到四周。眾議院共和黨發言人說，他對《走進好萊塢》錄音帶感到噁心。參議員約翰·麥坎（John McCain）撤回他對川普的支持。副總統提名人麥可·彭斯（Mike Pence）州長說，他為川普家人祈禱。部分共和黨員說，他應該退出大選。[28]

其他女性紛紛站出來公開控訴川普。一位是與朋友去夜店時所遭遇。另一位是之前《誰是接班人》的參賽者。第三位是被指定撰寫川普與第三任妻子梅蘭妮亞（Melania）結婚週年故事的記者。有些故事基本上和梅根先前報導的一樣。川普被指控抓住、撫摸與猥褻她們，把她們推到牆邊，將屁股或陽具對著她們。現在誰能忽略或無視這種侵犯行為的模式？

但是，記者無法查核所有的指控。一宗爆炸性的民事訴訟指控川普在二十年前，在一場由知名金融家傑佛瑞·艾普斯坦（Jeffrey Epstein）舉辦的派對上，強暴了一個十三歲的女孩[29]。艾普斯坦後來因為經營一個專為權貴服務的未成年性交易集團受到調查，而且因為買春而被定罪。然而，這位川普受害者僅被指稱為無名氏（Jane Doe）*，從來沒被指認出來，或者被記者找到，甚至連私下保密的指認都沒有。由於沒有可以被確認的受害者，其故事也無可查證，梅根拒絕報導這個案例，也奉勸她的同事不要碰這個案子。

* 編註：Jane Doe在美國常用來指稱無法或不願露出真名的女性受害者。男性則為John Doe。

其他人的聲稱同樣引人注目，但感覺也沒有新聞價值。當一位女士淚流滿面地在一場電視記者會上，陳述一件聽起來像是她在等車時，川普無意間將手掃過她的胸部並刁難她的意外[30]，梅根只是旁觀。

隨著嚴謹的克魯克斯與利茲指控案報導帶出其他的指控，川普從堅定否認，變成強烈的反擊。他反控那些控訴者都是騙子。為了出名。為希拉蕊・柯林頓工作。長得太醜，不足以吸引他的注意。他會控告她們。

他的支持者聽他的信號，再次群起行動。福斯財經網（Fox Business）主播魯・道伯（Lou Dobbs）向他將近百萬的推特追蹤者分享一個保守派新聞網站的貼文連結，裡面列出潔茜卡・利茲的電話與地址，還有一則錯誤的聲明，指她為柯林頓基金會工作[31]。

利茲不輕易害怕；但另一方面，瑞秋・克魯克斯則極度困擾。她無法走出家門，因為記者們群集在她俄亥俄州家前的草坪上。她也無法上網，因為川普在網路上留下侮辱性的留言，以及網民接二連三的訊息攻擊：**妳那麼醜**。**妳收了某人的錢**。**有人應該拿把槍抵住妳的腦袋**，**為這個國家做點好事**。有一位陌生人在臉書上貼了一則訊息，說她是克魯克斯家人的朋友，宣稱她知道克魯克斯說謊。這則貼文成為任何搜尋克魯克斯（Crooks）點擊率最高的。另一個克魯克斯從來沒聽過的男子，指控她在一家她沒工作過的公司偷東西。

隨著每一件攻擊，梅根感覺更過意不去。是梅根鼓勵這兩位女性公開發表想法，她告訴她們，分享關於總統候選人的重要訊息，是為了公共事務服務。梅根是將她們生命的私密細節畫在巨牆上的人，巨大到足以讓全國都看得見。如今，她們被圍攻了。克魯克斯，她的聲音在電話中顫抖著，詢問如果川普真的依他的恐嚇那樣控告她，《紐約時報》會做什麼？答案是，能做的很少。每個星期被《紐約時報》引用的人士以千萬計：和其他的出版品一樣，報社無法承接報導人的法律責任。

梅根自己也成為攻擊目標。來自川普支持者的威脅，透過電話與電腦源源不絕而來。在不停收到一位男子聲稱要強暴與謀殺她，然後將屍體丟進哈德遜河後，她也向《紐約時報》的守衛示警。她當時有孕在身，一天比一天更明顯，也擔心陌生人開始發送關於威脅寶寶的推特文，或可能甚至做出更糟糕的事。

川普本人也威脅要告她。他的律師寄了一封信給巴克特，而且川普團隊公開這件事，命令他撤回利茲與克魯克斯的報導。「若不這麼做，將迫使我的客戶別無選擇，只能尋求所有可能的行動與彌補方案，」[32]信裡寫道。

《紐約時報》的副總兼法律顧問大衛·麥克羅（David McCraw）因其沉著冷靜，以及保護報社內的記者而深受愛戴，他也以相等的力道反擊。

「禁止她們發聲，不僅是對我們讀者的危害，也將是對民主本身的危害，」[33]這位律師寫道。他質問川普是否有膽量控告《紐約時報》。「如果他認為美國公民無權聽見這些女性必須說出的話，而且認為這個國家的法律會逼迫我們以及那些膽敢批評他的人閉嘴，或是會因此受到懲罰，我們歡迎有機會在法庭上將他導入正途。」

這是一段慷慨激昂的辯護，不只是對新聞界，也是女性權利向掌權男性提出指控的辯護。當《紐約時報》在網站上公開這封信，它立刻被瘋傳。

然而，在新聞室裡，梅根擔心川普會循法律途徑控告她、巴爾巴洛和報社，麥克羅也猜想如果川普沒有當選，他就會這麼做。雖然川普最後會在法庭上輸掉，但這將會是一場漫長、艱鉅的訴訟過程。梅根已經開始保留所有她的筆記、電子郵件與文字訊息，以備未來法律調查之需。

十一月七日，也就是三週半後，梅根出發飛往伊利諾州，觀察許多人認為即將成為美國首位的女性總統。為了報導所需，梅根的編輯請她捕捉隔天在帕克里奇（Park Ridge）投票所的歷史性一刻。帕克里奇位於芝加哥郊區，也是希拉蕊．柯林頓的故鄉。

梅根並未支持柯林頓，或是其他任何一位候選人。記者不會這樣。幾個星期前，在一篇引發民主黨候選人支持者眾怒的文章裡，梅根特別點出希拉蕊．柯林頓在女性指控比爾．柯林頓性騷擾與其他更糟糕行為時，她在打擊這些女性的行動中扮演要角。希拉蕊的陣營堅稱她涉入不多，但梅根發現證據，顯示她曾經有暫停聘用私人偵探的紀錄，而聘請偵探是為了找出能抹黑這些女性的蛛絲馬跡。

當梅根站在那裡與選民聊天時，她知道他們會根據許多因素決定把票投給誰，而不只因為川普被指控性失當的行為。然而，梅根確實希望能遇到關心這些問題的人。在接近投票日的幾個星期前，一群異口同聲的女性使用像是「#WhyWomenDontReport」這樣用來強調主題的「#」符號，在網路上寫下其他男性對她們做出類似的事。蘿絲·麥高恩也是其中之一，她在她的推特文說，她的錄音室總監曾經侵犯她。

然而，在投票地點訪談一個又一個人後，情況變得明朗，市郊的白人女性似乎不關心川普被指控的踰矩行為，也不在意他在《前進好萊塢》的錄音帶裡說的話。那天晚上，梅根幾乎不用看電視就已經知道川普當選了。

大選結束後的隔年四月，梅根與茱蒂都驚訝地看著一系列後來引發開啟溫斯坦調查案的驚人發展。比爾·歐萊利，這位正處於權力巔峰的右派電視節目主持人，在《紐約時報》刊出他和他的公司如何掩蓋接二連三的性騷擾指控後，失去了他在福斯新聞網的寶座[34]。這篇文章是由艾蜜莉·史提爾（Emily Steel）與麥可·史密特（Michael Schmidt）撰寫，他們花了八個月的時間完成報導，證明歐萊利總共至少與五位女性達成和解，包含指控他言詞侵犯、猥褻言語，以及提出不受歡迎的性邀約。歐萊利與福斯新聞似乎已經支付總數超過一千三百萬美元的金額，讓這些女性噤聲——這一大筆巨額祕密支付金，出自於美國對女性主義的首要批評者之一。

在這個報導裡，只有一位女性公開指控：溫蒂．沃許（Wendy Walsh）曾是歐萊利的來賓，因為拒絕一起回到他飯店房間，失去替歐萊利工作的豐厚報酬。這篇報導中大部分的女性都被阻止發聲，因為她們已經與歐萊利或與新聞網達成和解。她們已經收受大筆金錢，以同意絕口不說出曾經發生的事做為交換。

然而，史提爾與史密特發覺一個重要的突破點：複雜的交易不可能永遠是祕密。這些和解內容包括了律師、協調過程、金錢，而且其他人無可避免地也會發覺，包含同事、經紀人、家人和友人。加總起來，這些和解金會留下一道法律與財務上的痕跡，成為指控歐萊利的故事。這些和解無法避免新聞報導；它們正是新聞本身，一個掩蓋的故事恰恰凸顯出被指控的犯行。這是能形成性騷擾報導的新方式。

幾天之內，廣告主如賓士和好事達（Allstate）保險公司[35]都撤下歐萊利節目的廣告。最重要的是，其他在福斯工作的女性開始對這位主持人的行為提出索賠[36]。四月十九日，亦即《紐約時報》刊出這則報導不到三星期之內，他就被解雇了。他和羅傑．埃爾斯（Roger Ailes），這位共和黨有力的中間人與福斯新聞網的擘畫人，一起丟了工作，不是因為受害女性的投訴，福斯早就知道當中許多個案，而是因為這些投訴被公開[37]。這種事發生兩次，使得這則報導更加駭人：這就像是物理力量進行瞬間翻轉。

《紐約時報》編輯群很快地評估起這個歷史性時刻。女性似乎愈來愈覺得受夠了。就像川普的「抓她們的下體」評論之後，女性一吐她們對歐萊利案感到沮喪。說服女性公開說明這一類的事情，從來不是容易的事，但這可能是開誠布公的罕見機會之窗。

歐萊利的報導提供了一種劇本。幾乎沒有人獨自站出來。但是，如果惡行的模式能夠被揭露，可能會是能吐露更多這類故事的方法。於是編輯組了一個記者團隊，調查一系列的產業：矽谷與科技產業，一個應該不受舊式規則束縛的烏托邦，然而他們也將女性排除在外。學術圈似乎也很適合調查，因為教授們對於想在同個領域工作的學生握有權力。記者也計畫把焦點放在低薪的勞工身上，她們的可見度低，有著排山倒海的經濟壓力，比起社經地位較高的女性，她們所擁有的資源較少。

歐萊利被解雇的幾天後，蕾貝卡·寇貝特請茱蒂繼續追兩個問題的答案。第一個是，在美國人的生活中，是否有其他權力人士掩蓋對女性的侵犯行為？茱蒂悄悄地打了幾通電話徵詢意見，女性主義者蕭娜·湯瑪斯（Shauna Thomas）建議茱蒂可以留意好萊塢、蘿絲·麥高恩即將出版的書，以及哈維·溫斯坦[38]。但是寇貝特也給茱蒂第二項任務：要超越個別做錯事的人，挖掘促使性騷擾如此普遍又難以處理的元素與體制。這些和解協議有多尋常？似乎每一個事件裡都會出現，而它們又如何掩蓋問題？

當茱蒂打電話向梅根徵詢意見時，梅根還不知道她從產假回去後會追哪一個報導。但是她們討論是什麼促使潔西卡·利茲與瑞秋·克魯克斯這樣的女性挺身而出，也討論過歐萊利那篇文章如何證明《紐約時報》知道該怎麼執行一個如此精細的計畫，並且全身而退。她們分析了與一位潛在受害者講電話的前幾秒鐘，應該說些什麼。梅根建議了幾種新方法，包括一種之前讓芝加哥的強暴受害者願意分享她們經驗的說詞：「我無法改變過去發生在妳身上的事，但是我們也許可以一起讓妳的經驗，能夠幫助保護其他人。」

這句話有如暮鼓晨鐘。它並未給出過多承諾，也沒有巴結奉承。它提出了富說服力的理由，讓人願意冒險談論那麼痛苦且糟糕的事情。這正是茱蒂試圖在第一封電子郵件裡跟麥高恩說的——我們是認真的。

重點在於幫助其他人。這永遠是最真實且最好的理由，關於為何要接受記者採訪，也是對「我不想被關注」或「我不需要這個壓力」唯一有力的回答之一。

那通電話後，茱蒂向寇貝特提了一個問題：梅根還要多久才結束產假？

第二章　好萊塢的祕密

梅根的建議很有價值，然而隨著對溫斯坦的調查持續到二〇一七年六月，惱人的問題是，要如何與一線女明星通上電話？這些女性的工作專業需要她們維持門面，她們過著傾向不受到公眾關注的生活。聯絡這些明星的典型程序，是聯絡她們的公關人員。但這是不可能的，就算聯絡經紀人或代理人也一樣。這些人收錢是為了建立且維持屏障，而且他們通常對溫斯坦這樣有權勢的掮客忠心耿耿。而且這些問題很私人、太尷尬，以致於無法與拿薪水的中間人分享。茱蒂唯一的希望是直接與女明星聯絡。但她懷疑自己認識任何一位明星：這是一個基本上她沒有任何資源或人脈的世界。

茱蒂從最近法國坎城影展的紅毯照片一張一張地點閱[1]。一如以往，男性的照片只有幾張。妮可・基嫚（Nicole Kidman）、潔西卡・雀絲坦（Jessica Chastain）、莎瑪・海耶克（Salma Hayek）、莎莉・賽隆（Charlize Theron）與瑪莉安・柯蒂亞（Marion Cotillard）等人為相機鏡頭擺好姿勢；鄔瑪．舒曼（Uma Thurman）穿著一襲金光閃閃的禮服，出現在一場每年由溫斯坦支助的慈善活動，這是一場正式派對並且也是為「美國愛滋研究基金會」（amfAR，American Foundation for AIDS Research）募款的拍賣會。她們之中可能有任何一個人是溫斯坦的受害者嗎？她們知道其他人的遭遇嗎？這些女性看起來完美無瑕、平靜，感覺毫無希望地高不可攀。

茱蒂開始尋找出現在溫斯坦電影中，那些女明星的私人電子郵件與電話號碼——尤其是艾希莉．賈德，她於二〇一五年接受《綜藝》（*Variety*）雜誌訪問時，曾經說過被一位製作人性騷擾[2]。有時在尋找聯絡資訊時，這件事本身就變成了全面的調查：打電話給名列於公開電話簿的關係人，尋找可能引介的中間人。

少數幾次茱蒂與女明星接通電話，但對話大多簡短而且沒什麼結果。這時，一位交遊廣闊的朋友提供一個建議：打電話給朱迪斯．哥德雷奇（Judith Godrèche）。她在法國家喻戶曉，曾經私下說過溫斯坦侵犯她。此外，她天性大膽敢言。茱蒂寫電子郵件給哥德雷奇。沒有收到回信。她又試了一次，得到了一個簡短的回音。「我很抱歉，我的律師不想讓我牽涉其中，[3]」歌德雷奇寫道。這是令人沮喪的回覆，但也是一條線索：牽涉**什麼**？

聯絡溫斯坦的前員工相較小有斬獲。他們當然比較能聯絡到，透過領英（LinkedIn）或者他們公司或家裡的電話。他們的反應分成幾種：很多人接到電話時，聽起來並不驚訝，但仍拒絕開口；有些人則願意提供一些蛛絲馬跡，像是流傳多年的疑雲，指示可嘗試聯絡哪些好萊塢明星。

有些前員工則開始說教：哈維・溫斯坦的性生活是他私人的事。他們說，「選角沙發」（casting couch），或者女明星藉著與製片人或導演發生性關係得到角色，這種慣習從好萊塢誕生時就開始了，這是這項產業令人不悅但一直存在的部分。（彷彿是要加強他們的論點，洛杉磯一家經常播放首映電影的著名老中國戲院附近，確實有一個選角沙發的雕塑。）有些人用同樣的句子描述溫斯坦如何對待女明星：「喔，他可能會繞著一張沙發追著她，」他們談到這位或那位女性，彷彿他們在描寫一齣滑稽劇。那些前員工對茱蒂說話時，認為她彷彿是一個天真的理想主義者。他們說，溫斯坦對待女性的方式，已是多年公開的祕密。茱蒂不會成功寫成報導的，就算成功了，也沒有人會在意。

六月三十日星期五，茱蒂走進一間很小的西好萊塢餐廳，與女星梅麗莎・托梅（Marisa Tomei）見面。一位前米拉麥克斯員工說，溫斯坦騷擾過托梅，令她極度沮喪，甚至在工作時哭了。茱蒂透過一位劇作家找到托梅，她現在坐在餐桌的另一邊。

這則內幕消息有誤。托梅不是溫斯坦的受害人[4]。但是她對於這個產業裡女性受到的待遇，數十年來有滿滿的挫折感。她曾經在電影和電視劇裡擔任主角，從《異世界》（*A Different World*，一九八七）、《智勇急轉彎》（*My Cousin Vinny*，一九九二）到《嘻哈世家》（*Empire*，二○一五）。她掙扎於似乎已無藥可救的薪資不平等，一次又一次地發現自己在圍繞著男性主角的場景中只是裝飾品。她說，演戲（acting）意謂對男性做的任何事的反應（reacting）。

托梅分享了一個理論：女明星和大眾被困在一種互相誤解的循環裡。從很年輕時開始，女人被教導要崇拜螢幕上夢幻的女性，並且要把自己形塑成那個模樣。這使得很多女性自己也想成為女明星。幸運成功的人永遠無法詳實說出當中受到的騷擾，或懲罰性的外在標準，那對自己的生涯發展會是自找死路。所以，這個循環會一直繼續，下一個世代的女孩又滿懷著好萊塢夢長大，渾然不知這項產業可能會虐待她們。

想到暴露這些事，托梅有點暈眩。她幾乎沒有和其他人討論過她的理論，包括其他的女明星。她說，分享她對這個只在乎外表的產業的印象，會讓她太容易受傷。為了表示團結一致，她拿了一本二〇一三年的《Vogue》雜誌，裡面有一篇克萊兒·丹妮絲（Claire Danes）的專訪，討論她從梅莉·史翠普（Meryl Streep）和茱蒂·佛斯特（Jodie Foster）那裡學到的事。「妳必須開口要錢，因為總是有更多的錢但他們不會給妳，因為妳是女生！」[5]丹妮絲說。

「妳可以想像我發現文章裡的這一小段，我得把它剪下來，好讓自己覺得我們是在同一條船上的嗎？」托梅接著問茱蒂。「為了讓我感覺我不孤單。」

慢慢地，茱蒂透過幾位共同的朋友和少數願意幫忙的經紀人，開始聯絡上其他幾位知名女星。她們之中有些人的電子郵件是假名，通常是好笑的名字，而一旦她們接上電話，通常會要求茱蒂保證守密。但她們都很直接。大部分的人說，好萊塢的性侵事件猖獗。戴露·漢娜（Daryl Hannah）說，她是溫斯坦的受害人，但太害怕，無法說明任何細節，她的聲音聽起來和常年賣座電影中的她很相似，但充滿了焦慮。另一位曾獲得奧斯卡獎的女星說，她多年來都想要看見他的行為被阻止，但真的不知道該如何助一臂之力，因為那些向她傾訴自身遭遇的女星，都希望能保護她們的隱私。這位女星追蹤了幾年前《紐約客》（*New Yorker*）和書報攤上《紐約雜誌》徒勞無功的報導文章後，納悶為什麼每個報導似乎都無疾而終了。

與這幾位女星的對話不會公開，但是她們訴說的各種內幕，與溫斯坦的行為不成故事的說法相左。托梅與其他人擁有全球的知名度、演過重要角色，還得過獎。她們是局內人，但在這件事上，她們覺得她們無力引起改變，而她們希望《紐約時報》的調查能夠成功。

當茱蒂聯絡她們建議的其他幾位女星，結果一無所獲：每個人都拒絕了。很快地，甚至連幾位曾經很幫忙的女星也不再回覆茱蒂的電子郵件和簡訊了。

與托梅見面的同一星期，茱蒂收到一封帶來一絲希望的電子郵件。麗莎．布魯姆（Lisa Bloom）想和她通話，她是一位著名的女權律師，也是知名女權律師葛洛麗亞．艾爾瑞德（Gloria Allred）的女兒。她曾經在一些最重要、最受矚目的男性不當行為案件中為女性發聲，包括控告比爾．歐萊利和比爾．寇斯比（Bill Cosby）的案件。茱蒂猜想布魯姆已有客戶對溫斯坦提出指控，如今聽聞《紐約時報》的計畫，因此與她聯絡，想助她一臂之力。

茱蒂將這封電子郵件轉給她的同事艾蜜莉．史提爾，她是撰文揭發比爾．歐萊利和解金案的記者之一。史提爾大約比茱蒂年輕一輪，個子嬌小，聲音尖細，茱蒂很快地接受傾聽她的每個建議。一接到茱蒂寄來的電子郵件，史提爾就回電警告她。她說，布魯姆與溫斯坦有生意往來。這個消息是公開的。幾個月前，布魯姆在推特上寫了一則張揚誇大的貼文：[6]「大聲宣布：我的新書《不信任的國家》（*Suspicion Nation*）要被拍成迷你影集，由哈維．溫斯坦與傑斯（Jay-Z）出品！」

茱蒂現在明白這封郵件背後的人不是布魯姆。溫斯坦知道《紐約時報》在做什麼，而且即將展開進攻。

茱蒂沒有義務將這些調查內容通知溫斯坦，甚至也還不清楚這會不會成為一篇報導，就算要邀他受訪或回應的責任也是後來的事。但既然他已經知道了，會使得報導工作更困難。任何一項對嚴重弊案的調查，都是與事件主角控制訊息或聯繫上消息來源的競賽：在記者端是爭取曝光，另一邊則是竭力掩蓋。

她想要多爭取一點活動空間，但現在別無選擇只能繼續調查。茱蒂安排了一通與布魯姆的電話交談，希望對話簡短，盡量守口如瓶。

《紐約時報》的專欄作家尼可拉斯．克里斯多夫（Nicholas Kristof）順利聯絡上艾希莉．賈德。他曾經為賈德的傳記寫了一篇序[7]。透過克里斯多夫引介過後幾天，茱蒂順利用視訊軟體

FaceTime與賈德通話，當時她已經知道這通電話的目的；而且不像托梅，她本身就能說出自己與溫斯坦相關的一段故事。[8]

一九九六年，當賈德快三十歲時，正往明星之路發展，演過《烈火悍將》（*Heat*）和《殺戮時刻》（*A Time to Kill*），她在洛杉磯的一場活動上遇到溫斯坦。當這位製作人表示想與賈德碰個面，她以為他們會討論公事。他們打算在比佛利山莊飯店裡面的波羅廳（Polo Lunge）餐廳碰面，賈德這麼認為。她沒有多想。她的父親當時與她同行，她也在這場活動上介紹兩位長輩認識。「連我自己的父親都沒有料到會發生這種事，」賈德說。

當她抵達飯店，她被指示要在一個房間裡與溫斯坦見面，他在那裡準備了一瓶香檳，下面還鋪著冰塊。她只喝了幾口。他們說了幾句不重要的事，然後「我盡快讓自己離開那裡，」她還記得當時有點懷疑他要做什麼。

幾天後，他又寄了另一封邀請，這次是約在比佛利山莊的半島酒店的早餐會。賈德心想，那麼早見面，應該一定是安全的。

她到酒店時已經很疲憊了。她前晚都在熬夜拍攝她的第一部驚悚片大片，與摩根．費里曼（Morgan Freeman）合演的《桃色追捕令》（*Kiss the Girls*），她直接從拍攝現場過來。當接待人員告訴她，她要在溫斯坦的房間，而不是在餐廳與這位製片見面時，她有點惱怒。因為她需要睡眠，而客房服務似乎要等非常久。思索後，她點了一碗麥片以節省時間。

她向茱蒂回憶說，當她到房間時，溫斯坦身上穿著睡袍，與她預期的不同。他想幫她按摩。她婉拒了。他轉而建議只按摩肩膀。她也回絕了。接下來，他指示她去衣櫃幫他挑一件當天要穿的衣服。然後又指向浴室。她說，過了二十年，她仍然可以描繪出那個飯店房間的格局。

她說，溫斯坦的要求中有愈來愈多明顯的性暗示。她每一項都拒絕，但他不善罷干休。「我說不要，用很多種方式，說了很多次，他總是用某種諂媚的另一個要求回應，」她說。他的行為幾乎像是軍事命令，帶著「快點！快點！」意涵，妳先到那裡，然後去那裡。最後，他問她可否看他沖澡，彷彿這是某種妥協。

她還記得自己覺得被困在那個房間，害怕她的演藝事業前景被破壞。「很多事都處於危險當中，還有與米拉麥克斯的關係，」她說。

她需要逃脫的策略，一個離開溫斯坦的方法。「我跟你做一個約定，哈維，」她記得她說：「當我靠米拉麥克斯的電影贏得奧斯卡獎，我會幫你吹一下，」她離開時說。

賈德說，她當時處在一個全無勝算的情況下：忤逆製作人即是冒著承擔職業生涯的風險。所以，她很快想到一個不會冒犯他，又能全身而退的笑話。

當時，賈德在心中將它列為一個令人毛骨悚然的意外。不久後，她將事情發生的經過告訴她的母親，即歌手納歐米·賈德（Naomi Judd）、她的父親與她的經紀人，後來還告訴其他她信賴的人。賈德在電話中聽起來很平靜，也許是因為她沒有壓抑不說這件事，所以敘述中沒有初次吐露的生澀。

幾年後，她在莎瑪·海耶克的邀請下，挑了一部米拉麥克斯電影《揮灑烈愛》（*Frida*）裡的角色，海耶克在這部電影中飾演主角墨西哥藝術家芙列達·卡蘿（Frida Kahlo）。（賈德對溫斯坦保持警戒，但她想幫海耶克的忙。）在墨西哥拍片期間，她們與一起演出的明星薇拉莉·葛琳諾（Valeria Golino）在一個渡假勝地休息一天。三個女人一起坐在戶外的桌子旁邊，有一次溫斯坦剛好經過。她還記得，他親切地向另外兩位女星打招呼，對賈德幾乎則視而不見。

他離開後，她告訴另外兩個人在洛杉磯飯店房間裡發生的事。她們說，那是他的問題。他總是提出那一類的要求。他也對她們做過類似的事。

賈德問其他兩人，為什麼這些女性不團結起來對抗溫斯坦？賈德說：「我不懂為什麼我們每一個人都這麼怕他。」然而，《揮灑烈愛》是海耶克工作的心血，是溫斯坦製作的，而他有權力隨時喊停。

在與賈德長達一小時的電話中，調查重點偏離了一點。她描述幾年前，有一群女明星就已經指認出溫斯坦令人困擾的行為。她說，他是一位權力很大的老闆，他假託公事會面的機會，試圖施壓女性與他產生性互動，但沒有人為此做些什麼。

艾希莉・賈德的成長過程，可以用「孤獨」來形容。她出生於一九六八年，本名為艾希莉・西米內拉（Ashley Ciminella），她的父母很早就離異。她的母親當時是一位業餘音樂家，在家裡練習和聲，做過服務生與祕書的工作來養家餬口。在她高中畢業前，曾在四個州讀過十三所學校，每次都和朋友失去聯絡。她極渴望有玩伴，甚至想出一個仙女角色來陪她[9]。三年級之前，「我會為自己準備餐點，例如從盒子裡拿出博雅迪廚師牌的比薩、從零開始做自己的巧克力脆片、甚至開學第一天就自己走路去搭校車，雖然我不確定我該去哪裡，」她在她的回憶錄《甘苦歲月》（*All That Is Bitter and Sweet*）裡這麼說。她寫道，她在童年不斷重複的一句話是：「大家都到哪裡去了？」

成長過程中，她被猥褻過好幾次。小學時，有一個老人說要給她二十五美分玩彈珠機，如果她願意坐在他的大腿上。「當他突然用手臂夾住我，用力抱住，把他的嘴巴罩住我的嘴，並把他的舌頭伸進我的嘴巴深處，我好震驚，」她寫道。她告訴本應照顧她的大人，但他們不相信她。她說，高中時有一年夏天，她在日本擔任模特兒的工作，她被老闆性騷擾，又被一位認識的人強暴。

但是在肯塔基大學時，她在一個姐妹會和性別研究課程中，找到了女性同伴情誼。校園裡亮燈的小徑和公共電話亭像是不公平的象徵，點醒了她。為什麼女性必須限制自己，才能保有安全？想到情況可以變得更好，她發現了行動主義的滋味，她曾經帶領一次退場活動，抗議一位大學理事使用帶有種族歧視的修飾語。賈德原本想成為一位基督教傳教士，她提出申請且被和平工作團（the Peace Corps）接受了，她打算在畢業後加入。

但後來她成了一名演員，想趁年輕把握機會嘗試這一行，之後她成為了一位明星。但在空閒時，她也利用她的知名度參與理念倡議，包括拜訪貧困村落、貧民窟與世界各地的診所，希望引起大眾對愛滋感染、對女性受到的暴力、孕產婦健康與家庭計畫的關注。二〇〇六年，她與莎瑪·海耶克拜訪了瓜地馬拉的愛滋感染診所與妓院，她們在那裡遇見幾位妓女，她們解釋說她們需要錢，每接一個客人可以得兩塊美金，一天進行十或十二次。儘管賈德在好萊塢看到了問題，她仍維持她的兩種人生，分別在娛樂產業和公共健康的志業。

二〇〇九年，賈德四十一歲，她加入了哈佛大學甘迺迪學院的在職碩士學程。（前聯合國祕書長潘基文也完成過相同的課程，比爾·歐萊利也是。）私底下，她想進入政治圈。田納西州當時還沒有過女性州長或參議員。

比起演藝事業，她在哈佛大學感覺更為自在，她甚至不確定是否還要回去演戲。「我找到我的群眾，」她說。她最喜愛的課程名稱為「性別暴力、法律與社會正義」，授課的是一位法學院的教授戴安·羅森費爾德[10]（Diane Rosenfeld）。賈德經常與二和三年級的法學院學生在一起、想要成立一個讀書會，幫大家烤烤餅乾，在課堂上從容發表意見，但極少提到好萊塢。

在這堂課上，羅森費爾德認為，法律體系的建立，保護男性勝於保護女性。為了做對照，她引介學生去研究黑猩猩的平等行為，牠們在演化過程中，已經在社群中消滅了雄性性威迫的行為。羅森費爾德解釋說，如果一隻公猩猩對一隻母猩猩展露侵略行為，母猩猩會發出一種特別的吼聲，其他的母猩猩會來幫她的忙，從樹上爬下來合力把侵略者趕走。

對賈德而言，這堂課是一種天啟，從某種角度來看，也是一種回歸。羅森費爾德討論的是賈德一生想明白與見證的事，從她的童年、在好萊塢，以及她在美國之外的妓院與診所的所見所聞，進而用一種新的方式，給與她不同的知識架構與理論來理解。「在課堂上，她整個人沉浸於吸收消化每件事，」羅森費爾德說。這位教授留意到，賈德每場活動都會參加：聽演講、接待會，針對高風險家庭暴力犯罪者用GPS監控的研究發表會。

她最後將她的想法導引到論文，呼籲女性認清她們共同的體驗，勇於挑戰受到性脅迫的問題。「我提出一種基於女性與女性之間聯盟的模式」[11]她在第一頁上寫著。她希望女性跟隨黑猩猩的範例，不那麼分散與保密，能夠聯合起來趕走過度侵犯的男性。

我們很難說服女性情況會改變，她在她獲得優秀論文獎的研究論文裡寫著。「偏見已內建在我們正式的體制、經濟與日常生活架構中，」她說，但是，「彼岸有某種東西等待著我們追尋。」她寫道，我們需要的，是「勇敢踏出信任的第一步，打破孤立。」

二〇一七年六月，賈德仍不確定她是否要公開控告溫斯坦。她已經試過說出他的行為。二〇一五年，她向《綜藝》雜誌陳述這些事，但沒有把溫斯坦、海耶克、葛琳諾這些人名指出來，她希望這篇報導能引起一些火花，也許會鼓舞其他人一起站出來。

結果，這篇報導並未掀起什麼波瀾。接下來焦點被轉到賈德而不是溫斯坦身上，而且既短暫又煽情。賈德只得縮小為新片《大石峽》（*Big Stone Gap*）的宣傳，避免事件引發更多問題。再次挺身而出，可能會重蹈這次的覆轍。

這是一則醒世故事。賈德在《綜藝》雜誌裡的陳述很有勇氣，但只是一段單薄的敘述，沒有加害者的名字，或者任何能佐證的訊息。報導的影響力來自明確性，像是人名、日期、證據和模式。茱蒂不想讓賈德因為過去薄弱的報導已經證明是無效的，而婉拒加入一個可能更強而有力的報導。

賈德會這麼謹慎，也是因為才幾個月前，她為心直口快付出了代價。多年來，她一直與運動健身用品廠牌Copper Fit有個收益豐厚的代言人合約，這家公司的產品是襪子、壓力護具和支撐器。在電視廣告裡，她開心地複述這樣的台詞：「我愛我的硬木地板，但它們對我的腳太硬。這是我喜歡我的Copper Fit Gripper襪的原因。」她與這家公司的關係很和睦，有時還會和他們的執行長聯誼。

二〇一七年一月女性大遊行的前幾個星期，她把一首關於女性憤怒的抗議詩寄給這位執行長，由住在田納西富蘭克林（Franklin），當時十九歲的妮娜．多諾凡（Nina Donovan）所撰寫，賈德發現這首詩，打算在遊行主舞台上朗誦。「我是一個讓人討厭的女人，」這首詩的一開頭這麼寫。「我不像那些彷彿泡在玉米棒碎屑裡的男人那麼令人討厭。」[12]這首詩不粗俗，但很挑釁。「我們來到這裡惹人討厭，像沾了血跡的床單，」多諾瓦小姐寫道，指出月經是人生的一部分。當時 Copper Fit 未提出反對。但遊行過後幾個星期，賈德被解約了[13]。公司說，客戶抱怨這首詩。

所以，賈德的謹慎不無道理。然而在電話裡，茱蒂用了賈德一直想聽到的一個字眼：「模式」。賈德說，對她而言一項重要的因素，會是記者能夠追蹤發掘出多少故事，以及其他的女明星是否會公開挺身而出。她對她的哈佛論文真實如一，她想要成為集體對抗溫斯坦的女性之一。

這通電話以一項計畫作結：[14]賈德會去找莎瑪．海耶克。為了得到更多的意見，茱蒂又與吉兒．卡格曼（Jill Kargman）聯絡，她近來是作家、製作人，也是電視節目《怪媽闖蕩記》（*Odd Mom Out*）裡的明星，也是在這個陌生世界提供指引的聯絡人。卡格曼鼓勵茱蒂去和珍妮．康內爾（Jennie Konner）談一談，她是莉娜．杜漢（Lena Dunham）電視節目《女孩我最大》（*Girls*）的製作夥伴。康內爾則反過來要茱蒂也和杜漢談一談。[15]茱蒂猶豫了。從外頭看起來，杜漢似乎不是個守密的人。她經常發推特文，甚至將生活中私密的部分都寫出來。

這通電話值得這個賭注。康內爾與杜漢之前就聽過溫斯坦被指控侵犯，曾想在她們的電子報《Lenny Letter》中將他曝光，但是她們沒有做過調查或法律資源。希拉蕊．柯林頓參加二〇一六年總統大選時，杜漢擔任她的代理人，她告訴茱蒂說她曾經警告過柯林頓的助理，應該停止仰賴溫斯坦作為募款人，但是她的警示無疾而終。（後來，曾於一九九〇年代晚期短暫與溫斯坦合作《談話》〔*Talk*〕雜誌的蒂娜・布朗〔Tina Brown〕告訴茱蒂，二〇〇八年柯林頓競選時，她也曾發出類似的警示[16]。當揭露的事實公開後，柯林頓與她的團隊表示驚訝，而且否認杜漢發出警示的嚴重性。）

康內爾和杜漢成為一個「雙姝名人電話總機」，提供茱蒂一些她需要的直接聯絡資訊，動作快而謹慎。另一位具有女性主義傾向的演藝圈行政主管也做了同樣的事。

來自女明星的回應依然很緩慢。然而，六月底之前，康內爾有消息了：葛妮斯・派特洛有話要說。

從一開始，派特洛根本就不在茱蒂打算聯絡的名單上。她是溫斯坦的天之驕女，他手上最頂尖的明星之一，而且經過二十年，所有人對她演藝生涯的記憶仍與溫斯坦綁在一起。他們曾多次合影，像是一對笑容滿面的父女檔。一九九九年，當派特洛以《莎翁情史》（*Shakespeare in Love*）獲得奧斯卡最佳女主角，溫斯坦就站在她身邊，散發驕傲的光采：他製作了這部電影，成功塑造這位明星。當時，派特洛的綽號是「米拉麥克斯的第一夫人」。她似乎不太可能協助《紐約時報》。她不像麥高恩那樣叛逆，或像賈德是一位行動主義者。她成為一位健康與美容相關產業的企業家，而且一些人對她又愛又恨。

然而，當她們安排好通話時間，也就是二〇一七年六月最後一個周末，派特洛表現出截然不同的形象：她是消息來源的正中心，她知道的可能比目前所知的任何人還要多。在電話裡，派特洛很客氣，但聽起來有些心煩意亂——是的，這段對話不會公開；是的，茱蒂明白情況複雜，在儀式性的確認一些注意事項後，派特洛分享了她與溫斯坦之間不為人知的故事。[17]

派特洛回憶，她與溫斯坦第一次見面，是在一九九四年或一九九五年多倫多影展時，在一部電梯旁邊。當時她大約二十二歲，演員生涯才剛起步。她的父母在事業上都很成功，母親布莉茲・丹尼爾（Blythe Danner）是演員，父親布魯斯・派特洛（Bruce Paltrow）是導演與製片，她在電影《無情大地有情天》（*Flesh and Bone*）中的演出，得到正面的讚賞，但當時她還在不斷試鏡想得到更多角色。

就在電梯那裡，溫斯坦對她投了信任票。我在那部電影裡看到妳，妳一定要來為我們工作，她記得他這麼說。妳真的很有天份。「我只記得因為他的看法，讓我覺得受到肯定，」她說。

不久，他提議讓她演出兩部電影。溫斯坦說，如果她願意演出一部名為《陰錯陽差》（*The Pallbearer*）的喜劇片，她就可以主演他的新片，一部珍・奧斯汀的改編電影《艾瑪姑娘要出嫁》（*Emma*）。這是一份夢幻工作，一個能創造明星的角色。

派特洛加入了位於市中心的米拉麥克斯圈，當時那裡溫暖又充滿創意，令她留下深刻的印象。「我覺得像回到家裡一樣，」她說。當時她正與名聲遠不如她的布萊德・彼特（Brad Pitt）約會，而且經常往來紐約與洛杉磯兩地。在《艾瑪姑娘要出嫁》開拍之前，其中一次往返兩地的旅途中，她收到一封來自創意藝術家經紀公司（Creative Artists Agency）的經紀人傳來的傳真，請她到比佛利山莊的半島酒店與溫斯坦會面。

那是賈德的故事裡的同一間酒店。接下來的發展，也讓人覺得似曾相識。這次會面似乎是例行性的，在房間裡舉行以保有隱私。「我蹦蹦跳跳著過去的，有點像是一隻黃金獵犬，開心地要去見哈維，」她說。他們先談了公事。但是溫斯坦靠近她，把他的兩隻手放在她身上，然後請她進去臥室裡互相按摩。派特洛說，她對正在發生的事完全手足無措。她一向把溫斯坦視為一位叔叔。他對她有性遐想這件事，讓她感到驚嚇，而且噁心。她說，他問了第二次，請她移動到房間。

她欠身離開，但是「不讓他覺得他做錯了什麼事，」她說。她一離開，就把事情的經過告訴布萊德．彼持，然後告訴一些新朋友、家人，以及她的經紀人。

派特洛故事的後半段與賈德的不同，使它暗藏更嚴重的後果。幾個星期後，當派特洛、彼特與溫斯坦參加同一場電影首映，彼特正面迎戰這位製片，警告他把手放好。當時，派特洛覺得鬆了一口氣：她的男友是她的護花使者。

然而當她回到紐約，溫斯坦打電話給她，威脅並斥責她把事情告訴彼特。「他說了一些我要毀掉妳的前途之類的話，」她說。她記得自己站在她位於蘇活區王子街上的老舊公寓裡，害怕自己將會失去兩個角色，尤其是主演《艾瑪姑娘要出嫁》的機會。「我什麼都不是，我只是個孩子，已經簽約了。我嚇呆了，當時我想他會把我開除，」她說。

她試圖將兩人的關係拉回到工作層面，她向溫斯坦解釋說，把事情告訴男朋友是很正常的事，但她希望把這段插曲拋諸腦後，向前走。「我一直想要平靜，我從來不想惹麻煩，」她說。有一段時間，他們回復原有的關係。「在這可笑的情況下，我覺得，好吧，事情過了，」她說。她與溫斯坦的合作關係愈成功，她愈覺得不能開口說出他們合作初期的那件醜事。「我的演藝生涯一帆風順，所以我不可能回頭看那些過去發生的事，」她說：「我被期待要保守祕密。」

她說，好萊塢的信條，是吞下抱怨，忍耐那一類的行為。她沒有想過那次事件是某個更大、更有系統的體系的一部分。她在米拉麥克斯的日子裡，偶有聽聞關於溫斯坦擾人的傳言，但從來沒有具體的內容。溫斯坦在其他方面相當粗暴，相較之下，他在房間裡的時刻似乎還算溫和。他會丟東西。他的長篇訓斥無人能及，是派特洛和其他人不曾在一位成年人身上看過的。她認識的米拉麥克斯員工活在他反覆無常的恐懼中。「是氫彈，氫彈過來了，」溫斯坦來之前，他們會這樣互相警告。

在派特洛主演的兩部米拉麥克斯電影，二〇〇〇年的《當真愛來敲門》（*Bounce*）和二〇〇三年的《我要飛上天》（*View from the Top*）票房不如預期後，溫斯坦對她態度丕變。「我不再是能點石成金的天之驕女，」她說：「在他的眼裡，我的價值已經縮水。」在派特洛懷第一胎前，她已悄悄地與這位製片保持距離。

情況維持到二〇一六年，當這位製片的母親米拉・溫斯坦（Miram Weinstein），也是米拉麥克斯廣受愛戴的人物過世時[18]，派特洛寫給溫斯坦一封簡短的弔唁電子郵件。讓她大感震驚的是，他在喪禮中大聲把它念出來，過不久又打電話給她——要謝謝她，派特洛原本這麼猜想。

然而，幾句寒暄後，他又開始向她施壓。《紐約雜誌》正在準備披露他對女性的行為。她們什麼也沒查到，溫斯坦告訴派特洛。他要她答應不會說出多年前在半島酒店的事件。「我只是真的很想保護那些同意的人，」他說，指的是那些屈從在他要脅之下的人。派特洛婉拒了這家雜誌的採訪請求，但她也避免承諾不說出來。

這個故事需要被報導，她告訴茱蒂。有很長一段時間，她認為她永遠不會說出發生的事。但是二十年後，每件事看起來都不一樣了，這是為什麼她現在在電話裡。

派特洛清楚表示，要她公開說出來還有很長一段路。委婉地說，她當時的公共形象不是很好。那時，她的電子商務事業與生活品牌Goop正在銷售一種要價六十六美元的翡翠玉蛋，作法是要塞進陰道，「幫助培養性活力、清理身體內的氣穴、強化女性力，並且活化生命力，」如網站上描述的[19]。這些蛋引發了數個月的嘲諷譏笑，以及指控派特洛輕易銷售有疑慮或者沒有健康功效的產品。「我猜想，有機來源、公平交易的尿液酸鹼檢驗棒即將在Goop上市，一包七十七美元？」[20]對Goop產品、其他Goop所推崇的事情提出嚴厲批評的婦產科醫師珍・甘特（Jen

Gunter）寫道。

在Instagram上，派特洛看起來一如以往地平靜。私底下她很崩潰，不確定自己是否能應付更多的爭議。她確信任何涉及她、溫斯坦和性的報導，都可能會很煽情，變成該週的名人八掛醜聞。「我不知道我會不會被拖進爛泥裡，」她說：「如果妳從歷史來看，女人的下場通常是這樣。」上百名員工為她工作，這些人要付房貸、養小孩，捲入爭議也會傷害到他們。「我不能毀了這項事業，」她這麼說。

然而，派特洛決定要用她在好萊塢的人脈，幫助茱蒂指認與列出其他溫斯坦的受害人，讓女性能夠一起分擔公開說出來的沉重包袱。（茱蒂不能向她提到賈德，也沒有向賈德提到派特洛。）派特洛列出其他六、七位她想打電話的名人，向茱蒂詢問有關調查報導協議的建議。茱蒂提了一些。派特洛正與她的孩子在歐洲渡假，她的社群媒體貼文裡都是葡萄酒、野餐和義大利湖泊。但私底下，她也發送簡訊給曾經合作的明星與舊識，找到某些人的聯絡資訊，詢問其他女性是否願意出面。

七月五日，梅根回到《紐約時報》，還不確定要報導什麼。在第一天，寇貝特就詳細解釋了梅根的選項。第一個選項是回到川普。在梅根孕期的最後幾個月，她已經開始過濾川普公司以及與俄羅斯的關係，找到他在競選期間莫斯科川普大樓的計畫，以及其他看起來有問題的交易。第二個選項是加入哈維·溫斯坦的調查工作。茱蒂仍然熱切希望梅根可以加入她。她會有興趣嗎？

梅根花了一整天慎重考慮，向幾位信任的同事徵詢意見。報導川普的同事毫不猶豫：他是一生難遇的報導。比起一個被控騷擾年輕女演員的低級齷齪的好萊塢製片人重要多了。錯過報導總統的機會，簡直是一個天大的錯誤。但是梅根不那麼確定，她看著那些堆積如山關於川普的重磅報導，並沒有發揮什麼影響力。

然而，有關溫斯坦的調查仍是個問號。麥高恩的指控很嚴重，但是就茱蒂目前蒐集到的素材，比起梅根在芝加哥報導過的，似乎沒那麼嚴重。在按摩層次的情節裡，真的造成多少足以顯示的傷害？她很難說服自己把著名的女星被歸類為受害者。記者主要的任務是為無法發聲的人發聲，通常是被忽略的人，而電影明星有名聲，有財富，完全不可相提並論。

選角沙發究竟是否符合性騷擾的法律定義？這些女性技術上不算是溫斯坦的員工，而且對她們之中某些人來說，也未處於特定的危險。這項調查可以真正證明多少事情？

然而，茱蒂堅持，如果這些敘述是正確的，溫斯坦代表了一個有權勢的男性可以如何濫用他們的地位，建立對女性的支配。當他邀請這些女性開會，她們答應是因為她們想要工作，因為她們有企圖心、有創意、有希望和夢想。但回過頭來，他卻把她們置於毫無勝算的處境：臣服於性邀約，或必須冒著丟掉工作的嚴重後果。這就是性騷擾，不論是否符合法律的定義。

在也許是有史以來最有名的性騷擾指控裡，安妮塔·希爾控告克拉倫斯·托馬斯（Clarence

Thomas）約她出去約會，並在工作場合對她說出情色的評語。雖然即將成為美國最高法院大法官的分量與一位好萊塢製片完全不同，但對溫斯坦的指控似乎也顯示了嚴重性。還有，他的控訴者是有名的女性，這也是一大重點：這說明了這是一個普遍的問題。

梅根在茱蒂的隔板邊拉了一張椅子，開始工作了。

現在，兩位記者開始聯絡全世界最有名的幾位女性。安潔莉娜・裘莉（Angelina Jolie）與溫斯坦有一段故事，這是她們從一位米拉麥克斯前員工那裡聽來的。茱蒂從一位願意幫忙的好萊塢行政主管要到她的電子郵件，寄給這位明星一封措辭嚴謹的短信、與一位顧問討論，然後等待她是否願意加入。她們也寫給鄔瑪・舒曼：她沒有回信，兩位記者後來發現，因為有人告訴她，她們不值得信任[21]。而莎瑪・海耶克自始至終也都沒有回覆。

曾經指控在二〇一五年溫斯坦辦公室的一次會議中，遭到猥褻的義大利模特兒安布拉・巴提拉那・古提瑞茲（Ambra Battilana Gutierrez），似乎是唯一將這位製作人舉報到法律層級的女性。這個事件由紐約市警察局調查，最後地方檢察官拒絕起訴溫斯坦，但是古提瑞茲和地下偵探合作，顯然錄下了這位製作人談論整件事的經過。

梅根沒有收到這位模特兒的回覆，而紐約市警察局也依據行之有年禁止這類紀錄外流的政策，拒絕提供這宗案件的報告。所以，她回頭打電話給知悉這個案件的律師，和其他可能知道這起案件的人。在芝加哥報導有關ＤＮＡ證據時，梅根曾經採訪在起訴性犯罪領域上大名鼎鼎的琳達．菲爾斯坦（Linda Fairstein）[22]。現在，梅根又去找菲爾斯坦，希望她對她曾經工作過的性犯罪部門提供有價值的見解，因為他們拒絕繼續起訴。然而，菲爾斯坦一聽到這通電話的目的，口氣立刻轉為冷淡。她堅稱，安布拉．巴提拉那．古提瑞茲的指控是毫無根據的。當中沒有犯罪行為。而且，這宗案件處理的方式沒有任何不正常。她告訴梅根：「我認為走下去是死路。」

七月中，兩位記者第一次與蘿絲．麥高恩見面——為了隱密，她們約在茱蒂的公寓裡吃晚餐。麥高恩一派輕鬆。她兩眼掃過房間。她對閒聊沒興趣，但很大方地回答一個接一個的問題，尤其是那次飯店房間遭遇的後續，以及其他可能還記得或者能提供證據的人。茱蒂與梅根請她試著拿到她的協議書副本，一定有一家法律事務所保留著副本。

麥特．波爾迪（Matt Purdy）是《紐約時報》的頂尖編輯，他督導過歐萊利報導、組織起更大的性騷擾調查團隊，而且持續關注這項調查案。與麥高恩訪談後，兩位記者向他提到一個特別令人困擾的問題：除了麥高恩，一些二手的消息來源也指出溫斯坦反覆犯下刑事犯罪：性侵害、強暴，記者是否應該專心找出那些陳述，優先處理最嚴重的潛在暴力事件？波爾迪說不需要：先專注在妳們可以找到證據的，即使妳們可以證明的是較輕的犯行，讓這些女性的性騷擾指控列入紀錄，包括文件，尤其是支付給受害人的和解金。從來沒有人寫出對溫斯坦的核實報導，所以最重要的，是做的乾淨俐落。波爾迪不是忽視可能有更多嚴重的不法行為，他的重點是，如果記者能揭發這個新聞，每件事就可能相繼被抖出來。

七月十五日星期六，茱蒂查看手機時，發現一連串來自派特洛慌張的簡訊和未接電話。哈維・溫斯坦當時正在派特洛位於漢普頓（Hamptons）的家中客廳。她正躲在樓上的浴室，以便避開他。

他的出現並不令人驚訝，令人訝異的是出現時機。派特洛在一、兩個星期前就收到他的消息。他聽到派特洛即將舉辦一場派對的風聲，說他想過來，這場派對是為派特洛一齣音樂劇的潛在投資者舉辦的。她覺得他正清楚發出一個訊息——我正監視著妳。派特洛問茱蒂該怎麼辦。

茱蒂不想直接攪入行動，但是她們談了一些可能的選項。派特洛可以告訴他不要來，但這可能暗示她與記者有聯繫。也許請他來是比較好的。另一方面，如果他質問她是否向《紐約時報》透露消息，那該怎麼辦？

派特洛決定最好的辦法是承認，然後希望他消失在人群裡。但是他提早出現了，也許是試圖要單獨和她說話，讓她亂掉方寸。茱蒂也很焦慮，尤其在她看見派特洛接二連三的簡訊。

從幾哩外，茱蒂努力讓派特洛表現如常。派對結束後，派特洛來電了：派對進行得很順利，沒有意外。她讓自己的助理跟著她。派特洛聽起來似乎沒有受到影響，也許甚至對事情的進展有些驚訝。

八月的第一個星期五，茱蒂與梅根第一次與派特洛在她位於漢普頓的家中見面。她們希望能鼓勵她公開說出來。在後面的露天平台，四周圍繞著戶外鞦韆和綠意盎然的樹籬，採訪開始了。派特洛本人很平易近人，而且有趣。在重述溫斯坦的事情之前，她問了梅根一些新手媽媽會有共鳴的問題；當梅根謹慎地追問詳情，並且告訴她，記者會去聯絡布萊德．彼特確認她的敘述時，她大方地點頭。這是標準的程序，梅根告訴這位明星說：為了要證實受害者的敘述為真，她們會去找被害者當時轉述的人，確認他們記得的是同樣的故事。

請派特洛公開表明是一件需要很謹慎的事。她還在處理翡翠玉蛋引起的軒然大波。茱蒂與梅根了解這些批評，但不希望因為這樣而阻止派特洛加入後續可能有發展性的報導。而且，在所有派特洛聯繫的人裡，她還沒成功說服其他女星說出溫斯坦的事情。有一位不願意說，因為她和這位製片人的妻子友好。其他人則沒有回音。

訪談間，派特洛接到一位名人朋友的電話，她走出去草坪接聽，問她是否遭受過溫斯坦侵害，但這位女星說沒發生過任何事。最後派特洛總結了她自己的想法：她想要公開，但她不想要這個報導的重點是她。文章中有愈多女性說出來會愈好。「我想要確認我絕對不會成為焦點，」她說。

從漢普頓返回的路上，茱蒂與梅根大受鼓舞。派特洛沒有答應，但她們私下有繼續聯繫。這時，她們想到可以去找一位還沒回應她們的人：一位住在附近的米拉麥克斯前主管。所以她們繞了一段路，在這位女士的避暑別墅前停了下來。她親自來開門，笑著歡迎她們。然而一旦明白來意，便直接當著她們的面把門關上，留下她們站在前門廊。

蕾貝卡．寇貝特想要她們即刻回報漢普頓行的每一項細節。身為一位編輯，她完全融入報導，提前為她們煩惱，經歷她的記者們所經歷的，同時維持批評的慧眼。喜歡吹噓自己與媒體大亨關係良好的溫斯坦，可能從來沒聽過寇貝特這號人物。[23]她大約六十多歲，對事情總是抱著懷疑與審慎的態度，對俗豔或誇大不實很敏感，她是《紐約時報》調查部門的共同首腦，但非常低調，幾乎不會出現在谷歌的搜尋結果裡。她的企圖心在於新聞報導，不在個人。

但是，她在報界很受敬重，因為她和溫斯坦有一項共通點：她能透過成就其他人的工作，施展她的影響力。在《巴爾的摩太陽報》（*Baltimore Sun*）時，她指導二十二歲的記者大衛．西蒙（David Simon），勉勵他不要再寫關於街屋火災和兇殺案的短篇新聞，要更有野心的嘗試關於犯罪與階級社會學的報導，她擔任他的編輯直到西蒙離開《巴爾的摩太陽報》，創作出像是《火線重案組》（*The Fire*）這樣的影集。（在最後一季，有一位城市編輯的角色，也是影集中少數的英雄，雖然是男性，但有一部分是根據寇貝特塑造出來的[24]。）二〇〇一年九一一事件幾年後，當兩位《紐約時報》記者發現美國國家安全局在沒有搜查令的情況下，祕密地監視美國人民，寇貝特不顧內部爭議與來自白宮要求不要公開的壓力，讓這項調查持續進行，進而產出布希總統任期最大的獨家新聞。[25]

和茱蒂與梅根一樣，寇貝特在以男性為主的新聞室中養成，除了衝報導同時也育有一女。當她在二〇一三年被指派為《紐約時報》資深編輯時，該報社頭一次有過半數的女性高階主管，但是幾乎沒有人注意到這個里程碑。後來，人們說兩位女性揭發了溫斯坦的故事，但其實是三個。

當寇貝特追蹤發展進行中的飯店房間調查，她有一個主要的關心重點。「讓這幾位女性公開表明的策略是什麼？」她每幾天就問一次。茱蒂與梅根有了一點眉目：如果我們找到足夠的人數，我們可以促請她們一起公開表明，用人數取得安全。

這對寇貝特來說，是一種太冒險的策略。這些消息來源極為不願意公開，理由可想而知。這一類報導天生帶著不公平：她們沒有做錯任何事，為什麼公開說出不愉快的事是她們的責任？寇貝特擔心茱蒂與梅根最後會有一大堆驚人的飯店房間故事，但因為無法公開而產不出報導。即使記者真的成功說服一、兩個人，也可能變成老套的「他說，她說」羅生門。

記者明白，要報導溫斯坦的故事必須有證據：理想上，最好有公開的陳述，同時有鋪天蓋地白紙黑字的、法律上的，以及財務上的證據。

第三章 如何讓受害者噤聲

七月中，當茱蒂專注於好萊塢，梅根將重心轉到基本的調查問題：國家檔案裡是否有任何溫斯坦的侵害行為紀錄？

畢竟，美國有保護性騷擾受害者的法律，至少在理論上，政府機關會執行這些法律。如果溫斯坦是一個性騷擾慣犯，他的受害者就有可能向聯邦「公平就業機會委員會」（Equal Employment Opportunity Commission, EEOC），或者紐約與洛杉磯這兩個溫斯坦公司所在城市的對應政府部門提出申訴[1]。

聯邦與紐約查無資料。但是剛到《紐約時報》第一個月，年輕有經驗的葛瑞絲．亞許佛德（Grace Ashford）就從加州的公平就業暨居住部（Department of Fair Employment and Housing）拿到一份報告，顯示有幾宗針對米拉麥克斯的投訴案件[2]。這份資料以政府機關極隱晦的文字遮掩：地址、日期，以及數字碼指出案件性質與如何結案，但完全看不出這些人是誰，或者他們到底發生了什麼事。

二〇〇一年九月十二日，這個單位收到了一份針對米拉麥克斯的性騷擾申訴案。奇怪的是，它在同一天就結案了。

這份報告上註明「原告選擇法律訴訟」，這通常意謂該機構已經依據申訴案的狀況撤銷該案，並轉向民事訴訟。然而，接下來就沒有其他的資料，也沒有任何案件紀錄在加州的法院待審資料夾裡。一份向政府提出的申訴案件，怎麼可能在數小時之內消失？

梅根持續打電話詢問，結果像是打給一個沒人在家的房子，一直沒人接聽。當她終於透過電子郵件找到人，這位政府官員告訴她，這份針對米拉麥克斯的申訴案以及相關紀錄，在避免文件保留三年以上的單位政策下，已經被銷毀。另一項政策則禁止官員提供申訴人的姓名。

這真是令人光火。又經過幾次的催促，梅根問到了當時被指派處理負責人的名字。這位女士已經退休，沒有人知道她住在哪裡。透過社群媒體與搜尋地址，梅根發現她目前住在洛杉磯東部，最後電話聯絡上她。

訪談很簡短。這位前調查員在加州單位時，曾經手過成百上千個申訴案。她不記得這個案子。

「米拉麥克斯是什麼？」她問。

七月十四日下午，《紐約時報》在歐萊利獨家報導後組成的性騷擾報導團隊，包括寇貝特、波爾迪、史提爾和其他人，魚貫走進空蕩的「頭版會議室」準備開會更新進度。這間會議室沒有任何裝飾，沒有歷任社長或重要歷史事件的照片。但是每天兩次，高階編輯會聚在一起，爭論哪一篇報導要放在實體報紙和電子報的頭條。記者幾乎從來不參與那些會議，所以，能出現在這裡，可見這個會議受到高度重視[3]。

新的性騷擾報導很有發展潛力。兩個星期前，報導矽谷新聞的凱蒂・班納（Katie Benner）發表了一篇詳細的科技產業裡的性騷擾報導，內容提到想從男性創投資本家尋求投資的女性企業家，後來受制於不雅的簡訊、猥褻與勾引（「我現在有點糊塗了，應該要雇用妳還是和妳調情」）[4]。長期以來，在男性為主的產業裡，女性對於這類問題幾乎都保持沉默，認為這項討論過於危險，是禁忌。

如今，有愈來愈多人一起公開挺身而出。那一年稍早，前Uber工程師蘇珊・弗勒（Susan Fowler）寫了一篇部落格文章，描述她在該公司經歷過的性騷擾與職場報復，優步（Uber）公司因此整個天翻地覆[5]。在班納的報導裡，有超過二十位女性站出來。許多人公開陳述或指控投資人。在報導照片中，這幾位女性看起來沉穩而且堅定：創新者創立公司並且期望公平的待遇。

這篇報導起了作用。一名男性與一家公司道歉了[6]。其他女性與讀者讚賞這幾位女性分享她們的經歷。班納的收件夾收到很多新的故事和內幕消息[7]。

這意謂歐萊利報導的成功，不再只是曇花一現。梅根與茱蒂把班納的報導與支持性的回應寄給她們溫斯坦案的消息來源，彷彿是要說：沒錯，這很棘手，但我們的團隊知道該怎麼做。

這次會議一開場就有快速的進度更新：茱蒂與梅根對溫斯坦案的進度緩慢但確實。艾蜜莉・史提爾聽聞Vice傳媒公司許多驚人的違規。卡特琳・愛霍（Catrin Einhorn）正投身於與餐廳、零售業、飯店與營造業員工的對話。[8]蘇珊・齊拉（Susan Chira）則專注於以往的男性藍領階級工作場所，例如船塢和煤礦場。[9]

在每一種產業，性騷擾有其特定的社會學。在餐飲業，酒精無所不在，而且削弱人的理智、讓人肆無忌憚，而餐廳經理往往不願正面與失態的客人發生衝突。矽谷到處是一夕致富的年輕人，自認不可一世，不需要向任何人負責。在船塢、工地，以及其他傳統上男性專屬的工作場所，男性有時候會讓女性處於物理上受威脅的狀態，希望逼走她們。齊拉聽過有一位女性工人被留在礦場深處，身上沒有任何通訊工具，另一位女性工人則被困在風力發電機上。

這些記者加入這個計畫時，都明白性騷擾在美國的基本背景。從一九六〇年代起，一套法律誕生，保護人們免於工作場所令人反感的性挑逗（unwanted advances）。性騷擾（sexual harassment）不是刑事犯罪，除非牽涉到強暴（rape）或性侵（assault），但它仍然違反聯邦民權法案。每個在這間會議室裡的人都知道克拉倫斯・托馬斯與比爾・柯林頓的故事。但現在他們正整合從各個產業得知的資訊，而且有了一個更深刻的理解：一些本應要對抗性騷擾的武器，其實正在助長性騷擾發生。

史提爾從她對福斯新聞與歐萊利的案件，最先想到這件事。性騷擾案在法庭外和解已經是常識，而她與史密特已經揭發歐萊利與福斯新聞一直仰賴附加保密條款的和解，基本上就是付錢給受害者要她們噤聲。但是，這些協議裡的條款正迫切需要進一步的調查。

史提爾認為，這些協議使它們看起來不像是檯面上的合法交易，反而比較像是遮掩行為。這些協議包括一條又一條的限制條款。這些女性必須對歐萊利和他的律師們交出所有的證據——錄音檔、日記、電子郵件、備份檔案，以及其他任何絲毫的證據。她們所有人，其中一個案例還包括了她們的律師，被禁止協助其他申訴這位主播的女性。如果收到出庭通知，[10]她們被要求先通知歐萊利與他的團隊，而他們會阻撓她們被傳喚作證。

其中一位女性的律師同意轉換陣營，用協議裡的語彙來說，是「為歐萊利提供性騷擾事件的法律建議。」另一位被指稱的受害者同意，永遠不做出對歐萊利或福斯新聞的貶損言論，無論是「書面的或口語的，直接或間接的，」而且「永遠」不回應任何想聯繫她、詢問相關問題的記者。協議中還提到，她保證從未向任何負責打擊性騷擾案的政府機關提出申訴，包括公平就業機會委員會。

一位被指稱的受害者收到約九百萬美元作為回報，另一位收到三百二十五萬美元。如果任何女性違反其中任何一個條款，她就會失去那些錢。所有歐萊利對這些女性做過的、或沒做過的行為，就這樣被丟進一口深井，從此不會再被發現。用金錢換噤聲，實際上就是這樣子。

那個夏天，當史提爾繼續調查歐萊利，她有了更大的疑問：這些條款真的合法嗎？這個國家裡每天有女性簽署這種文件，幾乎沒有任何人知情嗎？而性騷擾律師真的在處理他們聲稱要打擊的問題，還是為了私利而不斷製造出和解協議？

史提爾向編輯建議報社深入探究這些問題，所以這也是寇貝特給茱蒂的任務之一。在嘗試聯絡電影明星的空檔，她打電話給全國各地的律師與法律專家，從小鎮的受雇律師到大學者，現在，她能分享她的發現了。

律師們說，史提爾描述的這類條款未脫離常軌。這是處理性騷擾案的標準作法，而且根本是處理這種事的有限選擇之一。

律師們強調，女性簽這些協議是有道理的。她們需要錢，渴求隱私，而且看不出有更好的機會，或者只是想要繼續過日子。她們可以避免被貼上搬弄是非者、騙子、風騷女人，或者習慣性好訟者的標籤。這是個讓她們拿錢然後繼續過日的方式。另外一種選項，走上訴訟法庭就像是懲罰。聯邦性騷擾法案的力道薄弱，排除很大部份的人，像是自營工作者、在少於十五名員工地方工作的僱員。聯邦法限制提起申訴的時間短到只有一百八十天，而聯邦傷害罪的上限是三十萬美元，不一定能補償失去收入或吸引一位好律師。難怪很多人視和解為比較有保障的提議。

這種協議對律師也有好處，尤其在財務上。他們通常處理應急事件，只有在客戶拿到錢時才收得到錢，收取的費用至少是客戶所得賠償的三分之一。在法庭上輸了，可能意味著一毛錢也拿不到。所以，性騷擾的和解金已膨脹成為一種家庭工業。有些律師力抗這種極其崩壞的條款，但其他律師則忝為橡皮圖章，或者停止抵抗以獲取更多的報酬。

甚至是EEOC，這個應該要執行性騷擾法案的政府機構，通常也將和解列為機密。這個單位擁有的執法權很小，而且，在它的成立宗旨下，被要求盡可能和解，而且往往極少公開訊息。「我們知道哪一家公司被控告最多次，」當時的EEOC長官凱・費德布魯（Chai Feldblum）告訴茱蒂[11]。但是這個機構被禁止公開這項資訊。在工作之前，求職者無法通過EEOC確認未來可能的雇主是否有性騷擾紀錄。難怪梅根在加州政府遍尋不著過去的米拉麥克斯申訴案。政府單位用納稅人的錢，蒐集了重要的資訊，然後，把一大部分鎖進沒人看見的地方。

茱蒂一針見血：美國有一個讓性騷擾申訴案靜音的體系，而這往往不會讓騷擾者停止他們的行為。女性行禮如儀地簽字放棄說出自已經歷的權利。騷擾者經常繼續得逞，找到新的獵場，犯下同樣的錯誤。和解與保密協議幾乎沒有在法學院或公開法庭上被檢視過。這是為什麼公眾從未真正了解這些正在發生的事情，即使那些長久以來研討性別議題的人，也從來沒有真正意識到。

會議結束後，茱蒂與梅根了解到需要被調查清楚的事還很多。公眾會對這些晦澀的法律文件或衍生結果感興趣嗎？對此樂觀是有道理的：班納的報導出刊後，班納聽聞加州的社運者與立法者，想要在法律上重新檢討性侵案祕密和解的合法性。

但是，如果哈維．溫斯坦與蘿絲．麥高恩以外的女性都已達成和解，而且那些申訴案都被律師們隱瞞，還可以找得到那些女性嗎？

二〇〇五年，溫斯坦兄弟放棄掌控他們的第一家電影公司，也就是米拉麥克斯[12]。但很多前員工彼此仍然有聯繫，畢竟他們一起經歷過糟糕的與美好的時光，有時候幾乎同時發生。對許多人來說，在那裡工作是一種教育，一種磨練，一種特權，但也是一種創傷。你能夠影響全世界看電影的品味、在坎城的帆船上磋商交易，但也能在同一天被老闆的訓斥罵到體無完膚，尊嚴掃地。前米拉麥克斯員工在紐約與洛杉磯舉辦非正式的聚會，他們會戲稱這些聚會是「米拉無名會」（Miranon）*，彷彿他們永遠一起療傷止痛。

那個七月，梅根與茱蒂繼續在那個米拉無名會圈內尋找線索，透過成員介紹另一位成員。理應知道最多的前員工沒有回電話；許多謠傳最常協助溫斯坦性侵的人，不想讓犯行曝光時被發現是共犯。但是記者們繼續詢問其他前員工，尋找線索：有沒有人在這幾年間聽說女性接受和解？

七月的最後一個周末，也就是全員齊聚於頭版會議室的兩星期後，梅根開車往北，遠離紐約市，沿著綠意盎然郊區蜿蜒的道路。她正要追一條米拉麥克斯助理之謎，她是該公司早期一位突然辭職的員工。

梅根知道她的名字。從一開始，她就表現突出，聰明、認真，而且很快得到升遷。然而，一九九〇年她突然消失了，只留下辦公桌下擺放整齊的一雙跑鞋。在電話訪談中，好幾位前米拉麥克斯員工想起聽說溫斯坦對她做過某件事。但沒有人知道細節。

最有希望的線索來自凱西．德克雷西斯（Kathy DeClesis），她當時是鮑勃．溫斯坦的一位助理。她說，這位女子父親的律師曾經在她消失後不久，寄了一封信到辦公室來。明確的用字德克雷西斯忘了，但印象中這封信要脅要採取法律行動。這個記憶的訊息量遠比其他人還要多。這位年輕女子控訴了些什麼？事情如何解決？她究竟遭遇到什麼事？

這位前助理是怎樣的人，過去二十七年住在哪裡？網路上幾乎沒有留下蛛絲馬跡。她沒有在領英上。沒有在臉書上。然而，《紐約時報》的研究員亞許佛德最後在網路世界的遙遠角落，另一座城市的員工名冊裡找到她。照片中看不出她和好萊塢或名人有什麼關聯。只是一位尋常四十多歲，有著及肩長髮、臉上沒有化妝的女性。

與這位前助理聯繫，比找到她還難。梅根留了好幾次訊息在她工作地點，說明她是《紐約時報》的記者，想跟她說個話，但從來沒有得到回電。甚至和櫃台人員說話都要很小心，因為她想避免同事注意到她要問的敏感問題。梅根閃過一個念頭：直接飛到她居住的那座城市，但又不想

* 譯註：Miranon是「Miramax Anonymous」的縮寫，取自互助戒酒團體「戒酒無名會」（Alcoholics Anonymous），為一種戲謔自嘲的名稱。

把她嚇跑。

然而，她也有她母親在紐約郊區的地址。梅根決定要開車到那裡，親自解釋為什麼想要知道這位前助理的經歷。如果她的母親不在家，梅根打算留一張手寫的說明字條，貼在門上。她開車到這個地址，看見一幢漂亮時尚的住宅。

梅根擔任記者，當不速之客敲門超過十年了，但依然覺得這不是一件容易的事。為了讓不願意受訪的消息來源說話，這往往是必要的。多年來，很多人在他們家裡接待她，被梅根千里迢迢尋找他們的誠意所說服。然而，她也遇過有人因為她到訪而覺得受侵犯。當梅根敲著那扇木質大門時，忍不住覺得自己像是闖進了某人的私生活。

出現在門口的人，不是那位母親，而是網頁照片上的那位女性。梅根面對面見到了那位前助理。

一個小女孩站在她的身邊，向門口偷看。梅根自我介紹是《紐約時報》的記者，一陣領會、也或許是恐懼閃過這位女性的臉龐。「我不敢相信妳找到我了，」她說。她解釋她剛好和女兒回紐約過暑假。梅根剛好遇到她們的家族朋友來訪。由於屋裡還有其他人，梅根問她是否願意和她到前門階梯聊幾分鐘。她同意了。

當她們兩人並肩坐在一起，梅根解釋說，她與茱蒂正努力調查哈維．溫斯坦的案件。她們的調查中顯示出一種侵害行為的模式，因此她們有理由相信，當她在米拉麥克斯工作時，溫斯坦可能傷害過她。如果這件事不重要，梅根不會大老遠來找她。

聽著梅根的話，這位女性的嘴角微微地揚起。這不是微笑，而是暗指著某種認同。「我已經等待有人敲我的門，等了二十七年了，」她說：「我所能說的是，我與米拉麥克斯有工作上的爭議，這項爭議已經和平解決了，而且我們同意不要討論它。」

梅根停頓了一下，在她腦裡把這句話想了一遍。技術上，這位女性什麼都沒說。但是她的保密是有含義的，彷彿她在字間的空白裡流露出許多資訊。她似乎是指：**幾年前確實有不好的事發生在我身上，但是我得用如此斟酌的字句告訴妳。**

這確實是一位簽過和解協議的女子會說出來的答案。在記者工作裡，有時候最正確的事就是轉身離開，讓消息來源先靜一靜。但這不是那種時候。梅根決意要讓這位女性繼續說些話，即使是不相關的事。她的女兒們幾歲了？梅根自己的女兒才四個月大。這位女性的年紀與梅根相仿，有很多相似之處，對話起來很容易。

聊了半小時後，梅根開始推銷她的想法。她請這位前助理考慮為《紐約時報》提供訊息。梅根同意違反和解協議是多麼冒險的事，但是她認為有方法可以公開那份協議，同時保護消息來源。她的同事在比爾．歐萊利的案子上就很有成果。這位女性跟著點頭。她沒有說不行，但也沒有說可以。但她同意給梅根一個記者們夢寐以求的東西：她的手機號碼。

然而，在開車返回布魯克林的路上，梅根接到了一通電話，打破了她的樂觀。這位女性說，她剛和她的律師談過了。他指示她不要向《紐約時報》透露訊息。即使心頭一沉，梅根還是保持正向。她告訴這位女性，律師的建議在意料之中，但是她還不用做最後的決定。梅根只要求她們能繼續保持聯繫，繼續討論各種選項。這位女性很勉強地同意了。

當她一邊開車，梅根的疑慮層層加深。這位製片人的謠言通常跟女演員相關，但現在她和茱蒂卻看見了一個全新的潛在受害者類別：溫斯坦公司的員工。與梅根一起站在廚房的那位女子，也許是溫斯坦調查案的零號病人，她一點都不有名。當她在米拉麥克斯工作時，既年輕又好欺負。這位製片人侵害女性的方式，有沒有可能比她或茱蒂原想的更具系統性？從以前到現在，有多少位女性受害？如果這位前助理能自由地開口，事情是否會不一樣？

七月的最後一個周末，茱蒂仍不知道二十七年前這位女性確切經歷了什麼事。但她深切地希望她們的對話能夠繼續，所以在拜訪後兩天，她傳了一則簡訊給這位前助理：

我知道我必然在妳回家渡假時丟了一顆曲球給妳。但請妳知道，這僅是因為這則報導是如此的重要。我們真的有機會造成改變。我希望我們能繼續保持聯絡，如此可以同步讓妳知道我們這裡的情況。我猜想，關於這件事，妳曾經與妳的家人，也許也和其他人談過。在我看來，最重要的是妳與妳自己的對話。

她也寄送了一個《紐約時報》報導歐萊利的和解協約的新聞連結。然而，當她一邊打字，梅根也懷疑或許永遠不會再得到回覆了。

幾個晚上過後，梅根再次開車上路，前往約翰・史密特（John Schmidt）的家，他是前米拉麥克斯的行政主管，曾經在一九九〇年負責該公司主要的財務，那一年也是這位年輕女助理消失的那一年。梅根猜測，目前仍在電影業工作的史密特，應該知道一些女性簽署的和解協議，但是他一直在躲她的電話。所以她只得監視他位於綠蔭盎然的布朗克斯（Bronx）里弗代爾（Riverdale）的家。每當私人警衛巡守經過，她無精打采地走著，等待客廳的燈亮了顯示有人在家。很快地，她便與史密特見到面。她為自己在晚餐時間冒冒失失地出現道歉，一面覺得尷尬，因為他的妻子也在，聽著她說的每一句話[13]。

梅根解釋說，這些和解協約害人不淺，讓受害者以為她們不能開口，認為一旦她們說出口，就可能要承擔可觀的財務損失。如果有其他人知道這些封口費的事，他們有獨特的重要性，能提供關鍵的協助。梅根沒有要求史密特公開表示。她只想要知道他對於多年前的事怎麼想。

但是史密特還沒能跟她開口，至少尚未準備好。他告訴梅根，他需要想一想，便送她到了門口。梅根明白人們通常需要時間想通事情，但這很令人沮喪，一些前溫斯坦的員工似乎知道問題，但他們仍然不願意說出來。

同年七月的一個星期五晚上，茱蒂與好萊塢一位名叫麥特．布羅德利（Matt Brodlie）的行政主管通電話，他多年前曾經在米拉麥克斯工作。他聽電話時異常仔細，茱蒂感覺得到他在打量她。不久，他回電給茱蒂，提供了一個名字和電話號碼。他說，他有一位在米拉麥克斯工作的好朋友，把一些事放在心裡好幾年了。她為人謹慎但有話不吐不快。她的名字是艾美．伊斯瑞爾（Amy Israel），也是一位頗受尊敬的娛樂圈行政主管[14]。

「我還想繼續工作，不想因為這件事被標記，」伊斯瑞爾接到電話時立刻說。「我不想被引述，句點，故事結束。」但是有一段記憶困擾她幾乎二十年，她想要分享。

一九九八年秋天，她和溫斯坦一起參加坎城影展，尋找欲購買的新片。有一次在飯店房間裡與溫斯坦的會議，她看見兩位女性助理在那裡，明顯有事情不對勁，她們分別是倫敦辦公室的正式員工賽爾達．帕金斯（Zelda Perkins），以及當時新聘的羅溫娜．趙（Rowena Chiu）。

「她們兩個人坐在那裡發抖，」伊斯瑞爾回憶說：「她們真的是因為恐懼而顫抖。」溫斯坦看起來一副沒事的樣子，和平常一樣談論電影。伊斯瑞爾直覺剛才發生了什麼，與這兩位女子有關。但溫斯坦拒絕承認。

伊斯瑞爾知道溫斯坦的罪行，她有親身經歷。他曾經讚美她，信任她，把重要的責任交給當時年紀還輕的她，以及騷擾她，她說。有一年多倫多影展，當她到飯店接他去一場放映會，一位男性助理叫她去這位老闆的飯店房間。她遵從了，以為男助理也會在。然而她到房間時，只看到一個幾乎全裸的溫斯坦，身上只圍了一條小毛巾，央請她幫忙按摩。她說，她脫口說她需要打電話給她母親，而且假裝當場撥電話。

一、兩年後，她被擢升為部門主管，有一次她在紐約為溫斯坦播放電影，他突然冒出一句：「妳為什麼不脫掉妳的襯衫，做個側翻跟斗？」

「去你媽的，死胖子，」她立刻回嘴，然後他轉而玩井字遊戲。（溫斯坦否認她的說法。）

但經過這些年後，她擔心威尼斯發生的事比她原想的更糟。對於後續，她僅知道一點點。賽爾達・帕金斯離開了公司，簽了某種合約，避免她說出事情發生的經過。這是一份和解協約，茱蒂認為。伊斯瑞爾也建議茱蒂打電話給倫敦辦公室另一位前員工，一位名叫蘿拉・馬登的女性，她可能也有些話要說。

伊斯瑞爾也問了一個更大的問題：是什麼讓所有人，整群前米拉麥克斯的人都在忍受？這是她真的想知道的，也是為什麼她會和一位記者通電話的原因。那個時候，伊斯瑞爾採取了一些小步驟保護同仁，例如禁止女性下屬與溫斯坦單獨相處。感覺要做更多事是不可能的——她對於在威尼斯發生的事只是她的揣測，而且很少有真正的管道可以申訴。當她將自己在飯店房間的遭遇向主管呈報時，主管告訴她，另一位同事也是受害者，但沒有人採取行動。

她和她的同事專注在工作上。「他利用我的愧疚感，讓我保持沉默，」她說。自從比爾・寇斯比的案件爆發後，她一直在等有人提起溫斯坦，希望這個故事也會浮出水面。

「為什麼我們不說出來？」伊斯瑞爾在電話裡說：「過了二十年，為什麼大家還不說出來？」

三個星期後，八月二日星期三，茱蒂飛到了倫敦，在南肯辛頓（South Kensington）的一間餐廳裡，與賽爾達．帕金斯面對面坐在餐桌前，聽她說一九九八當年事情發生的經過。[15]

帕金斯有一種優秀製片人的嚴謹氣質。她大致上是個劇場人，長期以來是城裡頂尖舞台和螢幕製作人之一，製作有聲譽的戲劇，偶爾也參與像《王冠》（*The Crown*）這樣的影集。她會在鄉下的小木屋過一段時間，在那裡照顧一群羊，然後經常回到倫敦工作。因為她被協議拘束禁止談論這些事，所以只有少數人知道她完整的生涯故事。

這次會面是多年來因為溫斯坦謠言而聯絡她的記者中，她透露最多的一次。（她特別指出，其他的記者都是男性。）她把聲音放低，回到茱蒂第一次聯絡她時，她在電話裡說的那個故事。

一九九五年，帕金斯落腳在溫斯坦的公司，當時的溫斯坦正接近他權勢的最高峰。當時她才二十二歲，在一次巧遇中得到這份工作。「我當時不知道他是誰，也沒有極大的企圖心要在電影產業工作，」她說：「我沒有世故的發現自己降落在一個不可思議的稀有職位。」

帕金斯說，溫斯坦其實從第一天開始就騷擾她。「他對征服女性上癮，已經到了病態的程度，」她說：「是這早上把他從床上挖起來。」她的說法不僅是一種比喻。每天早上，帕金斯，或者倫敦辦公室早班的任何一位助理，都得去溫斯坦的飯店房間，把半裸或全裸的他從床上叫起來，然後幫他打開水龍頭，彷彿他沒辦法自己轉動把手。帕金斯回憶說，有時候溫斯坦想把她拉上床，和他躺在一起。對於這種行為，沒有人可以申訴，迷你的倫敦辦公室裡沒有人力資源部門，連裝裝樣子的政策或規則也沒有。

帕金斯從來沒有屈服於溫斯坦的猥褻行為。她身材嬌小，但很強勢，而且對這個工作有備而來。另一位女性同事曾經教她坐在有扶手的椅子上，不要坐在沙發，這樣溫斯坦便無法輕易從旁邊靠近；即使她覺得夠暖，也會外加一件冬天的大衣作為保護。「我總是成功的說不，」她說。

為溫斯坦工作的危險性完全超過她的見識，額外的好處也是。去巴黎與羅馬出差時，「他會掏出一把鈔票，說那是妳的血汗錢，」她說：「和他出差返家後，妳會有一股怪異落寞的罪惡感，以及感到總算逃過一劫的輕鬆感。」每次出差都像是高空彈跳，她說，既興奮，但也有很強的空虛感。有時，工作結束他會大發慈悲，告訴帕金斯說：搭公司飛機，留在麗池飯店（Ritz Hotel）度過周末，邀請你的男朋友過來玩玩吧。「我們都會收下這些禮物，」她說。

一九九八年，帕金斯雇用另一位助理蘿溫娜．趙，她是一位有企圖心的製作人，充滿創意與動力。擔任牛津大學戲劇社社長時，她就在圓形劇場搬演了一齣布萊希特（Brecht）的戲劇，還用原版希臘文演出歐里庇得斯（Euripides）的希臘悲劇。帕金斯警告她要小心溫斯坦。那年九月，這兩位女性飛往義大利參加威尼斯影展，以及溫斯坦在影展期間的例行公事：放映電影、住頂級飯店，與來自紐約的同事見面，包括伊斯瑞爾。

然而，就在伊斯瑞爾記得的那次會面之前，趙曾經請求帕金斯幫忙。當趙向她吐露前一晚溫斯坦的行徑，帕金斯泛出眼淚，說這是不道德的，然後動身去找他。

但帕金斯無法在這次會面中說出趙所講的事。這些要留給趙決定，無論要說出來或者是永遠保密。

到了很後來，趙才自己對茱蒂陳述這件事[16]。那次的威尼斯之行，她的職責是從晚上開始照料溫斯坦，這讓她必須晚上單獨和他在飯店房間相處數個小時。她說，從一開始他就挑逗她。但根據趙的說法，到了第二或第三晚，他的行為變得更糟。他們原本應該要審閱一大疊劇本，當他們翻閱時，他不斷向她恭維，說她對這項產業真的很有眼光。

那一晚，她穿了兩條連褲襪作為保護。但是當她試著要工作時，他用一系列漸進式的性要求打斷她，要求要按摩、泡澡。她說，為了安撫他，她脫掉一條連褲襪，讓他為她按摩。當他的手進一步撫摸，她抗議說，她想要回去看劇本，而且她已經有男朋友。他畫了一個大餅，答應也要幫她的男朋友在事業上飛黃騰達。

「我沒有直接說不，我不想要直接頂撞他，」她說：「他的個頭比我大很多。而且只要他開心，我也想開心。」

這樣持續了四個小時，她說：她會急著想回去工作，然而他會繼續施壓、撫摸她，說他們可以口交，說他從來沒有和一個華裔女孩有過性關係。溫斯坦脫掉她的第二層連褲襪。但是當他要求她脫掉內衣，她拒絕了。

「整個過程讓人筋疲力竭，他一直想要步步進逼，」趙說：「我一直高度警戒，我很擔心被強暴。」他設法把她弄上床了，他壓制住她，不是粗暴的，她說，像是一個遊戲一樣。他把她的兩腳打開，告訴她只要插一下，整件事就會結束。在事情更進一步之前，她滾到床的另一邊，慢慢爬開，盡責地持續到她的輪班結束，在凌晨兩點離開，終於完成她的工作。

後來，溫斯坦否認了整個故事。「完全不是事實，」他透過一位代表說：「任何重述這事的報導，只是在繼續說謊。」

在倫敦，帕金斯繼續她的故事：她在飯店露天平台一場商務午餐上，找到了溫斯坦。在同桌其他賓客前，她命令他跟著她。她記得，他幾乎是溫馴的，跟著她走下門廳，彷彿她是老闆，他是助理。當帕金斯質問他關於趙的事，他以他妻子和小孩的生命發誓，他沒有做錯任何事，她這麼記得。

那時她年僅二十四歲，已是兩位女子中較年長、也較資深的員工。她的助理趙有她自己對這個事件的陳述，但是帕金斯知道她老闆的惡行紀錄。趙與帕金斯聯合起來而且辭職。「我必須保護她，」帕金斯說：「她無法單靠自己做任何事。只有她的一面之詞對抗他的一面之詞。我是她的盾牌。」

帕金斯向較資深的唐娜．吉格里歐提（Donna Gigliotti）諮詢[17]，她也是一位製片，後來因為《莎翁情史》，以及數年後的《關鍵少數》（*Hidden Figures*）贏得許多榮譽。她的人脈比帕金斯廣許多，也是圈內相對稀少，擁有權勢與經驗能製作大型電影的女製作人。吉格里歐鼓勵帕金斯去找律師，她推薦了一位紐約律師，並和她一起打電話，默默提供其他形式的支持。當時帕金斯很感謝她；如今，事隔多年，她質疑吉格里歐提是否能[18]做得更多。（後來，吉格里歐提強調，她當時很努力想幫帕金斯找到一位願意當先鋒的律師。）

她與當時是法律系在職專班學生的趙，在倫敦的Simons Muirhead & Burton法律事務所找到一位律師，她們以為下一步是刑事訴訟。

但這與律師們說的截然不同。她們沒有具體證據。她們在威尼斯沒有叫警察。她們只是二十幾歲的女子，要對抗的是溫斯坦，而且可能是現在已經買下米拉麥克斯的迪士尼公司。她們被告知，接下來最好的行動是和解——能得到一年的薪資，大約兩萬英磅。這是這類案件典型的處理方式，她們被這樣告知。帕金斯與趙抗議，她們說不想要任何金錢：這些錢要捐到慈善機構，她們希望可以豎起一面公諸於世的旗幟。但律師說事情不是這樣處理的，如果沒有提出金錢賠償的要求，溫斯坦的律師群甚至可能不會進入談判。

帕金斯憤憤不平，提了一個高一點的數字，然後設法讓和解協議包含某種阻止溫斯坦的方法。她要求溫斯坦要參加治療，而且第一次治療時她要在場。米拉麥克斯必須制定一個對應性騷擾的政策，要有講習和成立三人小組審核申訴案，其中一人必須是律師。如果未來兩年內有任何人提出類似的指控，和解金必須包含至少三萬五千英磅或六個月的薪資，事情必須呈報給迪士尼，或溫斯坦要被解雇。

溫斯坦的律師群反擊了。一家倫敦的法律事務所Allen & Overy代表溫斯坦，還有一位名為史提夫．哈登斯基（Steve Hutensky）的米拉麥克斯律師，他通常處理的是演員、導演與作家的合約，當時他從紐約辦公室消失，然後出現在倫敦，與他們一起共事。（哈登斯基後來說，這是唯一一件他知道對溫斯坦的性侵指控，而且這位製片對他堅稱，這件事是兩廂情願，而他要求和解是為了保護他的婚姻。）協商會議持續到凌晨五點。最後，她們可以各拿到十二萬五千英磅，但是必須同意極嚴苛的限制條款。

當帕金斯與茱蒂在倫敦吃著午餐聊天時，那些限制條款的書面證據就躺在帕金斯的袋子裡。雖然茱蒂與梅根知道蘿絲．麥高恩的和解協約，猜測與梅根之前見過面的那位前助理也達成過和解，但她們從來沒有親眼看過任何溫斯坦和解協議的書面文件。在調查報導當中，知道有顯示犯罪的文件很好，看見它們很棒，有一份拷貝會最好。在茱蒂出發前，梅根就對她說些激勵的話，還寄表情貼圖鼓勵她：妳會看到文件。我知道妳會。

現在帕金斯猶豫了一下，然後從袋子裡拿出皺皺的、上面有搶眼的舊米拉麥克斯標章的紙張，她開始大聲念出來。她不被允許向任何人談及她在米拉麥克斯工作時期的事。任何她尋找諮商的「醫療專家」都需要簽一份保密協定。她不能對自己的會計師誠實說出她收下的這筆錢。在協議中，她必須列出她已經把威尼斯那件事告訴誰──不是寫出名字，帕金斯成功拒絕這一部分。取而代之的，是一份奇怪匿名的知情人清單：她告訴了三名員工以及她的男朋友，說她離開米拉麥克斯是「因為某個行為」與道德上的理由；她告訴兩位親密的朋友事情的實際經過，等等。

這份限制清單愈來愈長。她不能「對任何其他的媒體」吐露事情的經過，「現在或此後皆然」。（天佑帕金斯，茱蒂心想，過了幾乎二十年，她現在和一位記者坐在這裡。）「倘有某方揭露此事，」帕金斯繼續往下念，她將需要提供「若經請求須合理的協助，因為需要採取謹慎步驟處理前述事件，以避免任何進一步的洩露或試圖減輕其影響。」換言之，帕金斯需要協助隱瞞真相，就算消息不小心走漏。

從常識看來，這些限制根本是侮辱。雖然這份和解協議影響帕金斯生活甚廣，但她甚至無法拿到這份文件的完整版本。相反地，她只被允許有限的觀看權──如果她想要看，她可以在她的律師辦公室看副本。帕金斯帶來午餐會面的，是索取拼湊來的斷簡殘篇。當時她問她的律師，她要怎麼遵守一份她無法查閱的協定呢？律師才給了她這些抽樣張。最糟的是，在來自溫斯坦律師的密集施壓後，擁有相同協議的帕金斯與趙同意了一項保密條款，包含她們兩人永遠不能再討論這件事。

這份文件押的日期是一九九八年十月二十三日。威尼斯那場混戰，只花了幾個星期的時間就消失得一乾二淨。趙寄給帕金斯一份感謝禮，一本 Filofax 多功能規畫手冊，之後就從帕金斯的世界裡消失了。

之後，帕金斯覺得「心碎而且幻滅」。她尋找新工作並不順心，因為她無法對面試的雇主解釋為什麼會突然離開一家頂尖公司。她明白自己在電影產業的生涯已經結束了。她去了瓜地馬拉訓練馬匹。她很努力在和解協議中爭取到參與溫斯坦治療的權利，而且也為他選了一位治療師，但是這堂課最後沒有成行，她放棄了。

這份文件簽署後五個月，一九九九年的奧斯卡頒給了《莎翁情史》。這部電影獲得了七座奧斯卡獎，超越當年任何一部電影。葛蘿絲．派特洛拿到最佳女主角獎。溫斯坦與唐娜．吉格利歐提拿下了最佳影片。（後來，她短暫回去與他一起共事：二〇一〇年，吉格利歐提是溫斯坦影業製作部門的總裁。）帕金斯的名字出現在電影最後的工作人員名單中。

自那時超過二十年，帕金斯的眼界變寬了。她不再想著要逮住哈維．溫斯頓。帕金斯想要公開質疑整個和解制度的公平性，避免其他女性被迫簽讓她們的權利。

「對我來說，較大的創傷是與律師之間的糾葛，」她後來說：「我想要溫斯坦的事件曝光，但讓我心碎的是找律師後發生的事。」

帕金斯很想違抗令人窒息的保密協議，把事情說出來，茱蒂很欽佩她的勇氣。其他女性連接電話都不想接，而眼前的帕金斯卻想著甘冒巨大的財務與法律風險。飛往倫敦之前，茱蒂先打電話諮詢當地一位頂尖企業律師，評估簽署和解協議的女性若違反合約，把事情說出來，會有多大的風險。律師清楚直接的說：「他們會控告她，要求退還和解金，」他說。在他執業的這些年裡，沒有客戶破壞保密協約。「他們付錢是為了封口，」他總結。帕金斯決定，和其他人一樣，她想要有同伴：如果茱蒂與梅根可以找到其他打破和解協議的女性，她也會加入。

一種比較安全，即使沒那麼盡如人意的方法，是透過和別人對話，記錄下有關和解協議的事實。艾美·伊斯瑞爾知道一大堆事情的經過，而且她不是唯一的人。但這樣還有另一個問題。趙，那位被指稱的受害者，沒有回任何電子郵件或電話留言。她不想被找到。

倫敦行之前的那個星期，茱蒂搭機飛往舊金山灣區，租了一台車，開往趙位於矽谷的家。[19]就像幾個星期前的梅根，她先在便條紙上留了一段話，心中也有一段草稿。

一個男人站在門口車道上，正在整理車子。茱蒂先自我介紹，詢問羅溫娜·趙是否在家。不在，他說，她出國了。但他是她的丈夫，他很確定他的太太不想和任何記者說話。她可以離開嗎？

茱蒂同意地點點頭。離開之前，茱蒂問是否可以就在門口車道這裡說一下話，不會記錄下來。她想要說明為什麼大老遠從紐約過來。

他沒有說自己名字，但是茱蒂已經知道了：安德魯・張（Andrew Cheung）。她試著讀出他的表情。前一分鐘還在門口車道清潔車子，下一分鐘卻發現一個記者在那裡，一定是件很奇怪的事。

張試探性地點點頭。一等茱蒂說出來意，他開始問問題了。他說，妳不是唯一聯絡我太太的記者。為什麼記者全想要找她？

茱蒂心想，他當然知道答案。很多記者來找過他太太，他不太可能不知道為什麼。他可能是在測試茱蒂知道多少，而且跟梅根在紐約郊區接觸的前助理一樣，選擇不承認發生過任何事。要怎麼回應？她不能說謊。她來到這個男人的門口車道希望能說上話。如果她希望這對夫妻願意和她交談，她也必須坦誠以對。但是在這個時間點，她還不知道指控的具體內容，而如果他真的對威尼斯發生的事一無所悉，茱蒂也不該是讓他知道的那個人。

茱蒂溫和地分享，說她認為他的妻子可能是哈維・溫斯坦的受害人，也表明說也可能是她搞錯了。當她提到和解協議，張笑了，手指著身後外觀普通的房子。「我看起來像是一個妻子有拿到和解金的男人嗎？」他問。

他真的不知道，茱蒂明白的當下也嚇到了。這位女子從來沒有告訴過她先生。這麼多年後，保密條款讓三人都處於一種怪異的處境：一個女人被禁止與她的配偶分享自己的經歷。一個感到無法置信的丈夫站在自家的門口車道，從一位陌生人口中聽見自己妻子的祕密。他答應轉達訊息給她，但也說他很確定她不想被打擾。如果溫斯坦讓這麼多女性受害，他問，妳不能只寫妳的文章，略過她嗎？

在茱蒂開車離開前，回答了他的問題，希望她的答案不會弄巧成拙。「如果每個人都採取這種作法，那麼報導就永遠無法被寫出來。」她說。

茱蒂離開後，張問妻子關於茱蒂來訪的事，當時她正與她的父母一起，待在她的母國英國；但趙輕描淡寫，張也不想進一步詢問。他知道她曾經在米拉麥克斯工作過，但因為他對性侵指控或和解的事一無所知，他也不知道其中一個最能反映真實狀況的細節：在那次威尼斯影展後九個月，她回到了這家公司。

趙並不想要。但是像帕金斯一樣，她發現在這種無法解釋的情況下，到倫敦其他電影公司面試簡直毫無希望。作為和解協議的一部分，米拉麥克斯已經給她一封介紹信，所以她請該公司的律師哈登斯基，幫她牽線到其他組織。她收到的回覆是：**溫斯坦真的很重視妳，而且希望妳回來。**

趙妥協了，她在一九九九年夏天回到米拉麥克斯，得到一份在香港的工作，為公司發掘可以成為好萊塢製作的亞洲電影。她與溫斯坦沒有聯絡，除了一次線上會議，哈登斯基也在線上監督。她不知道其他員工知道些什麼，但她當然不能告訴他們。

「我盡我所能重新開始。這是一個全新的國家，」她說。「我試著把這裡看成是，『我正在建立我自己的王國，而且我遠離了紐約和米拉麥克斯總部的荼毒。』」剛開始，她將自己投入在尋找亞洲電影，但卻發現米拉麥克斯對這些素材未認真看待。她慢慢開始懷疑，這份工作只是編造出來，為了讓她在溫斯坦的管控之下。

「這是一個與魔鬼的交易，」她說。她陷入憂鬱，試圖自殺過兩次，後來終於永遠離開米拉麥克斯，搬回倫敦。她在倫敦讀了一個MBA，開始為自己創造一個新人生。

在茱蒂出現在她家的門口車道前，她的簡歷上已有在財經界滿滿的成就與歷練，而且有四個小孩，其中一個還是嬰兒。趙告訴丈夫要忽略茱蒂的來訪。記者們三不五時會出現，她向他保證，但他們永遠寫不出任何東西，而且她也不認為他們會寫出來。

在倫敦與賽爾達・帕金斯午餐後過了二十四小時，八月三日星期四，茱蒂與另一位艾美・伊斯瑞爾建議聯絡的女性分別坐在餐桌的兩邊，這位是蘿拉・馬登[20]。

當茱蒂問她是否能與她見面，馬登遲疑地答應了。她住在威爾斯，但是那個星期她會在英格蘭西南角的康瓦爾（Cornwall）度假，她只能空出一個多小時的時間。茱蒂還是去了。從倫敦飛往當地的機票賣完了，所以她搭了五個小時的火車。在最後一刻，火車故障了，改搭巴士。她無論如何都要見到馬登，因為她在電話中斷斷續續躊躇的說出一些故事，將許多記者們曾聽說的事全部拼湊在一起。

一九九二年，馬登只有二十一或二十二歲，她來自愛爾蘭鄉村，幾乎沒有社會經驗，她在這個像是遺世獨立的家族莊園裡長大。她的祖先沒有留下巨額遺產，她的父母在這裡經營飯店，但是她的家族在當地人看來，太過時髦、太英式。孩提時期，她的嗜好是看書和在家族的莊園裡閒逛，裡面有農田和花園。馬登沒有讀大學，除了在西班牙讀了幾個月的語言學校，她幾乎從來沒有真正離開過家。

當時有一部電影在附近拍攝，她獲得了一個招呼臨時演員的工作，因此迷上了電影。那群工作人員告訴她可以去找《海角新樂園》（*Into the West*）的工作，這部電影由蓋柏．拜恩（Gabriel Byrne）和愛蓮．琵金（Ellen Barkin）主演。她被錄取了，而這也是她為什麼有一天被派到溫斯坦在都柏林的飯店房間，當時她很興奮有機會能為這位她從未見過面的製片接電話、跑跑腿。她到的時候，房間裡已有香檳和三明治等著。溫斯坦先恭維了馬登一番，告訴她說，片場中的每個人都注意到她的才能和勤奮。

「他告訴我，他保證我在米拉麥克斯的倫敦辦公室會有一份正式的工作，而且可以即日開始，」馬登後來寫給茱蒂的一封電子郵件裡說：「我很開心，因為這名副其實是我的夢想工作。」

溫斯坦當時穿著浴袍，告訴馬登他因為旅途勞頓累壞了，希望她幫他按摩。她婉拒了。她記得他催促她，說每個人都做過，這不是與情愛相關的請求，他只是需要放鬆。「我感覺自己完全被困在那個情境裡，直覺告訴我這是錯的，但我不確定這是不是我個人的問題，其實根本完全正常。」馬登寫道。

當他脫掉浴袍，馬登將她的手放在他身上時，她僵掉了。他建議他先幫她按摩，好讓她放鬆。她陳述說，溫斯坦指示她把上衣脫掉，然後是她的胸罩，之後他的手撫摸她全身上下。她覺得很噁心，也很害怕她會失去在倫敦辦公室的工作。

在這件事被揭露出來的幾個月後，馬登才透露最糟的細節。很快地，她的褲子也被脫下了。溫斯坦在一旁看著她，他全身赤裸而且開始手淫。「我躺在床上，嚇壞了，被迫妥協，完全沒有能力，」她寫道。她請他離開她。但他繼續提出性要求，像賈德描述的那一種——我們可以做這個嗎？我們可以做那個嗎？溫斯坦建議一起沖澡，馬登整個人已經呆掉，只能順從。馬登說，當水在他們四周流著，他繼續手淫，她哭得很慘，這位製片最後似乎覺得惱火，放棄了。這時她把自己鎖在浴室裡，仍不停地抽泣。她覺得她還能聽見他在門的另一邊手淫。

跳過那些細節，馬登描述她怎樣趕快回到房間，收拾她的衣服和行李逃走。（後來溫斯坦完全否認她的陳述。）

最痛苦的部分，是她原本對這份工作多麼充滿熱情，對她的機會和幸運如此振奮。「我仍然記得強烈的羞慚和失望，原本如此充滿前景的一件事，最後淪落至此，」她說：「我對未來所有的樂觀都被他剝奪了。原本對於能透過自己的優點找到一份工作的任何希望，都破滅了。」

後來，她找到一位能支持她的女性同事打電話給溫斯坦，向他質問他的行為，他立刻道歉了。「我可以接下那份工作，而且不要覺得勉強，」馬登說。這位製片發誓這種事絕對不會再發生。

馬登真的接了那份在倫敦的工作，而且為侵害她的那個男人在拍片部門工作了六年。這似乎是安全的，部分原因是他常駐在美國。畢竟，這份工作是她想要的。她的父親起先對這起侵害事件暴怒，後來也支持了這項決定。

但是馬登在米拉麥克斯從來都不快樂。當這位製片來到倫敦，她不知道她會看到哪一個版本的他：是迷人的，還是危險的。她說，她與溫斯坦在飯店房間有許多不舒服的時刻，即使其他次都沒那麼糟。她整個受雇期間感覺都是「勉強的」，她用這個詞形容，因為最初發生了那件事。「我一直帶著沉重的心理負擔，認為要為那次侵害事件負責，而且覺得我應該直接拒絕他，不應該接下這份工作，」她後來寫道。

馬登的故事有點像濃縮版，將茱蒂與梅根開始稱之為「模式」的東西拼湊起來：溫斯坦的行為特徵，在每一個陳述中都是如此相似。每一個故事本身就令人憤怒，但是更真實、更駭人的，是讓人難以置信的重複性。女演員與電影公司前員工，這些互不相識、住在不同國家的女性，都向記者訴說同件故事的不同版本，使用部分相同的字眼，描述相似的場景。熱切的年輕女性、米拉麥克斯的新進員工、希望與這位製片建立聯繫。飯店房間。房間裡準備好的的香檳酒。穿著浴袍的溫斯坦。她們是如此年輕，如此被壓制住。她們全都渴望著年輕時的蘿拉・馬登想要的：不管是在倫敦辦公室裡一份稱職的工作，或是工作機會，以及盼望成功。

當茱蒂與馬登會面時，茱蒂沒有提到前一天與帕金斯的午餐，她也沒有對帕金斯提到馬登。她不能：這些對話是保密的。雖然這兩位女性曾經在倫敦辦公室共事，她們從來沒有跟彼此說過她們椎心刺痛的故事。她們兩位是個別孤立的，沒有人能看見全貌。這讓人不禁異想天開，想要設法將所有溫斯坦受害者聚在一起，告訴她們，她們是某個更大的侵害行為的一部分。但那會是很危險的，對記者、對這幾位女性都是，即使得到她們的允許。消息來源無法知道其他人是誰。焦慮是會傳染的，記者了解。一位女性可能說出來然後趕走其他人加入的意願。一則消息走漏，可能會危及每件事。

之前在電話裡，馬登說過她永遠無法公開說這個故事。如今，當她們一起坐在海灘上，茱蒂對她整個人有了更清楚的想法。馬登有一種靜靜地令人印象深刻的特質：她對於自己做過的事和不記得的事很謹慎，對她的描述很明斷，注重細微差別與細節。離開米拉麥克斯後，她進入了為人母親的生活，並且從中得到深刻的快樂。然而，現在她正處於人生中的困難階段。她剛結束了一段婚姻。她正在摸索如何當四個小孩的單親媽媽，小孩從十一歲到十六歲。她最近罹患乳癌，割除了一邊的乳房，在未來幾個月還需要第二次的乳房切除，除此之外將進行全面的重建手術。自從離開米拉麥克斯後，她就沒有做過全職工作，只有短暫的經營一家小型餐飲業，她正努力完成一項景觀設計課程，但是信心不足。她當時沒有告訴茱蒂，她在婚姻觸礁、進行乳房手術之間的這段時間，懷疑她自己是否有女人味，她也不知道自己是否還會有魅力，或者還有沒有人想要她。當她們在海灘上說話，茱蒂明白，即使是度假，也令馬登難受。她不習慣自己過暑假。

此外，她覺得自己好像哪裡做錯的感覺，也從來沒有消失。（這是為什麼之前她只告訴茱蒂較簡略的故事版本。）她告訴茱蒂，她一直無法說出口，因為她太害怕被質疑為何沒有選擇離開。

但是，她會私下跟茱蒂見面，是因為在她們的多次訊息來往之前，她接到一通來自溫斯坦前助理潘蜜拉．盧貝爾（Pamela Lubell）的電話，她已經幾乎二十年沒有和她說過話了。盧貝爾滔滔不絕地說她們為米拉麥克斯工作是多麼幸運的事，溫斯坦有多麼仁慈。然後，她問馬登是否有接到任何記者的電話——「蟑螂記者」，她這麼說。盧貝爾想要馬登保證不會跟他們說話。當時馬登拒絕做任何承諾，所以盧貝爾繼續打電話逼迫她。「如果妳有任何想做的計畫，妳可以告訴我，我可以轉呈給哈維，」她記得盧貝爾這麼說。馬登確定是溫斯坦指使她的老同事打這幾通電話。她對盧貝爾很坦誠。是的，溫斯坦騷擾過她。不，她無法提供任何保證，她不會保證不說出去。事實上，她因為對方試圖讓她噤聲而惱怒了。這是為什麼她接了茱蒂的第一通電話。

在海灘上，茱蒂問馬登公開自己故事的可能性。茱蒂沒有透露任何姓名，勾勒了這項規模愈來愈大的指控。她告訴馬登，她的故事對其他人有很大的意義；她答應在出版前會確認每件事，並且盡其所能讓這件事盡可能地有尊嚴。她補充說，若溫斯坦以任何方式反擊，只會更確認這案件對他不利。

馬登小心翼翼地說，她會考慮看看。她希望這個報導能刊登出來。由於茱蒂了解馬登正面臨的個人困境，她擔心這個時機對馬登而言並不恰當。然而私底下，馬登想的正好相反：「每件事感覺都崩潰了，」她說：「多一點內爆似乎也沒那麼大不了。」她正渴望某些積極、正向的事。

在馬登心中，甚至正在對自已形成一道有力的論證。她明白她是自由的。她已經不在好萊塢工作。更重要的是，她沒有收封口費，也沒有簽署保密協定。她開始思考，她是否有責任說出來，因為其他人沒有辦法。

回到紐約這邊，梅根正努力追蹤二〇〇一年加州公平就業與居住部轄下，對米拉麥克斯提出的神祕申訴案後續。她需要某位了解這個領域的人的協助，這個人要能了解梅根為什麼不放棄。她寄了一封電子郵件給葛洛麗亞．艾爾瑞德。

梅根於二〇一六年十月報導川普對待女性的新聞時，認識這位女權律師。在《走進好萊塢》的錄音帶曝光後，艾爾瑞德為幾位挺身指控川普的女性擔任辯護律師。她舉辦了幾場管控嚴格的記者會，在鏡頭前安慰她泛淚的客戶。當川普嚴詞抨擊指控他的人，艾爾瑞德也用力回擊。

一些記者與批評者認為她是厚顏的自我推銷者。但是在讀了艾爾瑞德的自傳、與她長談，並且訪問一些她之前的客戶與同僚後，梅根很慎重看待她[21]。梅根知道，身為一位年輕的單親媽媽，艾爾瑞德很努力才得到子女撫育費，她二十五歲時在槍口威脅下被強暴，進行一次幾乎使她喪命的非法墮胎。艾爾瑞德保護其他女性以及為受害者發聲的驅力，似乎是她自己曾受苦的產物。

但是有一件事讓梅根在溫斯坦調查案上，對於向艾爾瑞德尋求幫助格外小心：來自艾爾瑞德的女兒麗莎·布魯姆詭異的主動聯繫。所以，當她與艾爾瑞德談話時，她沒有提到溫斯坦，只提到需要她的建議，想了解如何在她那一州的政府機構取得一份舊時的性騷擾申訴。艾爾瑞德沉默一下，沒有給什麼建議。梅根不知道，而且也沒有料到，艾爾瑞德的事務所擺了另外一疊有關溫斯坦的文件，那些從來沒有受到政府或公共關注的檔案。

當這位律師努力營造為女性受害者發聲的聲譽時，她的工作與收入其實部份來自協商祕密和解協議，讓她們噤聲，以及掩蓋性騷擾與性侵的指控。二〇一一年，她與一位合夥人與比爾·歐萊利協商了一份和解書——那些條款驚人的嚴格，以至於引起艾蜜莉·史提爾注意[22]。二〇一六年底，當大眾得知頂尖體操選手被前體操隊醫師賴瑞・納薩爾（Larry Nassar）性侵害時，艾爾瑞德就負責處理那份讓奧運金牌選手麥凱拉・馬羅尼（McKayla Moroney）封口的庭外和解，馬羅尼是這項運動的佼佼者[23]。

梅根幾個月後才知道，早在二〇〇四年，艾爾瑞德的事務所也與溫斯坦協議了一份和解[24]。被指稱的受害人——事務所的客戶——是艾希莉・馬索（Ashley Matthau，當時是艾希莉・安德森〔Ashley Anderson〕），她之前在《熱舞十七2》（*Dirty Dancing 2: Havana Nights*）裡擔任替身舞者，這是當年由米拉麥克斯製作的電影。馬索當時二十三歲，但感覺起來比實際年齡年輕許多。她的青少年歲月大多沉浸在舞蹈世界中，與美國芭蕾舞劇團（American Ballet Theater）一同巡演。之後，她被網羅進音樂影片、花花公子名模派對，以及其他被期待當花瓶的世界，只供看，不用多說話。

然而，一次影片拍攝時發生的事，激起馬索的盛怒。有一次，溫斯坦訪視《熱舞十七2》在波多黎各的場景，他堅持要馬索到他的飯店房間，私下見面討論未來的計畫。「一等到只剩他們兩人時，」她說，他就把她推到床上，撫弄她的胸部，緊捱著她手淫。「我不斷告訴他，『停下來，我已經訂婚了』，」馬修後來告訴梅根：「但是他一直說，『只是抱一下。沒問題的。這和我們發生性關係不一樣。』」第二天，溫斯坦繼續承諾給她更多工作，彷彿他是在做一場交易。「我不想讓他輕鬆脫身。我想為自己挺身而出。」

在她的未婚夫力勸下，馬索向葛洛莉亞．艾爾瑞德尋求協助。她的未婚夫曾在電視上看過這位律師，認為她可以幫忙。艾爾瑞德將馬索轉介給她的合夥人約翰．魏斯特（John West），他鼓勵馬索走私下的庭外和解途徑。馬索說，她怕公開與溫斯坦及他的權勢對抗，很快便同意接受十二萬五千美元，相對的必須接受法律約束，永遠不再談及這項指控。「我記得魏斯特沒有努力協商，因為他認為我是精神嚴重受創的人，無法面對這件事，」馬索解釋。「他建議我拿錢了事，繼續往前走，嘗試療傷止痛。」法律事務所從中索得的份額是四成，她說。

魏斯特與艾爾瑞德拒絕評論事務所為馬索代理協議這件事。但在一次專訪中，艾爾瑞德為保密和解提出一段記者早已聽過的辯護說法：這對客戶比較好，她們當中很多人想要隱私，害怕被雇主列為拒絕往來戶；上法庭的風險很高，而且可能耗時數年。「沒有人逼迫任何人簽署保密協定，」她告訴梅根說：「沒有人把槍對著她們的頭要脅。」

艾爾瑞德也承認保密條款的殘酷真相：它們也對加害者的不當行為有利。「一位客戶會說，『我想要賠償，這是一筆你能為我付出的大數字，我很高興，但為什麼我必須保密？』」艾爾瑞德說：「那是因為那位大人物想要平靜，想要把事情了結，就和妳一樣想繼續往前走。」

二〇一七年，一群艾爾瑞德故鄉加州的保護消費者律師看出了這種想法的危險性[25]。他們認為，性騷擾案的受害者值得金錢上的賠償，但是和解協議不應該被用來掩蓋加害者，讓這種行為持續下去。「如果有一個加害者慣犯，你不能重複替這些行為保密，因為這種行為會繼續，」為保護消費者律師團體遊說的南西·裴維里尼（Nancy Peverini）後來告訴梅根。

那年一月，州議員康妮·李瓦（Connie Leyva）在這些律師的要求下，考慮支持這項立法，想要改變加州性騷擾案和解金的作法，禁止保密條款，確保未來的受害者能談論案件、指出加害者。這是凱蒂·班納在《紐約時報》的頭版會議室向同事提過的積極提案。

這時艾爾瑞德插手了。在一次與遊說人士以及一位李瓦辦公室助理的尖銳通話中，艾爾瑞德非常堅決：若沒有沉默做為交換，性騷擾加害者絕對不會向受害人付錢。如果這項立法被提出來，她會到州議會大廈抵制[26]。

保護消費者律師們知道，沒有一個保護受害人的法案可以躲過來自艾爾瑞德的公開抨擊。她可以鼓動許多認為她是終極辯護律師的擁護者。不令人意外地，康妮·李瓦撤銷對這項法案的支持。在艾爾瑞德的威脅下，一項改革這個體系、保護受害人聲音的努力，甚至在還沒開始之前就已經夭折了。

第四章 「正面形象管理」

七月十二日，《紐約時報》的總編輯迪恩·巴克特將茱蒂、梅根、寇貝特與波爾迪召集到他的辦公室。他想要聽聽溫斯坦案的進度。但是他也有一些指示。

在新聞室裡，巴克特的角落辦公室是一個獨立的空間，比較寬敞而且安靜，裡頭有他在報社生涯的紀念物。巴克特在紐奧良長大，住在他父母的克里奧爾（Creole）*餐廳後面的公寓裡，那裡如此的簡陋，香煙盒被用來當作收銀機[1]。他是《紐約時報》第一位黑人編輯，但他很少公開向同仁提到他個人的種族經驗。相反地，他喜歡談論如何讓有權力者負起責任，與這些人交涉時，何時要有衝勁，何時要克制。

那天，巴克特想要特別傳達一件事：小心。二〇一四年，當溫斯坦具爭議的劇場作品《尋找

* 譯註——克里奧爾：第一批前往加勒比海地區或美國南部的歐洲人的後裔，主要是非洲和歐洲族群的混血兒。

夢幻島》（*Finding Neverland*）在麻州劍橋（Cambridge）首演，溫斯坦試圖不要讓報紙評論它，認為一篇負面的評論可能會毀了這齣劇。他向巴克特以及當時的社長亞瑟・蘇茲柏格（Arthur Sulzberger）抱怨，明目張膽指出他在報紙上花的廣告費，並且指出紐約出版界不評論外地試演的傳統。但是一位文化版編輯說服巴克特，說那項規則已經不合時宜：《尋找夢幻島》是一部高預算的大製作，而且在網路時代，這齣劇根本不是祕密。當溫斯坦得知這個答案，他告訴巴克特等著接梅莉・史翠普的電話。

這位知名女明星從來沒有打電話過來，但是大衛・波伊斯（David Boies）這位美國最傑出的律師之一聯絡上巴克特[2]。他曾經解決一九九〇年代表政府對微軟的反托拉斯案、於二〇〇〇年總統大選重新計票訴訟中代表艾爾・高爾（Al Gore）、協助說服最高法院推翻加州對同志婚姻的禁令。自二〇〇一年開始，他就是溫斯坦的律師。然而，當波伊斯於二〇一四年打電話給巴克特爭論《尋找夢幻島》試演的評論，他開場就說：「我不是以哈維的律師身分打電話，我是以哈維的朋友的身分打電話。」[3]巴克特感覺這位律師對於他與溫斯坦的關係不夠坦白，而且他覺得波伊斯友好、一副我就是要幫你擺平事情的語氣帶有優越感。巴克特拒絕改變他的立場。

隔年，《尋找夢幻島》將要在百老匯初次登場，而《紐約時報》也準備好了關於其製作的報導。這段期間，溫斯坦剛因為安布拉・巴提拉那・古提瑞茲的猥褻申訴，接受紐約警察的調查；他向《紐約時報》文化版的一位編輯大吼，請他刪去任何提到前述相關新聞的報導。這位製片堅稱這項指控不是真實的，而且他辯稱《紐約時報》應該要忽略這件事，即使已經在報紙和其他地方吵得滿城風雨。

巴克特告訴他的下屬保留這個引用資訊，並且命溫斯坦不准再向他的記者們那樣說話。「關於你對我編輯的說話方式，再這樣你很快就要跟我談一談，」巴克特於二〇一五年三月的電子郵件裡跟溫斯坦說：「而且會相當不客氣，相信我。」

調查這位製片對待女性的文章，比任何電影報導還受歡迎，而巴克特預料溫斯坦會盡一切手段試圖阻止。當時這位編輯並沒有把這當一回事，但是溫斯坦與波伊斯已經開始打電話給他和《紐約時報》的發行人，要求私下對話。

巴克特要求茱蒂與梅根繼續調查時，要遵守兩項規定。第一個是，預期溫斯坦會轉而採取愈來愈激烈的手段：雇用調查員追蹤她們或她們的消息來源，挖出她們過去的底細。他把他的關注停放在這兩位記者身上。「假設妳們會被跟蹤，」巴克特告訴她們：「講電話時要假設每一通電話都被錄音。」第二是，巴克特不想要兩位記者私下與溫斯坦談話。這需要紀律。哪一個記者不想要與報導對象直接接觸？但是茱蒂與梅根需要策略，巴克特說。讓溫斯坦私下談話，可能意味讓他不用受懲罰的說謊。如果他有話要說，他必須公開地大聲說。

然而，八月的第一個星期，茱蒂接到一通意外電話後，梅根開始質疑巴克特的參與規則。電話來自拉尼・戴維斯（Lanny Davis），他是柯林頓總統時期華府的律師，他擔任危機處理律師，經營的事業相當成功，經常為聲名狼籍的人物辯護，包括曾被新聞調查的非洲領袖。他剛被溫斯坦聘用，想要私下與茱蒂談事情。茱蒂告訴他，所有的通話必須要公開，但是當他堅持不公開時，她拿這個問題去問梅根與寇貝特。在茱蒂等待討論結果時，戴維斯繼續問她更多的問題：他們可以立刻見面嗎？大衛・波伊斯可以加入他們嗎？「他是這位客戶的親密友人，」戴維斯在電子郵件裡說，重複了這句幾年前惹惱巴克特的話。

茱蒂與寇貝特之前曾經與拉尼・戴維斯交手過。他很老派，而且外向熱忱，雖然也因對記者大吼而出名，如果他認為自己或客戶被記者對待不公的話。

雖然巴克特千叮萬囑，梅根還是積極聯絡與戴維斯見面。她了解長官的論點，但是在她的經驗裡，如果和想要隱匿事情的人打交道，他們經常會自投羅網。此外，她很好奇。溫斯坦到底是怎麼扼殺掉之前的記者調查？如果這位製片企圖做什麼事，她想要知道，愈快愈好。

梅根提議她與茱蒂私底下（on background）與戴維斯對談，意謂她們可以進一步寫他說的話，只要她們不把任何事指名道姓地寫出來。幾天後，寇貝特說，茱蒂與梅根可以開始著手與戴維斯的會面了。但是，她與貝克特約定，這場會面不能替代溫斯坦的公開說明。波伊斯並不受歡迎。還有，雖然記者必須直截了當，她們還是不能供出已經默默向她們透露不堪往事的女星與前員工。

一等茱蒂打電話給戴維斯，擺平了細節，這位健談的公關開始吐露他這位客戶的訊息。「他顯然經歷過風波不斷的日子，」戴維斯說到溫斯坦：「而且他不總是很理性。」

八月三日，戴維斯在《紐約時報》的一間會議室裡，在長桌邊拉了一張椅子坐下，暢談棒球、與希拉蕊．柯林頓的親密交情，以及他在耶魯大學法學院的日子。寇貝特與茱蒂和梅根一起加入這場會談，顯示這一刻的重要性。梅根拿出她的 iPhone，在戴維斯的同意下，開始將他們的對話錄音。一如往常，按下錄音鍵，表示家常閒話告一段落[4]。

「我來這裡的原因，不是試圖搓掉每件事，不是企圖瞎編或誤導，」戴維斯說。他心中盤算著幾個其他的目標。

第一個是要辯護。他提到前一年蘿絲．麥高恩在推持上對溫斯坦含糊其詞的強暴指控。他的團隊知道她可能在撰寫中的回憶錄裡涵蓋這些指控。如果茱蒂與梅根正想報導這些指控，戴維斯希望有機會回應。

這很簡單。當然，《紐約時報》會請溫斯坦對任何指控說明。

第二個目標是要刺探。「我不期待妳們會說出消息來源，尤其是像這樣的報導——但是，如果妳們有可能讓我知道妳們報導的全貌，基本上能幫助我完成我的工作，也就是回答妳們的問題，確定這些事是真的，」戴維斯說。

這是另一件簡單的事。茱蒂與梅根告訴戴維斯，她們正在調查溫斯坦對女性做了些什麼，而且就點到為止。

第三個目標是遊說。戴維斯解釋說，雖然溫斯坦堅決否認任何強暴或性侵指控，但他注意到有愈來愈多申訴案件矛頭指向他對待女性的方式。溫斯坦開始用不一樣的角度看他之前的行為。戴維斯說，老一輩有權勢的男人正在改變他們對於「**兩廂情願**」（**consensual**）這個詞彙的意義，以及理解「即使男人已經覺得這是兩廂情願，為什麼女人不覺得。」

戴維斯講這些是想要達到什麼目的？很難說。他們在那天，以及後來的幾個星期裡看到，他是一位很考驗人的專業溝通者。他會傳達缺乏明確意義的聲明，分次說出些有關他那高調客戶的有用訊息，但有些他聲稱的事是錯誤的。

「我相信這裡有關於男人進化的故事，尤其是這件事裡的哈維．溫斯坦，」戴維斯說。他說的話愈來愈隱晦：「所以在這裡更大的故事，可能是長期以來關於溫斯坦與眾多好萊塢的人，他們是男性、有權勢的男性，當妳們的報導完成時，它說的會是更廣泛的，關於男人針對這個議題有不同的感知。」

戴維斯似乎試探性地要提出什麼意見？溫斯坦願意讓梅根與茱蒂採訪嗎？他願意討論他對女性那些令人質疑的行為嗎？

戴維斯說，他正開始和溫斯坦談到這個可能性，強調他這位客戶必須「在任何事之前，先面對他的妻子與小孩。」但是，他認為這位製片也許願意與記者討論這件事。覺得這件事可能發生，「我至少有點受到鼓舞」，他說。

這只是與溫斯坦團隊的第一次會面，而他那一方似乎已經要承認錯誤行為。這意味事情的全貌可能會更糟。若溫斯坦已經準備好，願意談論他犯下的錯事，那次的採訪可能是極為重要的，而這個調查會比她們所參與過的任何一次調查更簡單。然而，奢望溫斯坦來到新聞室裡侃侃而談他的性犯罪，這個想法是不可能的。若非罪證確鑿，幾乎沒有人會承認這種事。

兩位記者告訴戴維斯，她們當然很樂意聽這位製片要說的任何事——在公開的情況下。她們對這項議題的結論是：如果戴維斯想引誘一些交易，以停止調查作為採訪的交換條件，她們不會參與。

相反地，梅根把話題轉回蘿絲．麥高恩。戴維斯堅稱她的強暴指控是假的，她不值得信任的主因是，她在聲稱受侵害時，缺乏任何「同時強烈的抗議」。「她是否立刻告訴任何人？她是否顯現出沮喪的徵候？」他問。

但是麥高恩告訴過梅根與茱蒂，一九九七年她在飯店房間與溫斯坦的遭遇之後，立刻覺得很沮喪。她告訴了她的經紀人、然後一位律師，他還幫她從溫斯坦那裡拿到了十萬美元。麥高恩還沒向記者公開表明，而且她們仍在尋找她確實拿到一筆和解金的真實性。也許逼問戴維斯對事件的詳細描述，梅根能夠迫使他確認曾經支付了一筆和解金。

梅根挺身問：戴維斯是否確定麥高恩當時沒有顯現任何沮喪的徵兆？去年的推持發文是否為溫斯坦第一次知道女明星對於與他來往有疑慮？

戴維斯的說法移轉了。「介意的事？」他說：「是，有的——他注意到有些介意的事，但不是她指控他強暴。所以，我要明確定義強暴這個詞。任何在此界線之下的，他有注意到感覺、介意的事……」

寇貝特問：「哪一類介意的事？」

「然而，如果介意的事不是關於強暴，」茱蒂問：「那麼，是關於什麼？」

戴維斯原本要告訴這幾位新聞人員溫斯坦沒有對麥高恩做什麼。現在他得解釋這位製片做了什麼。「茱蒂，根據我目前所知，我唯一可以回答的，是一種因為不對等的權力關係，造成的被剝削感。被占便宜、被剝削、各種事後形容的動詞，或甚至在這宗意外之中，女性感覺到陷於一種不平等的位置。」

「有一種非生理脅迫的心理脅迫，」戴維斯說，補充麗莎．布魯姆曾經與溫斯坦合作，幫助他分辨當中的不同。「我知道他提過麗莎檢查過這個案子，檢查他、檢查他過去的行為，並且幫助他了解這件事。」

麗莎．布魯姆！幾個星期前寄電子郵件給茱蒂的那位律師。我們還需要知道她與這位製片有多少關係？然而，與其問他這個問題，她們需要逼問戴維斯，溫斯坦對麥高恩知道多少，以及什麼時候知道的。

如果溫斯坦當時就被告知麥高恩介意此事，他會如何回應？

「我相信他和她曾用法律解決處理，」戴維斯說。

「你會怎麼歸類那些法律上的處理方式？」梅根問。她們已經很接近確認一筆和解金了。

「我認為，他開始注意到她不認為發生那件事對她是可接受的，」戴維斯說：「我不是說強暴；我說的是他對麥高恩的影響。她說那對她產生了嚴重的影響。而與其奮戰……」

「與其奮戰——那麼，然後呢？」梅根問。

戴維斯說：「我認為與其興訟，他同意和解協議，」他解釋說，在溫斯坦看來，「即使你沒做錯什麼事，最好還是用和解的方式。」

太好了！他們與溫斯坦陣營的人交手幾分鐘，戴維斯已經承認溫斯坦曾經支付和解金給麥高恩，而且暗示了一種更大的封口費模式。

梅根問，是否有其他「和女人之間有疑問的親密關係，溫斯坦也採取和解？」記者們沒有明說，但是目前為止，她們已經注意到麥高恩、帕金斯和趙，而且她們相信有一筆是付給那位逃離紐約辦公室的助理。梅根也懷疑二〇一五年向警察申訴的安布拉．巴提拉那．古提瑞茲也拿到錢了。戴維斯知道真相嗎？

現在戴維斯坐立不安了。「所以我盡量謹慎，因為我不確定承認曾有和解協議，以及這些和解協議與性方面的個人行為有關時，我的法律論點會是什麼。所以，讓我們先這樣說吧，即使是在私下的基礎上，我也需要清楚我在法律上的界限，即使我是在私底下承認和解金。我只需要釐清我的定位。但是答案是，沒錯，曾經有過和解金，但是我需要釐清，我可以怎樣幫妳們更好的定義它。」

他離開前，梅根還想問一個問題。巴克特對於私人偵探、恐嚇和威脅的警告縈繞在她心裡。她問這位律師，除了聘任戴維斯，溫斯坦還做了什麼事，以回應她和茱蒂正在進行的採訪？他是否試圖以任何方式干預報導？

「聽著，這個傢伙可以是混蛋，」戴維斯說：「端看他當時的心情，以及他吃了多少食物而定。」

但是，沒有，他堅稱，這位製片沒有干涉報導的意圖。戴維斯說在他們第一次會面時，他就直接問溫斯坦這個問題：「你有打算找人攻擊任何與《紐約時報》合作的人的計畫嗎？我需要知道。」

戴維斯說，溫斯坦的回答很明確：「沒有」，以及「我沒有打算那麼做。」

戴維斯離開會議室時，答應安排採訪溫斯坦的可能。這幾位記者仍然保持懷疑，但感覺相當振奮。也許溫斯坦知道他無法阻擋《紐約時報》的調查工作。同樣重要的是，戴維斯在會議錄音中說，溫斯坦甚至不嘗試這麼做。

然而，這位製片從一開始就跑在調查工作之前。打從二〇一六年十月，麥高恩第一次在推特上發文時，他就開始努力隱瞞他被指控的侵犯行為；當時《紐約雜誌》就曾想要追這則報導，而溫斯坦告訴派特洛不要跟記者說話。他已經花了數萬美元找出可能說出來的人，掩飾他的足跡，甚至在麥高恩著手寫她的回憶錄時，就拿到其中的一些章節段落。在戴維斯前來《紐約時報》會議前，他對茱蒂與梅根的打擊，早就遠超過將她們貼上「蟑螂記者」的標籤而已。

駭人聽聞的是，他究竟得到了多少幫助。

七月十日，亦即在巴克特的辦公室會議前兩天，與拉尼．戴維斯對話前大約一個月，大衛．波伊斯正準備在一場家族生日會後，從東漢普頓（East Hampton）搭上一架私人直升機。這時溫斯坦又打了一次電話給他。根據溫斯坦助理的說法，這位製片經常打電話給這位律師。披著律師—客戶特權的祕密外衣，這兩個男人正在密謀如何打擊《紐約時報》的任何報導。

波伊斯後來回憶說，溫斯坦打電話來分享一個新的想法。他解釋說，他想到了《紐約時報》的社長小亞瑟．蘇茲柏格（Arthur Sulzberger Jr.）是他的朋友。溫斯坦的公司多年來是《紐約時報》的廣告大戶。這兩位男性會一起進行商業午餐，他們長年在相同的圈子裡活動。溫斯坦提議，現在他可以利用這層關係，向小蘇茲柏格施壓，請他封殺這則報導。

這位製片與這位一起共事了十六年的律師，有著迥然不同的風格。溫斯坦做事大膽、喜怒無常、粗暴，有時頭腦簡單；波伊斯則優雅自信，有說服力。這位律師克制住這位製片一些最壞的直覺，但是讓其他人保護這個他知道屢次被控有侵犯行為的男人。

波伊斯是伊利諾州人，父母是老師，小時候有未經診斷的讀寫障礙，妨礙他學習。然而，他繼續讀到大學，拿到耶魯大學的法律學位，而且狠狠修理了幾間企業巨人。波伊斯很有膽識。從年輕時，他就是一位狂熱的撲克牌玩家；曾經被他就讀的第一間法學院退學，原因是他與一位教授的妻子鬧出緋聞（他後來娶了她），他還因為背叛行為冒犯了之前的律師合夥人。

他也喜歡處在流行文化的中心。當波伊斯離開一家法律事務所，為了讓他可以為一位新客戶（紐約洋基隊的老闆喬治・史坦布雷納〔George Steinbrenner〕）辯護，試圖避開利益衝突而成立自己的事務所時，他很快就吸引了其他的名人成為他的客戶，包括凱文・克萊（Calvin Klein）、唐・伊姆斯（Don Imus）*與蓋瑞・桑德林（Garry Shandling）†。

希望他提供服務的眾人之中，包括了米拉麥克斯出版社（Miramax Books）的編輯，這是一家新的出版公司，由溫斯坦與他的弟弟鮑勃成立的。當時是二〇〇一年，波伊斯剛輸了布希訴高爾案，這次的失敗影響深遠，但這位律師仍贏得大批崇拜者。米拉麥克斯的編輯想要波伊斯寫一本回憶錄，但是這位名律師沒有回覆他們的電話。波伊斯在與梅根多次的採訪中回憶，後來有一天，溫斯坦本人打電話了，邀他參加一場午餐約會。

很快地，波伊斯在紐約一間新美式餐廳翠貝卡燒烤（Tribeca Grill）與溫斯坦兄弟見面。這位律師的態度很明確：他沒時間寫一本書，而且他不是那麼會自省的人。溫斯坦不死心。波伊斯說，溫斯坦讓這個工作聽起來很簡單：他要做的只是寫下他部分案子的故事。那頓飯結束前，波伊斯答應了。

第二年來了又走了，他一個字都沒有寫。一天下午，他的太太從電腦螢幕前抬起頭。「甜心，你沒跟我說你寫了一本書，」她說。「什麼書？」波伊斯回答說。「嗯，幫溫斯坦寫的書，」她回答：「我剛才查了一下，它說這本書今天秋天會出版。」波伊斯感覺被設局了。如果他不跟著走，看起來會像是他失約了。之後他每天寫，直到這本書出現在編輯的桌上。從他們開始認識之初，溫斯坦似乎就知道如何徵召他，而波伊斯也沒有拒絕。

溫斯坦不只得到這本書。他得到了新的法律辯護代表，在二〇〇一年第一次午餐會後幾個月，這位律師就幫這位製片私下擋掉了一篇關於羅溫娜．趙的性騷擾指控文章。

二〇〇二年，《紐約客》雜誌的作家肯．歐雷塔（Ken Auletta）從某個消息來源聽說溫斯坦支付了和解金給帕金斯與趙，就是茱蒂與梅根正一起努力拼湊的同一個案件[5]。歐雷塔無法讓帕金斯與趙接受採訪，但他仍然希望撰寫有關封口費，以及導致這起封口費的事件。

---

* 譯註：唐．伊姆斯（1940-2019）：美國知名電台節目主持人，錄音藝術家和作家。

† 譯註：蓋瑞．桑德林（1949-2016）：美國知名脫口秀演員。

歐雷塔、該雜誌的編輯大衛．雷姆尼克[6]（David Remnick）、另一位編輯以及該雜誌的律師，與溫斯坦、他的弟弟鮑勃和波伊斯會面，一起討論這件事。起初，波伊斯似乎擔任調停人。當溫斯坦堅持要準備對該雜誌發起抵制，波伊斯拍拍溫斯坦的手臂，說有個東西叫做「美國憲法第一修正案」*，他不能違反。然而接著波伊斯將注意力轉到記者身上，說刊出這則報導會是一項嚴重的錯誤。

波伊斯後來告訴梅根，他相信溫斯坦所稱，他與趙的事件是兩廂情願，是婚外情的逢場作戲。他以為，女人說謊以便從溫斯坦身上獲取利益是有可能的，這一點他在與《紐約客》會面時就強調過。隔天與《紐約客》的後續會面中，鮑勃．溫斯坦交出幾張個人支票的影本，那是他代表他哥哥開出給那兩位女士作為封口費的：他聲稱這是證據，證明沒有一分公司的錢被挪來處理溫斯坦的私事。由於沒有公開的性侵指控，或者證明公款被挪用，歐雷塔與他的編輯同意，他無法撰寫關於和解協約的事。

在此之前，波伊斯已經是溫斯坦兄弟的法律顧問，而他也逐漸捲入他們的工作。這兩個兄弟當時正與迪士尼奮戰。當母公司拒絕發行麥克．摩爾（Michael Moore）的《華氏911》（*Fahrenheit 9/11*），波伊斯幫助這兩兄弟重新拿回這部電影的主控權，並且把它帶到獅門影視公司（Lionsgate Films）。當溫斯坦兄弟決定完全離開迪士尼，於二〇〇五年成立溫斯坦影業時，波伊斯也協助確保合約中特別註明，除非是被重刑定罪，公司才能開除這兩兄弟。

溫斯坦與波伊斯一起出席電影首映、慈善活動，以及政治募款活動，他們兩個身處名人之列。波伊斯很佩服「哈維總是在推銷某種東西」，而且從溫斯坦身上，他獲得了寶貴的電影圈人脈。他的女兒瑪麗．蕾珍茜（Mary Regency）是一位前景看好的演員。波伊斯本人也投資這項產業，於二〇一二年與法律事務所一位合夥人的兒子成立了一家出品公司，名為「波伊斯／席勒影業集團」（Boies/Schiller Film Group）。多年來，波伊斯與該集團跟溫斯坦影業有生意來往，而溫斯坦也提供給他的律師無價的優惠，包括給波伊斯的女兒一個角色，她曾經在二〇一一年一部很少被評論的電影《早晨之子》（*Son of Morning*）中，飾演一個次要的角色。

親愛的大衛：

別來無恙。謝謝你寄給我《早晨之子》。我和我的團隊看過此片，瑪麗在片中的演出很精采。這部電影不容易，我不認為它是商業片，或者對我胃口，但瑪麗在當中的表現令人驚豔。

---

* 譯註：美國憲法第一修正案：即美國憲法修正案第一條。禁止美國國會制訂有關下列事項的法律：確立國教或防礙宗教自由、剝奪言論自由或出版自由，或剝奪人民和平集會及向政府請願的權利。

如果你可以給我所有有她的畫面，以及她之前的作品。我會請我的團隊為她整理一份很棒的精華影片，送給適合的選角經紀人。我也會讓她和我公司裡的人取得聯繫，在我的新片《凱特的慾望日記》（*I Don't Know How She Does It*）裡飾演一個小角色，片中有莎拉・潔西卡・帕克（Sarah Jessica Parker）。我隨時為你效勞。

祝一切順利！

哈維

這部分從來沒有成真，但隔年，瑪麗・蕾珍茜在他的電影《派特的幸福劇本》（*Silver Linings Playbook*）飾演了一角。二〇一一年十月，一位協助電影拍攝的前溫斯坦助理瓊・戈登（Jon Gordon）代表導演大衛・O・羅素（David O. Russell）寫了一封信給溫斯坦，詢問他關於這位演員，是否有任何指示：

大衛看了，他想要波伊斯的女兒蕾珍茜飾演帕提爾醫師（Dr. Patel）的祕書。

大衛還沒給她這個角色，因為他想知道，你是否有事需要先與波伊斯談妥。

這些與溫斯坦相關的電影糾葛，是否解釋了波伊斯為何協助掩蓋愈來愈多對這位製片的性失當行為的指控？「嗯，可能，你知道嗎？」波伊斯說：「如果我是哈維的律師，我會努力將事情保密。那是我的工作，不是嗎？」

波伊斯說，不論有沒有這些糾葛，「我對我的客戶一向非常盡心盡力。」

接下來的幾年，這位律師繼續聽聞其他的指控者。一次又一次，他為溫斯坦辯護，幫他掩蓋、幫他編造帶風向、幫他平息風波。他選擇相信溫斯坦的說詞，說他自己只犯了風流罪。「我想，就像很多人在好萊塢被想要討他們歡心的美女圍繞一樣，他最後會陷入多條緋聞，」波伊斯說。

即使多年後，溫斯坦被指控的侵害案規模曝光，波伊斯不認為他保護了溫斯坦這麼長的時間有什麼問題。

「當我回頭看，對於我這樣為他辯護，我從未後悔，」他說。

二〇一七年一個夏天夜晚，溫斯坦提出仰賴蘇茲柏格的想法，被波伊斯駁斥，認為是浪費時間。施加這種壓力在別的地方可能有用，但對《紐約時報》只會徒勞無功。

相反地，波伊斯專注於另一個更取巧的方式，以阻擋《紐約時報》的報導，這只是溫斯坦已經在做的事的另一種翻版。

這位製片長期靠私人偵探來保護他的名譽[7]。那些公司基本上是職業的監看者：他們監視記者、撰寫報告，有時候甚至從記者的垃圾堆裡尋找線索。根據記者—新聞內容主角互動的不成文規定，利用私人偵探是一種暗黑手法，但並不令人訝異，亦非違法行為。如巴克特之前說過的，這是茱蒂與梅根應該要預期到的。

但早在九個月之前，溫斯坦就與一家完全不同層次的以色列公司開啟一段祕密關係：「來自以色列的『黑立方集團』（The Black Cube Group）*透過埃胡德．巴瑞克（Ehud Barack）†和我聯絡，」溫斯坦在一封二〇一六年寫給波伊斯、後來由梅根取得的一封電子郵件裡這麼寫道：「他們是策略專家，而且說你的公司用過他們的服務。」黑立方做的事，不只監視其他人。它也操縱他們，甚至利用一位使用假身分的演員，誘騙無戒備心的目標。其他人則是前軍方的情治專家。在寫這封電子郵件時，黑立方的兩位執勤人員剛在羅馬尼亞因被指控侵入他人電腦而遭逮捕。其實波伊斯的法律事務所「波伊斯、席勒與弗雷克斯納」（Boies, Schiller & Flexner）就利用過黑立方，而很快地，這間法律事務所便執行了溫斯坦與這家以色列公司的協議。在那年十月達成的合約中，溫斯坦同意每個月支付這些職業操縱手十萬美元，遮掩他的行為，免於被審查[8]。

很快地，這段協議全面性的展開了。

一位英國自由記者塞斯．費里曼（Seth Freedman）從一些女性身上蒐集訊息，提供給黑立方，而這些女性是溫斯坦擔心會洩露有損他形象消息的人[9]。費里曼告訴這些女性，他是在《衛報》（*Guardian*）工作的記者，有時還佯稱自己撰寫關於好萊塢生活，或者關於電影產業的報導。一位演員凱薩琳・肯達爾（Katherine Kendall）和其他女性接到費里曼打來的電話，她說，他們無所不談，她不曾懷疑此人從事新聞報導以外的事。

黑立方曾把任務放在班傑明・華利斯（Benjamin Wallace）身上，這位為《紐約雜誌》調查溫斯坦對待女性問題的作者[10]。費里曼曾經聯繫他，說要提供相關的訊息，但從來沒有兌現。另一位黑立方的女性幹員也接觸過華利斯，把他當成一位潛在的消息來源。當他們見面時，華利斯沒有對這位自稱安娜（Anna）的人說太多，因為懷疑她可能為溫斯坦工作。最後，他與編輯決定中止這項調查工作。華利斯後來解釋說，沒有人願意透露消息，溫斯坦的報導感覺像是一條死路。

到了二〇一七年五月[11]，同一位幹員將目標轉向麥高恩。這一次，她自稱為黛安娜・菲立普（Diana Filip），而且說她是倫敦財富管理公司「魯班資本合夥公司」（Reuben Capital Partners）裡擔任永續且負責投資部門的主管。她用德國腔說話，有一個英國的手機號碼，提議要給麥高恩六萬美元，作為演講活動的報酬。在接下來的幾個月，他們至少見了三次面，都是約在麥高恩方便

---

* 譯註：黑立方集團：由以色列退休的情治人員成立的私人徵信公司。

† 譯註：埃胡德・巴瑞克：曾任以色列總理、外交部長與國防部長。

的城市，花數小時談論女性相關的議題，以及說想投資麥高恩的製片公司。麥高恩念了一段她的回憶錄給她聽。

「她表現出一副真的很關心女性的樣子，」麥高恩後來告訴梅根。

現在，二〇一七年七月，波伊斯幫忙重新協議溫斯坦與黑立方的合約，目標要解決兩個問題。第一個是茱蒂與梅根的報導。第二個是溫斯坦與黑立方的付款爭議。波伊斯說，這家以色列公司期待能因挖到一些麥高恩回憶錄的資訊而拿到一筆獎金，但溫斯坦拒絕付錢，稱那幾頁大部分只是重複她的推特發文。

在波伊斯協助修訂的合約下，黑立方的任務變得更明確了：阻止茱蒂與梅根的調查工作[12]。黑立方會「提供情資，協助該客戶完全阻擋一份紐約主要報紙刊登一篇新的負面報導」，而且要從麥高恩的書中，蒐集更多消息。這位幹員「安娜」，又名黛安娜·菲立普，即那位曾接觸過麥高恩與華利斯的女子，將全職負責這個案件。那位所謂的自由記者也是。合約中也承諾繼續有「虛擬化身專員」，在社群媒體、通多國語言者與「營運專家」中製造假身分，以便專注於「社交工程」，他們所有人都聽從前以色列情治單位首腦的指示。若黑立方能成功阻止這篇文章刊出，將能賺得三十萬美元的獎金。波伊斯在七月十一日簽了新合約，也就是拉尼·戴維斯在《紐約時報》與茱蒂、梅根及寇貝特見面的幾個星期之前。

在友善地向記者們答應安排一場採訪時，戴維斯從來沒有提到他與溫斯坦第一次會面時，一位黑立方的幹員也在場。他只在過了很久之後告訴梅根，說他當時不全然知道那位幹員在為他的客戶做什麼事。

與戴維斯見面的同一星期，茱蒂收到一系列來自同一個黛安娜．菲立普的電子郵件與簡訊[13]。茱蒂從來沒聽過這個人，但她說她來自倫敦一個名為魯班資本合夥公司的組織，她正在安排一系列活動，目的是提高女性在工作場所的地位，而且希望茱蒂能提供一些貢獻。茱蒂已經回絕這項邀請了，但在一封電子郵件裡，這名女子很堅持：

嗨，茱蒂：

感謝妳的澄清。

我們正在籌備一系列圓桌會議，討論性別平等與工作場所歧視。我們的目的就是讓政府決策者、不同企業的行政主管、記者與其他股東，從不同的角度討論這些議題。

一些重要的人物已經表達他們參加這項倡議的意願，而我們目前正在安排時程與議題的最後階段。

同時間，我很期待得到妳的想法（任何可能的方式，即使不是擔任演講者），分享妳在這個領域的貢獻。

我希望這些活動能造就實質的影響與價值，而不只是空口白話，所以我想要確認所有對的問題都問到了。如妳也許能看出的，我對這個計畫非常熱衷——事實上，這大部分是我發起的。

我了解直接參與對妳而言有困難，然而，我很想與妳很快地聊一下，聽聽妳的想法。

非常感謝您百忙中抽空回覆，

戴安娜

這封電子郵件中的某樣東西似乎有點怪——茱蒂無法準確說出是什麼。她把這個訊息寄給報社的網路查核專家，他說網頁位址看起來是正常的。網頁上顯示一位穿著上班服、面帶笑容的女性照片，呼籲企業領域中的性別平等。「女性在工作場所的薪資較少、升遷較少，而且較少受到讚賞，」網站上寫著：「這項倡議不只專注於打擊工作場所中對女性的所有歧視，也致力於提升企業納入女性——主動地，而且在所有的層級上。」從企業女權主義的標準看來，這裡使用的語言比一般更強硬，號召「進步的行動主義」與企業的「全面透明化」。

與其是向茱蒂召喚，這些說法對她而言反而是警示。她的工作是蒐集訊息，挖掘祕密，而不是參與行動。而且《紐約時報》的倫理守則禁止記者接受企業活動，確保報社免於受賄、贊助影響，所以她無法接受金錢報償。而她也沒空參加這類可有可無的咖啡約會。

幾天後，菲立普又寄了一封電子郵件。茱蒂用三言兩語打發，傳達她對此事興趣缺缺。「我很忙，但祝福妳的計畫順利。」

後來，全國廣播公司的羅南．法羅發掘出某些黑立方為溫斯坦做的事。波伊斯說，他相信對溫斯坦來說，要駁斥他性侵害女性的批評報導，最好的方法是提供事實強化他的辯詞，而且，他認為黑立方會蒐集這方面的資訊。他說，他不知道這家公司用來對付記者的卑鄙手法，也遺憾當時沒有更留意他們。值得注意的是，波伊斯的公司曾協助執行一項合約，破壞《紐約時報》的調查工作，即使該公司也在某些法律案件中為該報擔任法律辯護。波伊斯堅稱這不構成利益衝突，但是《紐約時報》將他開除，說這間公司的行為「應受譴責」。

然而，二〇一七年夏天，茱蒂萬萬沒想過那些她收到的熱情洋溢的女權主義訊息，是來自一位受雇的假幹員，想要阻止她們的調查工作，並削弱有關受害者的報導。她也沒想到這些與波伊斯竟然有關。在巴克特的指示下，她與梅根回絕了這位律師的見面請求。他似乎像是個遙遠的西裝筆挺的辦事員，被降級到邊線去了。

正當梅根與茱蒂忙著評估溫斯坦團隊的規模大小，艾蜜莉．史提爾送來一本剛出版的流行雜誌《W》，裡面有一篇熱情讚揚葛洛麗亞．艾爾瑞德與麗莎．布魯姆的人物特寫[14]。「葛洛麗亞．

艾爾瑞德與麗莎．布魯姆為二〇一七年的女性捍衛者」，標題這麼寫著。

這篇文章描述艾爾瑞德的女兒作為她的繼承者與同僚，兩位並肩站在人權議題的前線，尤其是「由權勢男性施加於女性的性騷擾與性侵害。」雜誌照片以艾爾瑞德位於馬里布（Malibu）海邊的家為背景，兩人看起來比較像姐妹，而比較不像母女。

如她的母親一樣，布魯姆的專長是引發公眾關注。在她的事業生涯中，她出現在許多電視節目中，擔任法律分析的角色，甚至在Court TV主持一個自己的節目。她有自己的洛杉磯公司，而她多少複製了她母親的模式：經營高端客戶，然後常常私下為他們達成和解大案。

她的公關技巧在《W》雜誌的人物特寫中完全呈現。布魯姆吹噓她剛達成的保密協議：「被性騷擾的女性變成百萬富翁了，」她說。為了這次採訪，布魯姆穿上一件「Notorious R.B.G.」（惡名昭彰的R.B.G.）的T恤，彷彿是要宣稱她與最至高無尚的女權律師露絲．巴德．金斯柏格（Ruth Bader Ginsburg）有所聯結。

所以，布魯姆為什麼要與謠傳的性侵加害者合作呢？莫非與電影合作相關，幾個月前她在推特上得意地發文的那部電影？她的動機是什麼？是怎麼運作的？

梅根告訴茱蒂與史提爾，她最早對布魯姆起疑是在二〇一六年，當時這位律師涉入一宗案件，控告川普於一九九〇年代，在一場由傑佛瑞．艾普斯坦舉辦的派對上強暴一名十三歲小女孩，也就是梅根因為無法審查無名受害者而放棄報導的案子。選舉日的一個星期前，當《接近好萊塢》的錄音帶，以及對川普不斷增加的指控，吵得滿城風雨時，布魯姆宣稱她正擔任受害者的辯護律師。梅根從來沒有與布魯姆說過話，但她很快寫了一封電子郵件給她。[15]

我一直認為這是一個可疑的案子，而且懷疑受害者是否真有其人。您是否與真的原告見過面，並且判斷這是合理的？我非常珍視您的意見。

梅根從來沒有收到回應。相反地，布魯姆在她的洛杉磯辦公室召開一場記者會，宣稱受害者將首次公開露面[16]。

然而，那一天，唯一出現在攝影機前面的人是布魯姆。她宣稱這位受害者本人正在她的辦公室，因為收到死亡威脅，太害怕而無法公開站出來。也許那是真的，也許布魯姆的客戶確實被川普強暴，而且自然會畏懼公開。然而，在梅根看來，整個事件像是一場藉由對總統候選人的未證實指控，刻意吸引媒體目光的安排。

之後，布魯姆承認她從一個支持柯林頓的政治倡議團體索取了一筆錢，說她需要那筆錢查核受害者的申訴，並且在這宗訴訟案停止後，從支持柯林頓的捐贈者收到了七十萬美元，用在保護其他潛在川普控告者的安全、安置，以及可能的「安全住家」上[17]。當其他女性選擇不要站出來，報導說布魯姆退還這筆捐款中的五十萬美元，但留下了另外的二十萬美元；後來她告訴《紐約時報》說，她需要「一些基金支付她墊付的費用。」之後這些金錢週轉的內情曝光，共和黨控告布魯姆拿錢給一些女性，編造關於川普的謊言。其他人則將她視為藉由不實指控川普，為自己中飽私囊的律師。

布魯姆後來則說，她花了數個月查核受害者的案件，而最後這位女子太害怕而不敢公開，所以她指示她的團隊停下來，不再追究[18]。她說，她沒有從協助指控川普的工作上拿取任何費用。

大約相同的時間，部分布魯姆的客戶也批評起她。二〇一六年，史提爾悄悄採訪塔瑪拉·霍德（Tamara Holder），她是一位政治進步派的律師，也是前福斯電視台的節目來賓，她對該電視台提出申訴，指稱她遭受到性侵害[19]。根據史提爾看到的法律文件，霍德指控二〇一五年二月擔任Sports Court這個節目的主持人時，一位福斯的主管法蘭西斯柯·寇特斯（Francisco Cortes）誘騙她到他的辦公室，而且企圖逼迫她口交。

當史提爾進行調查時，布魯姆協助霍德穩拿超過兩百五十萬美元的和解金。霍德說，她當時不了解協議中那些特別無法更改的條款。若《紐約時報》或《華爾街日報》刊出有關霍德經歷的相關文章，她會損失大部分的和解金。「我簽協議時，完全不知道如果史提爾，或是任何一位《華爾街日報》的記者一旦報導這件事，我就拿不到第二筆錢，」她後來寫信給布魯姆說。

霍德覺得很憤慨。如她所見，布魯姆施壓要她接受一份協議，並未揭示那會將霍德置於財務風險之中。更糟的是，她害怕失去公開這個經歷的選項，她已經向布魯姆表明，對她而言，這一點比任何大筆付款有價值。霍德說，協議達成後，當她對布魯姆說出她的疑慮不久後，布魯姆便解除她這位客戶，帶著一百萬美元走了。

「她並不關心我，」霍德後來告訴梅根：「她關心的是錢。」

布魯姆否認曾經施壓要她和解，說她一向和她的客戶逐條檢視協議，而結束法律代理也是和解協議完成時的標準流程。布魯姆也指出，霍德本身也是一位有經驗的民權律師。

八月二十六日星期六晚上，梅根意外地聽到一個關於布魯姆的故事，開始描繪出她為溫斯坦所做的事。

梅根與一位希望能解釋一段不尋常金融交易的人見面，轉手標的包括巴克特提過的溫斯坦百老匯作品《尋找夢幻島》以及「美國愛滋研究基金會」（amfAR）；他在坎城協助舉辦的奢華拍賣盛會，就是為該基金會募款。當啟動《尋找夢幻島》這個計畫困難重重時，[20]溫斯坦把二〇一五年為愛滋研究基金會募得的六十萬美元，轉到了這齣表演的投資人口袋裡，而且沒有向該慈善機構揭露。機構的幾位主管感覺受騙，而且擔心當中有不法情事。

與梅根見面的是湯姆．阿賈米（Tom Ajamie），是美國愛滋研究基金會的董事會聘請來研究這個案子的律師[21]。他告訴梅根，調查溫斯坦的過程是他從來沒有經歷過的。在每一個轉折點，這位製片都阻擋他檢視金融交易。波伊斯以保密協議為由，壓制了董事會成員的聲音。同時，阿賈米詢問愈多關於溫斯坦的事，他就聽到愈多有關性騷擾與性侵害的指控。

阿賈米對這些指控相當困擾，二〇一六年十月，當他與布魯姆見面喝杯飲料時，他向她提出這些問題。阿賈米之前見過布魯姆一次，對她的女權資歷印象深刻，希望與她有更多的專業交流。他認為，如果她願意挺身挑戰如唐納．川普這樣有權勢的男性，她當然也不會畏懼挑戰哈維．溫斯坦。也許她正與他的一些受害者合作？

阿賈米說，布魯姆告訴他，她從來沒有聽過溫斯坦不當對待女性的申訴案件，還要他隨時告知她。但是幾個月後，事情變得很怪異。布魯姆接受了阿賈米的邀請，邀她在二〇一七年一月的日舞影展期間，和幾位朋友一起待在猶他州帕克市他租下的一間大樓公寓。參加完一場由溫斯坦與傑斯舉辦的派對後，布魯姆回來說，溫斯坦想與阿賈米見面。他不太情願地讓布魯姆帶他到溫斯坦在曼恩與天空飯店（Main and Sky Motel）的房間，進行一場早餐會面。突然，溫斯坦對阿賈米大發雷霆，說他在挖他過去的隱私。不一會兒，他請求他們一起簽某種協定。阿賈米要做的唯一一件事，就是簽一份由波伊斯起草的保密協議，同意他保密任何聽到的溫斯坦祕密。「讓我們成為朋友吧，」阿賈米記得溫斯坦這麼告訴他：「我們可以一起做大事。」

阿賈米拒絕任何換取他噤聲的協議，當他離開房間時，相信至少為數六十萬美元的愛滋研究基金會交易，是這位製片要隱匿的。

他回憶說，後來他與布魯姆要離開時，她轉頭對著他。在會談中，布魯姆表現中立，大多時候不說話。現在，她有一些建議。

「你知道嗎，我認為你真的應該重新思考你對於他的立場，」她說。

「妳的意思是什麼？」阿賈米問。

「他對你的事業真的會很有幫助，」她回答說。

帕克市之行的時候，布魯姆已經為溫斯坦工作六個星期了，服務的價碼是每小時八百九十五美元[22]。

到了很後來，布魯姆說，二〇一七年擔任溫斯坦的辯護律師是一個「巨大的錯誤」，讓她「深深後悔」。「我天真地相信，他只是對女性使用不當的言語，而且以為我可以用不同的方式找到問題根源，鼓勵他道歉；當事件曝光後，他的確這麼做了，」她在一封寫給茱蒂與梅根的信裡這麼說。「顯然我接觸到的不是事情全面，我早該知道的。我應該假設情況可能比我當時所知的更糟嗎？是的。這是我的錯。」

然而，與她在電子郵件中所寫的相反，當布魯姆於二〇一六年十二月由溫斯坦支付訂金聘請她時，她似乎對於即將參與的事務所知甚詳——而且提議擔綱一個比只要溫斯坦道歉，更暗黑許多的角色。她在一份內部信件中勾勒了這個願景，並且寄給溫斯坦以及傑克·帕拉迪諾（**Jack**

Palladino）與莎拉・內斯（Sara Ness）兩位私人調查員，這份內部信件後來被梅根拿到：

哈維：

今天和你談話是一件樂事，雖然，沒錯，我們都期望更好的情況。我花了一些時間讀傑克與莎拉關於蘿絲的完整報告，她真的是一個惱人的病態說謊者，還有你的前助理……她似乎比較不需要在意。我也看了很多蘿絲的推特發文、大致了解她，也看了她的短片《日出》（*Dawn*）。（我不是影評，但我覺得那看起來很可怕，但可以從中看出蘿絲的個性：男孩遇見女孩。女孩信任男孩。男孩殺了女孩。所有男人都很爛。結束。）

我覺得我已經準備好幫助你對抗蘿絲們，因為我擔任過其中許多人的律師。她們開始時都是令人欽佩、有膽識的女子，但是愈施壓要求證據，她們的弱點和謊言就會愈顯露出來。她最近似乎沒什麼進展，除了快速晉升為女權鬥士的身分認同，這似乎完全是基於她在網路上的叫嚷。為了讓她的「蘿絲軍團」保持運轉，她必須繼續增加她憤怒地大發厥詞的強度。顯然，她必須停止對你荒謬、惡意中傷的攻擊。她是危險人物。你的擔心是對的。

我初步了解後有幾個選項，我們可以在下次通話時補充細節：

1. 透過我或其他好的中間人與她建立友善的聯絡管道，建立一段關係後，進行「雙贏」計畫。關鍵問題：**她想要什麼？**當導演？好像是。

2. 用網軍操作，以拖延並批評她為病態的騙子。如果未來我們的事吹破了，幾篇排序前面的文章，長期來看效果會很好。我們可以放幾篇關於她情緒與行為變得愈來愈失控的文章，如此一來，當有人上Google搜尋她，這些就會是最先跳出來的文章，她就會受到質疑。我們擁有所有基於公開訊息的事實。這件事可以與第一件事同時進行。

3. 由我發出停止並終止（cease and desist）信函，警告她已違反與你的協議，請她注意加州法律對曝光錯誤訊息、侵犯隱私與毀謗等訴訟原由。風險：她會把信件貼上網，引發熱議與強烈反應。（莎拉：我需要看到協議，麻煩妳了。）

4. 你和我上一場先發制人的公開採訪，你在採訪中談論女性議題的演變，由你母親的逝世、川普抓私處的錄音帶激起的想法，也許還包括捕風捉影關於你的傷人謠言。如果你對你傷害過的人表達出真誠的悔罪，但也強調那些一向是成人兩廂情願的行為，一定會登上頭條。你當時以為那樣就夠了，但是現在明白那是很不一樣的，權勢的不對等在當中扮演了一些角色，等等之類的。因為你是一個善良而且正派的人（由你製作過多部重要社會議題的電影，以及你是極為慷慨的慈善家得以見得），你來找我幫忙，很快讓你了解關於演變中的性失當行為社會規範。例如：查理．辛（Charlie Sheen），當幾位女子準備站出來質問他關於HIV狀態時，他最近在《今天》（*Today Show*）節目專訪中公開承認，後來獲得了廣大的讚賞。我擔任當中幾位女子的代表律師，她們的故事幾乎被淹沒在他的專訪與對他的讚賞之中。從名譽管理的角度，能擁有先發言權是如此地關鍵。我強烈建議這一點。如果你同意，我很願意出來和你會面，順過這個故事的細節，以便情況的進展能有最大的效果。你應該成為這個故事的英雄，不是壞蛋。這是非常可行的。

5. 成立「溫斯坦基金會」，宗旨放在電影中的性別平等，等等。或者建立「溫斯坦標準」，尋求三分之一的電影由女性執導，或女性劇本作者，或者通過「巴克德爾測驗」（Bechdel test，一種簡單檢視電影是否性別平等的測驗，如片中至少有兩位有名有姓的女性角色，互相談論關於男人以外的事情）之類的。宣布你即刻會在所有電影中，以非常具體的方式施行性別平等。宣布你要與致力於電影性別平等的吉娜．戴維斯（Geena Davis）團隊合作，例如授權在大批人潮的場景中，一半的臨時演員是女性。你應該懂大概的想法。這些細節可以規畫出來，但是重點是你決心成為一個領導者，並且以具體的、能抓住頭條的方式，提高標準。

6. 正面名聲的管理。我Google搜尋了你的名字，幾篇讓人覺得討厭的文章會跳出來。我與幾間頂尖名譽管理公司合作，他們能反向連結到正面的文章，形成一道「防火牆」，避免負面文章排在Google搜尋結果的前面。Google搜尋結果的首頁是關鍵，因為百分之九十五的人從來不會瀏覽到第二頁去。讓我們改善這部分。很簡單。這件事應和其他選項同時進行。

提醒：可以請您為我與大衛・波伊斯接通聯繫管道嗎，這樣我可以保持聯絡？

還有，由於你參與希拉蕊・柯林頓競選活動的電子信箱最近被駭了，我建議你建立一個新的電子郵件帳號，專門與這個團隊聯繫。我們不應該將這些敏感議題寄到你的公司信箱，因為你的IT人員與其他人可能看得到。

明天談話嗎？

感謝，而且真的很榮幸被帶進這個團隊。

一切順利！

麗莎・布魯姆

溫斯坦支付給布魯姆第一筆聘任費用五萬美元。接下來的付款紀錄，是支付幫溫斯坦處理細項的私人帳目。

她與黑立方的幹員「安娜」，也就是黛安娜・菲立普合作。她與溫斯坦及波伊斯成一陣線。

她協助精心規畫，蒐集可能指控溫斯坦的女性的資訊，包括蘿絲·麥高恩、安布拉·巴提拉那·古提瑞茲、艾希莉·賈德和其他女性。布魯姆與莎拉·內斯攜手，這位私人調查員負責蒐集那些調查溫斯坦的記者的個人檔案，追蹤社群媒體帳號，尋找可能消息來源的蛛絲馬跡。如巴克特預期的：溫斯坦與他的團隊正密切注意這兩位記者，利用她們在社群媒體的每一個點閱，揣想她們正和誰談話。

「根據社群媒體的活動以及關於哈維·溫斯坦的評論，到目前為止，以下名單似乎是茱蒂·坎特與羅南·法羅較相關／重要的可能消息來源，」內斯在檔案中說，幾個月後茱蒂與梅根看到這份檔案。它長達數頁，列出記者們在推持上追蹤誰，以及何時開始追蹤她們。茱蒂與梅根幾位最重要的消息來源，都名列其中[23]。

有些評估結果偏離了。「很難預料麥高恩是否接受了法羅或坎特的採訪，」在茱蒂與梅根已經與麥高恩對話過後數星期，調查人員寫道。「賈德似乎不太可能公開，把二〇一五年《綜藝》雜誌的文章老話重提，」她寫道。而溫斯坦「不相信派特洛會是一個威脅。」

但是其他的內容則驚人地正中要害。好幾位女性被描述為潛在的「不利消息來源」，包括一九九〇年逃離米拉麥克斯的助理，梅根在她母親家找到的那一位。

「不利消息來源」（adverse sources）聽起來很像是另一個字：「敵人」（adversaries）。有了一個龐大團隊的協助，溫斯坦發動戰爭了。

第五章　企業的共謀

整個二〇一七年的八月到九月，茱蒂與梅根遇到一個愈來愈嚴重的問題：就她們目前所得知溫斯坦被指控對女性的不當對待中，真正能刊登出來的很少。

有一天晚上，寇貝特帶兩位記者到曼哈頓中城（Midtown Manhattan）一間安靜的酒吧，詢問最新情況。茱蒂與梅根列出她們至今所知的事。告訴她們溫斯坦故事中的明星、前員工與和解協議。

寇貝特很清楚她們擁有的素材。她指出一個重點。有幾位女子公開表明？有幾筆和解協議是確認的？第一手敘述性侵的女子中，只有蘿拉・馬登同意要公開表明，而她的回覆還不是最終的答案。她們的封口費證據也不完整。

「妳們還沒有一個可以刊登的故事，」寇貝特說。

說服溫斯坦的前員工站出來，並沒有變得比較簡單，尤其若是長年服務這位製片的內圈行政主管。說出來不符合他們的個人利益。他們為什麼要讓世界知道他們靠著幫助一個好色之徒，在職場裡爬升？最好的方式是說服他們，《紐約時報》的調查工作是一種減輕過去錯事的方式，是一種安全的方式，能夠討論這件也許已經長期困擾他們的行為。

在一次與一位行政主管沒有特別收獲的對話最後，茱蒂聽到了一件很有趣的事。主角是溫斯坦的重要副手，厄文・瑞特（Irwin Reiter），溫斯坦影業的行政副總，負責會計與財務報告。前同事曾描述他是公司的活寶典：他從一九八九年就為這兩兄弟做帳。他也被描述為忠誠、說話粗聲粗氣，不太可能關心他的老闆對待女性的事。但這位行政主管也說了一句其他人沒有提到的。「厄文・瑞特**痛恨**哈維・溫斯坦，」這位消息來源說。

茱蒂已經有了瑞特的電話號碼，想等到有些想法時再撥打電話。現在時機到了。當她打電話給他，他說他不想說——但是在他掛電話之前，他給茱蒂他的私人電子郵件信箱。茱蒂寫了一封短信。

二〇一七年九月十五日星期五，下午4:46
收件者：厄文・瑞特
寄件者：茱蒂・坎特

親愛的厄文：

謝謝你提供電子郵件信箱。我們正在蒐集這幾年來關於不當對待女性的模式的指控。我們的調查發現無數筆和解協議的證據。我們聽說，這可能是你關心的事。協助我們報導這個故事，提供一個能改變這種情況的機會，沒有人會知道。我很珍惜與你祕密對談的機會，並且由你看過我們的資訊是否正確。

我的姐妹住在你家附近，我最近正計畫去紐澤西。我可以請你喝杯咖啡，這樣你可以多了解這件事？

二〇一七年九月十五日星期五，下午8:27

收件者：茱蒂・坎特

寄件者：厄文・瑞特

妳的背景經歷令人印象深刻。在二〇一七年，事情發展成這樣，我對記者們懷有正面的尊重。周末愉快。

茱蒂立刻把厄文的短信轉出去。

二〇一七年九月十五日星期五，下午8:37
收件者：梅根・圖伊
寄件者：茱蒂・坎特
我該怎麼回覆？

二〇一七年九月十五日星期五，下午9:11
收件者：厄文・瑞特
寄件者：茱蒂・坎特

謝謝您，這對我意義重大。現在似乎比以往更該仔細小心的蒐集真相。我可以在週一上午大約十一點繞到您住的地方，向您自我介紹。（電話簿上說是3 Hebron Drive in East Windsor。）讓我知道您是否偏好其他的日子或時間。

二〇一七年九月十五日星期五，下午9:46

收件者：茱蒂．坎特
寄件者：厄文．瑞特

妳是一個很棒的記者，但是妳對地址真的很不在行。我一輩子從來沒住過紐澤西。我正在思考這整件事。星期一時，我會讓妳知道我的決定。

為了讓電子郵件上的對話持續進行[1]，茱蒂和梅根私下傳訊息，梅根暗地看他的反應，建議茱蒂該怎麼回覆。

很快地，瑞特寄來了指示：晚上九點半在曼哈頓下城區翠貝卡（Tribeca，又譯「三角地」）小公園餐廳（Little Park）後頭的酒吧。他為會面立下了一些規矩：他會問問題；他保留五分鐘後離開的權利；他會買單。這些都沒問題，但茱蒂很訝異他選擇的地點。翠貝卡是溫斯坦的地盤。他在幾十年前把米拉麥克斯搬來時，這家公司的興起讓這個以前的砂礫地帶，變成一個富裕、顯赫、有權勢的地方，這裡到處是價值數百萬美元的頂樓、昂貴的餐廳，還有知名的影展。小公園這家餐廳高價而且氣派，似乎會是這位電影製片經常光顧的那類地點。他與他的弟弟於二○○五年共同成立的溫斯坦影業，其辦公室距離此地只有六個街區之遙。但是她沒有質疑他的選擇。如果瑞特想要在溫斯特的眼前見面，他們就這麼做。

九月十八日星期一晚上，茱蒂走進人聲鼎沸的餐廳，打量四周：即使溫斯坦不在那裡，她也要確認她不認識那裡的任何人，以免有熟人走過來打斷。她繼續走到後面一個人很少，幾乎隱藏的空間：一個燈光昏暗的酒吧，像是一個會員制俱樂部的會客間，很適合私密談話，在沙發區與靠背椅之間，有很寬大的空間。瑞特在哪裡？而且，他會是間諜嗎？他是否正準備要挖掘這位記者知道什麼[2]？

然而，這位坐在手扶椅上，身材不高，五十多歲的的男人，似乎太緊張到無法當內線，他轉頭張望周遭，說著他在躲溫斯坦雇用打手這一類黑色笑話。他有一種長輩的親切氣質，說起話來有紐約腔的抑揚頓挫。

交談幾分鐘後，瑞特還是相當忐忑不安，所以他沒有問茱蒂很多問題，而且似乎也沒有要離開的意思，所以茱蒂鼓起勇氣提問：她想知道，他是否知悉一些早期和解協議的任何財務細節。當她向他刺探過去的事，他看起來有些疑惑，或者甚至有些失望。最後，他問了：在溫斯坦最近對他自己的員工犯了這麼多罪行，妳為什麼一直追問久遠以前的歷史？

最近的罪行。

茱蒂與梅根對這部分所知不多；除了二〇一五年警察調查過溫斯坦的行為，她們只得到幾個未經證實的線索。當茱蒂請瑞特多說一些，他緊張了起來，然後開始說得很隱晦。他提到一位看腳本的新發展部門的年輕行政人員，以及另一位還在讀商業學校時就在溫斯坦影業工作的女性。

他使用字首字母：EN、LO，以及其他打亂的字。他不願意透露更多。他說，他真正在意的，是要阻止溫斯坦最近幾年對公司年輕女性所做的事。

接下來的兩星期，茱蒂與瑞特每幾個晚上就見一次面，時間總是很晚，總是在小公園餐廳後頭的酒吧。茱蒂與梅根只有對編輯說這件事。在互相傳送的電子郵件和訊息裡，她們稱他為「消息來源」或「茱蒂的那位傢伙」。這位會計發誓每次見面是最後一次。他在線上工作。他說話的時候又急又緊張，願意透露一些事，但其他的不願意說，有時候拒絕附加名字，在聽似重要的插曲與其他似乎無關或很難證明的事件中虛與委蛇。他未聲稱了解在公司發生的每件事，而且也不是按照時間順序來說。

在這些採訪的空檔，茱蒂與梅根透過與其他前員工談話、拿到紀錄文件、聯絡瑞特影射的女子等方式，努力破解、追蹤與備份他說的話。這些資訊的焦點圍繞在基本問題上：溫斯坦對這些年輕女子做了什麼，她們可以找到什麼證據？

然而，她們也逐漸明白，瑞特提供的是一個故事的蛛絲馬跡，她們得花更多的時間完成報導。在溫斯坦影業艱困的兩年之中，也就是二〇一四年與二〇一五年，公司的高層愈發了解這位製片對女性的危險性，問題以令人不安的頻率不時發生。

長期以來，哈維．溫斯坦徵召一些人與利用他知名公司的作法，從律師到助理，從合約到工作支出，進一步遂行他的獵色行為，或把這些事藏起來。有些員工對此一無所知，因為他們忙著電影行銷海報與發行日期。但是在那兩年之中，瑞特、該公司最活躍的董事會成員，以及溫斯坦自己的親弟弟兼生意夥伴，都愈發查覺到溫斯坦的性騷擾與性侵指控，並且為此憂心。然而事件一個過一個，他們未能指出問題，而這位製片也展現他的驚人能力，讓一系列的問題憑空消失。

怎麼能有公司對性侵害事件容忍同謀至此？

有一段很長的時間，瑞特迴避他的老闆不當對待女性的問題。他從一九八九年七月十五日開始在米拉麥克斯公司工作，當時他三十歲，是一所布魯克林學院訓練出來的會計師，對溫斯坦發行的大膽電影相當崇拜，它們和大部分電影院放映的電影如此不同。第二年，他注意到那位助理，就是梅根後來在她母親家找到的那一位女子，突然從小小的紐約辦公室神祕地離職了。他聽說溫斯坦對她做了不合宜的事，她協議了某種和解，就這樣了。

幾乎是十年後，瑞特聽說賽爾達・帕金斯在倫敦辦公室遇到問題，並且知道一位公司律師被派去英國協助處理善後。和很多同事一樣，瑞特聽說一些製片與女明星之間的「緋聞」謠傳，但覺得不確定是誰占誰的便宜：女演員不是以不惜代價爭取角色出名嗎？此外，他是後勤部門管數字的人，計帳領薪水，不具有質疑溫斯坦的權威。因此他沒有多問。

直到二〇一四年，這時他更警覺了。夏天，瑞特聽到一些令人憂心的辦公室聊天，談論溫斯坦對女性的行為。那年十月，不同背景與年齡的女性公開指控比爾・寇斯比性侵。當新聞曝光後，寇斯比的電視計畫與巡迴表演都在一夕蒸發了[3]。當他表演時，抗議者與激烈的質疑者表達他們的厭惡與反感。

有鑑於寇斯比的新聞，瑞特覺得他必須要出手干預。但他還沒有釐清是否真的有女性受害，或者如何受害。他擔心溫斯坦影業這家公司的地位，它投射的一向是成功的形象，製作像是《王者之聲》（*The King's Speech*）和電視節目《決戰時裝伸展台》（*Project Runway*）這樣顯赫的賣座影片，但是外人不知道的是，因為許多計畫是失敗的，公司一方面也有上億美元的損失，所以這家公司其實正風雨飄搖。一宗性侵案的醜聞，就可以把它送上毀滅的道路。

二〇一四年十一月，他寫了一封指責信給溫斯坦，列出幾位他從公司小道消息聽來的姓名。「停止做骯髒污穢的事，」根據郵件的草稿，他這樣寫給他的老闆。他不管溫斯坦對那些女子做了什麼，「除非，而且是到了傷害公司的程度。有嗎？」他問。隔天，溫斯坦與瑞特短兵相接，但他什麼都不承認。後來，這位製片對他轉為冷淡，開始在辦公室裡稱他是「性警察」。（溫斯坦否認這一點。）

幾個星期後，二〇一四年十二月，當公司應該要熄燈準備放假，有一天瑞特到公司，發現其他的行政主管也焦急地來了。一位二十五歲，名為艾蜜莉．內斯特（Emily Nestor）的女研究生剛在洛杉磯辦公室接下櫃台接待人員的臨時工作，替補假期間的工作缺。在她第二天上班，溫斯坦就開始纏著她，要她到比佛利山莊的半島酒店共進早餐，還提議用性來交換當她的導師，吹噓所有答應過他的請求，後來都名利雙收的女明星。內斯特一直說不要。他不斷提議。當她最後終於順利逃脫，她把事情的經過告訴其他同事，而且他們也警告在紐約的同僚[4]。

瑞特很憂心：這家公司正面臨一宗聽起來像是性騷擾的事件。內斯特不想向人力資源部投訴。所以瑞特與其他行政主管說服聽過內斯特第一手敘述的洛杉磯同事，把每件事寫下來。有一筆紀錄寫的是她花了多久的時間推擋溫斯坦：「她說他非常堅持與執意，雖然她一直說不要，超過一個小時。」[5]

二〇一五年初，瑞特坐在紐約中城一間餐廳，與她的女兒莎麗（Shari）起了爭執；莎麗當時二十六歲，與內斯特的年紀相當，是一位心理系學生，也是一位堅定的女性主義者。當她父親告訴她工作場所發生的事，甚至把手機拿到餐桌對面給她與一位法律系的朋友，看到部分的電子郵件與文件，她大受震驚。他們後來還記得，莎麗當時就催促她的父親採取行動，而這位朋友告訴他，必須找到一個辦法，阻止哈維．溫斯坦的行為。

瑞特想要這麼做。他現在不再只是為這家公司感到害怕：他開始擔憂女性員工的安全，也因為想到這位老闆傷害為他工作的女性，而感到非常困擾，但他看不出能做什麼事。公司外部的律師已經建議行政主管們，提到因為內斯特不想送件正式的投訴，向公司董事報告她的陳述可能不太有道理。進逼感覺無效。除此之外，他還對他女兒補了一句說，他們都知道這種情況是怎麼一回事：受害者最後都會被責難，彷彿她們做了什麼錯事。

莎麗依然步步進逼。她後來仍然記得，當時他們的對話愈來愈激烈，甚至引起其他餐廳客人側目[6]。她告訴她的父親，他有權力。他可以協助建立一種讓女性站出來的有利環境，而且他應該做更多。

那年冬天，瑞特從另一位年輕女員工處聽到一些不安的聲音。桑迪波·瑞哈爾（Sandeep Rehal）是溫斯坦的個人助理，二十八歲，除了在一個時薪制的零售業打工之外，這是她的第一份專職工作。當時她開始向他和其他幾位行政主管吐露令她感覺不舒服的工作內容。溫斯坦命令她為他租一間有裝潢的公寓，用他的公司信用卡為那間公寓採購女性內衣、鮮花和兩件浴袍。她必須不斷更新一份女性輪值表，她用瑞特之前在辦公室聽過的用語「哈維之友」來指稱。管理她們的來來去去，竟然變成她部分的工作[7]。

瑞哈爾後來說，她之前太羞愧而且害怕，不敢將她最糟糕的經驗告訴男性行政主管。她說她是怎麼設法取得，以及安排溫斯坦使用一種名為「卡維傑特」（Caverject）的勃起功能障礙用藥，使用時要注射到陰莖。怎麼想辦法存放那些注射劑在她的辦公桌，然後用褐色紙袋交給他，有時候還得把藥送到飯店或其他地方，在他與女人見面之前送達。她還說，她是如何花了一星期找到這種藥的新供應商、用溫斯坦的公司信用卡支付後，溫斯坦如何付給她五百美元的獎金，由公司支付，這是根據她看見他寄給人資的電子郵件得知的。溫斯坦還暗示她，如果她把這些事告訴任何人，將會有嚴重後果，他提到她的學貸、她妹妹就讀的學校，還說他可以把她炒魷魚。他暗示說，保持安靜就會有糖吃。「妳在哈維．溫斯坦大學，而我決定妳是否能畢業，」他這麼告訴她，她說。瑞哈爾很快地離開了這家公司，而瑞特再也沒有聽過她的消息。

但是這位會計師開始向同事們抱怨起瑞哈爾提到的另一個問題——利用公司支出。溫斯坦用公司信用卡記了大筆的帳，只有一套鬆散制度，很難區分哪一筆是他該還給公司的私人花費。在他闊綽的薪資，二〇一五年是兩百五十萬美元[8]之外，他有時候會要求公司支付令人起疑的帳單，包括給遊艇船員的兩萬四千美元小費，雖然最後他還了這筆錢，以及一架在歐洲接送模特兒的私人飛機。（溫斯坦否認他曾濫用公司基金。）

在溫斯坦要求支付一批拍攝電影女性角色的費用，卻沒有附上清楚的工作或職務內容時，瑞特寫信給溫斯坦影業的總執行製片湯姆．普林斯（Tom Prince）[9]：

二〇一五年二月十日星期二
收件者：湯姆．普林斯
寄件者：厄文．瑞特

多少？？？？？？？？？？
多少才夠？

多少才算太多？

收件者：湯姆．普林斯

寄件者：厄文．瑞特

別想了……這種事會發生的……寇斯比幾歲了？

他窩藏他的性病態多久了？報應會來的，我希望是生前，不是死後……

收件者：厄文．瑞特

寄件者：湯姆．普林斯

這真是讓人嘆為觀止

在茱蒂與瑞特的深夜對談當中，記者持續拼湊與確認這位會計師說的是什麼。艾蜜莉．內斯特不想公開評論事情發生的經過。但是很快地，梅根已經和另一位年輕助理講上電話，她的名字縮寫是由瑞特提供的，而她在二〇一五年夏天離開溫斯坦影業。這位女子的聲音顫抖著。但是慢慢地，她開始解釋，她離開公司是「因為道德因素」，因為她簽了一份保密協議，她很怕告訴梅根她經歷過的每一件事。溫斯坦曾經侵犯她，不停地用性和按摩請求騷擾她，她也一次次地拒絕。她不想失去在如此聲譽卓著的公司工作的機會，所以她想辦法找到一個新的職位，可以離溫斯坦遠一點。

她說，當溫斯坦要求她繼續直接在他轄下工作，她向高層行政主管抱怨，說她因為溫斯坦，被迫打算辭職，希望主管能協助她遠離這位老闆。然而溫斯坦打電話給她，施壓要她否認指控，要她遞交一封信，說她在這間公司的「經驗是正向的」，然後離開。

同時間，茱蒂正與另一位名為蜜雪兒．富蘭克林（Michelle Franklin）的前助理聯絡，二〇一二年她在倫敦辦公室工作，而她的說法與其他人的經驗，有著怪異而毛骨悚然的相似度。[10]富蘭克林同樣對開口說話感到焦慮，而且要求談話內容不被公開。溫斯坦從來沒有向富蘭克林施壓要求性。然而，就像與梅根說過話的那位年輕助理一樣，她說她必須要為「哈維之友」，如同瑞特與其他人使用的詞彙，安排飯店房間的會面。與瑞哈爾一樣，她也負責要從藥房拿到注射陰莖的藥，而在整理他的房間時，她甚至在地板上撿過被丟棄的注射筒。（溫斯坦否認她們的陳述。）

有一天，當她送一位年輕女子到溫斯坦的飯店房間，富蘭克林當面頂撞他。「這不是我的工作，我不想做這件事，」她記得她這麼說。「妳的意見不算意見，」她說他這麼回答。不久後，她就被炒魷魚了。

九月十九日下午，梅根第一次親身體驗到溫斯坦施壓、號召人馬，以及無恥地佯裝問題不存在的能力[11]。

有兩個星期的時間，她一直在拼湊二〇一五年愛滋慈善拍賣會募得的六十萬美元，是如何透過一連串複雜的交易，最後到了溫斯坦製作《尋找夢幻島》的投資人帳戶。茱蒂與其他編輯擔心她偏離了溫斯坦如何對待女性這個更大的調查目標。

但是梅根不想這麼歇手。她已經確認紐約總檢察長的辦公室正在調查這件案子。她已經拿到內部檔案，顯示amfAR的內部人士已經對這件事表達極大的關注。在一封電子郵件裡，財務主任寫道：「這件事裡沒有一點是我覺得正常的。」法律專家們告訴梅根，這些手法可能會造成詐欺。即使溫斯坦沒有犯法，他似乎從原本要給愛滋研究的錢裡，吸走了超過五十萬美元，付還給他自己的投資者。

梅根相信，這個故事能顯示出溫斯坦如何破壞體制，以符合他的意志。這位製片與amfAR維持了多年的友好關係，協助這個機構在法國坎城舉辦眾星雲集的募款會——也就是茱蒂幾個月前研究的那些有著引人注目的紅地毯的照片。當該基金會想要尋求外部調查時，大衛．波伊斯協助溫斯坦讓amfAR的董事會封口。在一個近期的訪談中，波伊斯曾經陪梅根到一個唇槍舌劍的地方，將近兩個小時，那裡有拉尼．戴維斯，以及一位溫斯坦影業的律師查理．普林斯（Charlie Prince），滔滔不絕強調他們絕無不法的說詞。

現在，溫斯坦本人來到《紐約時報》大樓的四樓，決心與梅根攤牌，擊退這則報導。這次專訪是在兩個條件下，由寇貝特與巴克特允許進行的：第一，要公開，第二是完全要專注在金融交易上，而不是關於不當對待女性的指控。梅根急切要追問答案，但也要好好評估這位她與茱蒂調查了好幾個月的男人。寇貝特會一起參加會議，確保會議不離題。

這位製片穿著起皺的衣服，走起路有一點蹣跚。他吼出一聲「哈囉」，聲音低沉，帶點鼻音，有紐約老派的口音。

他後面跟了一群人。梅根看到戴維斯與普林斯並不訝異。另一位律師傑森．李連（Jason Lilien）顯然是最近才由溫斯坦聘任的，他自我介紹時，說他是紐約州檢察長辦公室慈善局的前主任。「我知道這聽起來有一點對己方有利，但基本上我是撰寫紐約州相關領域法律的人，」他告訴梅根。

這個代表團裡另外兩個成員的出現，就令人費解。梅根與蘿貝塔．卡普蘭（Roberta Kaplan）握手，她是成功贏得「美國訴溫莎案」（*United States V. Windsor*）的訴訟代理人，這宗指標性的最高院案件為聯邦同性婚姻鋪了路。再來，梅根認出一位高大、引人注目的中年女子，留著一頭黑髮，面孔似曾相似。她是卡倫．杜飛（Karen Duffy），也就是「杜芙」（Duff），一位年輕時擔任過MTV電台的主持人。在這宗她們必然一無所知的事件中，她們為什麼選擇站在溫斯坦身邊？

寇貝特想把期望設定清楚：這場會議要緊緊專注於amfAR交易案上。

然而，很清楚地，溫斯坦企圖製造一套自己的說法。關於他對令人心痛的愛滋感染之覺醒、他廣泛的慈善贈予，以及他對其他人所受之苦的關心。現在坐在會議室旁邊的訪客，都扮演支持他的角色。

起初，溫斯坦的口氣是友善的，即使帶著高人一等的姿態。他開始一堂輔導課，講述慈善募款的真實世界是怎麼運作的。他解釋說，如果記者們挖得深入一點，他們會看到像與amfAR這宗有創意的交易案，其實是極為常見的。每個人都這麼做。他說，如果你想要在世界上過得好，你經營慈善工作就要像經營事業一樣，他在拍賣會上協助募得的其他款項，確實都給了amfAR。

「而且是合法的勾當，」他說，臉上綻開了一抹微笑說：「我們的想法是讓人們得到幫助。」現在該是時候討論他做了多少事協助打擊愛滋感染了。他回憶說，他第一次看見這種疾病近距離肆虐，是幾十年前當百老匯《歌舞線上》（*A Chorus Line*）的名導演麥可．班內特（Michael Bermnet）開始生病時。

「有一天，我接到一個人打來電話，說班內特得了肺炎。然後我……」溫斯坦停頓了一下，彷彿要穩住自己。「好的，沒問題。我會讓它過去的，」他說。

很快地，溫斯坦讀了一篇真正的草稿，是今天無法與會的一位前amfAR副主席寫的聲明。溫斯坦以第三人稱的方式，描述了他的同情與慷慨：

「溫斯坦前來問：『你需要幫忙嗎？』」溫斯坦朗讀著：「我們需要，然後他真的接手了拍賣的事，拜託了很多人。」

他看起來哽咽，努力要念出這些字。

「我不是在演，」這位製片說。

他又重新開始，又停下來，彷彿要克制他的情緒，然後把這張草稿推過桌子給杜飛，請她念剩下的部分。她的眼中泛淚，說溫斯坦在她被診斷出罹患一種罕見疾病時，幫助她救回一命。她說，現在「代表此刻無法說話的人」很重要，指那些從溫斯坦的慷慨中直接獲益的愛滋感染者。

梅根讓他們說完，然後問了更多的問題。難道在一場慈善拍賣會上出價買東西的人，不該知道他們的錢到哪裡去了嗎？善款最後流到溫斯坦和其他《尋找夢幻島》投資人那裡，是恰當的嗎？

隨著每一回合的角力，溫斯坦明顯變得愈來愈不耐煩。

梅根與寇貝特知不知道自己的雇主也從其他外部非營利組織拿錢，以資助新聞報導？「誰拿到沖銷的錢？他們怎麼做的？」溫斯坦的理智突然斷線。但他很快地從攻擊報社，回到表達他的忠誠。「我愛《紐約時報》，」他說：「我有個著名的故事是在一九七七年，我正在紐約州水牛城的一場暴風雪中，當時我還是個學生，你知道的，有個人走出來，是我的朋友蓋瑞（Gary），『你要到店裡買點什麼？』他說『我要Twikies（一種包奶油的蛋糕棒零食）。』另一個傢伙拿了牛奶，女孩們說『我要Cheerios麥片』，之類的。而我有名的——而且也是多年被引用的句子，你也許可以查得到。我說，『只要給我最後一份《紐約時報》。』」

溫斯坦堅持說，關於那六十萬美元的交易，若有任何不合宜的情事，梅根應該施壓給該負責的律師。而如果拍賣會的出價者沒想到他們的錢會為他的事業服務，那是他們的問題。「你不想捐錢到那裡，就別捐了，」他說。

卡普蘭說，她在另一個愛滋慈善機構服務，暗示如果《紐約時報》繼續追蹤這則報導，可能會傷害全世界的愛滋感染者。她似乎不了解她實際上所辯護的，是什麼潛在金融交易。

梅根問：溫斯坦會再做一次這一類的金融交易嗎？

「妳不在的時候，」這位製片開玩笑地說。

「我想我們該結束了，」寇貝特說。

然而，溫斯坦還有最後一點：他不只是為了善而戰；他也在打擊壞人。把他呈報給總檢察長的慈善機構董事會成員想要主導這個組織，為他們暗黑的利益服務。

溫斯坦影業的律師想插話，但溫斯坦把他擋開。

「我寧願依真理而行，」溫斯坦告訴記者們：「那是與我一起成長的。我跟著真理長大。」

梅根感謝這群人付出時間接受訪談。即使有這些人的戲劇性演出，她仍會寫關於六十萬美元交易的報導。她看著這位製片離開，後面跟著他的支持者，對於這個男人所展現出來的，在世界上強行其道，期待每個人跟在他隊伍裡的樣貌，印象極為深刻。

當茱蒂看著這群人一個個離開，她下樓到了大廳。在會議開始之前，她已經特別向溫斯坦自我介紹；當他離開時，她想再見他一面，提醒他拉尼．戴維斯建議過的專訪可能性。

這位製片正站在安全旋轉閘門的外面，混在辦公室員工與前來拍攝《紐約時報》標誌照片的觀光客中間。當她接近他，他向茱蒂傾過身，其強度讓她得提醒自己不能顯露出任何膽怯的徵兆。她告訴他，雖然那天的會議是關於amfAR，她與梅根希望之後能採訪他關於他對待女性的議題。

溫斯坦開始取笑那些對他同行人員的調查，描述那些記者從來沒有發表過的發現。「吸引她們到飯店房間，」他輕蔑地說。

「讓我們現在就坐下來談，」他突然提議說。「我會告訴妳每件事。我們會很透明，沒什麼好報導的，」他說：「繼續啊，現在就來。」

茱蒂婉拒了。她說，她與梅根想等準備好了，再去找他。

他往前又踏近一步，茱蒂擠出一個緊張的笑容。他說，他沒有做那些女人控告他的可怕事情。他沒有那麼壞。

他冷冷地笑了，然後說：「我更壞。」[12]

溫斯坦在amfAR交易案的親身採訪中所使用的策略，是他如何操作事實的指標。後來，這些也幫助梅根破譯二〇一五年三月在他的公司發生的事，當時是下一個，也是最嚴重的申訴案成立，申訴人是義大利模特兒安布拉．巴提拉那．古提瑞茲。那時，艾蜜莉．內斯特與桑迪波．瑞哈爾剛離職，但是這次的指控比起其他案件掀起更大的騷動，因為這是第一次，有女性在完全公眾的目光下控告溫斯坦。到溫斯坦的辦公室參加一場工作會議後，古提瑞茲去了紐約市警察局，指控這位製片猥褻她。這則新聞登上了頭條。對該公司而言，這件事發生的時機不可能更糟了：當時它正準備要以四億美元的價錢，把電視部門賣給一家英國獨立電視台ＩＴＶ，這宗交易將有可能是公司的救生索。瑞特說他當時也大為震驚，公司曾經允諾，如果交易成功，他將可從中得到一百萬元的獎金。這正是他擔心害怕的事情發展，一場公開的混亂。

警察協助古提瑞茲祕密錄下溫斯坦討論這件意外事件，後來說他們期望他因為性侵害被起訴。[13]

然而，地方檢察官辦公室很快透過發言人宣布，這件案子不會起訴，他們只說：「在分析掌握到的證據後，包括與雙方的多次訪談，並不支持刑事指控。」古提瑞茲離開紐約時，沒有接受採訪或轉而公開討論她對溫斯坦的申訴案，這讓瑞特與其他人懷疑，背後應該發生了什麼事。

當時幾乎沒有人知道的是，溫斯坦已經操弄了一個精心策畫的活動，讓這位模特兒的指控消失無蹤。

刑法律師艾爾康・亞伯拉莫維茲（Elkan Abramowitz），也是地方檢察官西・凡斯（Cy Vance）的前搭檔，是溫斯坦法律團隊的公開臉孔。

私底下，琳達・菲爾斯坦，亦即著名的前曼哈頓性犯罪檢察官，也幫了一把。她與溫斯坦辦公室對這個案件保持聯繫，協助溫斯坦的法律團隊聯絡上主任檢察官。（二〇一七年夏天，當菲爾斯坦對梅根堅稱這位模特兒的指控是無中生有時，她並沒有向梅根揭露她與這個案件的關聯。菲爾斯坦後來說，是梅根沒有問她，是梅根自己的疏失，她的反應沒有任何不尋常。）

溫斯坦的私人調查員動身從兩宗義大利法律案件蒐集紀錄，包括古提瑞茲的。二〇一一年，古提瑞茲在席爾維歐・柏魯斯柯尼（Silvio Berlusconi）的起訴審判中作證。柏魯斯柯尼是義大利的前總理，被控告與未成年雛妓發生性交易。古提瑞茲陳述在柏魯斯柯尼的家中有一場未成年少女參與的性派對，她說她拒絕參與淫穢的行為。在法庭上，辯護律師質問她多年前她曾指控一名七十多歲的老人性侵的事。當古提瑞茲拒絕合作，檢察官便拒絕起訴這個案子。在交叉質問時，她否認了她經過發誓的書面證詞裡所提供的原始陳述。

法院的紀錄不能是古提瑞茲對溫斯坦事件說謊的證據。它們甚至不能是她對那位老人事件說謊的證據。然而紐約檢察官後來承認，他們擔心在溫斯坦強調她過去背景的情況下，她在審判中的可信度會受到質疑。

波伊斯與亞伯拉莫維茲把得自義大利的文件分享給《紐約客》的採訪作家肯・歐雷塔。歐雷塔一直在思考撰寫這個案件[14]。他後來說，兩位律師說服他古提瑞茲並不可靠。

魯道夫・朱利安尼（Rudolph Giuliani），這位前紐約市長在警察局收到投訴後，接到溫斯坦的一通電話，並且把溫斯坦轉介給他們事務所一位合夥人丹尼爾・S・康諾利（Daniel S. Connolly）。

檢察官拒絕起訴後，溫斯坦支付了七位數字的和解金給古提瑞茲，換取她噤聲，由康諾利擔任委任律師[15]。作為協議的一部分，他也扣留了古提瑞茲在警察指導下對溫斯坦所做的錄音拷貝[16]。

對公司的領導階層與其他人，溫斯坦堅稱這起事件是故意抹黑他，但他從來沒有透露他已付給古提瑞茲一筆巨額和解金。

「她是一個敲詐的藝人，她做過這種事——她在義大利對幾個老男人做過，而且她去了柏魯斯柯尼的『bunga-bunga』派對，」一位董事會成員蘭斯・梅洛夫（Lance Maerov）記得溫斯坦這麼告訴他：「而且，如果你不相信我，我可以請朱利安尼坐到你旁邊。」

最後一個動作是，溫斯坦集結了公司的權力與資源，協助完成祕密交易讓控告人噤聲。

二〇一五年四月十八日星期六的夜晚，這位製片召集了兩位傑出的女性主管到朱利安尼的事務所。古提瑞茲與她的律師都在場。一同與會的人後來回憶說，在這位製片的指示下，兩位女士帶著這位模特兒看著、順過她可以選擇走進演藝事業、增進公開歷練的步驟。

這是雙方達成的部分協議：溫斯坦能默默為古提瑞茲協助安排事業發展。對這位模特兒來說，這是重新振作、繼續往前進的方法。對這位製片來說，這是一種熟悉的權衡形式：如果妳保持安靜，我和我的人馬會幫助妳飛黃騰達。

那晚，溫斯坦寫了一封電子感謝函給這兩位主管，梅根後來拿到這封信件。

我很感謝妳們今天晚上六點到朱利安尼的辦公室開會。我想向妳們保證，會由我支付妳們任何財務費用。全權由我賠償損失，而且我感激妳們所做的每件事……妳們每個人會有一萬美元的獎金，以及我衷心的感謝。

祝一切都好，

哈維

沒有人比鮑勃·溫斯坦更有動機要求溫斯坦對他的行為負責，此人是他的弟弟，也是長年的事業夥伴[17]。

這對兄弟在電影事業上的發展，仰賴的是打從他們在小小的紐約皇后區公寓長大的童年臥室的聯結。從十或十二歲開始，溫斯坦就是一位求知若渴的讀者，喜歡追星，是名人專家，留意誰會上深夜節目？誰會出現在八卦專欄和熱門夜總會？「你知道辛納屈今天晚上來了嗎？」他會在晚餐桌上問，其他的家人對於這個小孩知道的事，感到不可思議。鮑勃對數字比較敏銳，他後來還記得當房租從每個月八十六美元漲到九十二美元時，全家得怎麼撐過去。

當他們成立米拉麥克斯時，溫斯坦強勢拿下聲譽卓著的電影，而鮑勃則掌理財務模型，並在恐怖片與其他大眾電影的特許經銷權上，建立獲利豐富的事業。在這間公司成立初期，兩兄弟經常整晚講電話，從九點到凌晨一、兩點。有些人發現鮑勃很難單憑自己的能力工作。他不擅社交，而且喜怒無常：這一秒還很友善，下一秒就破口大罵。鮑勃在一連串與梅根的專訪中，說他在他的兄長身上找到靈感、創造力和驅力，他將他們的關係比擬為婚姻、「最終極的友誼」、一段很長的、滔滔不絕的對話。

然而，成立於二〇〇五年的溫斯坦影業公司在文化或財務上，從來沒有超越米拉麥克斯的成就，兩兄弟很快就為金錢爭吵，鮑勃較有規範的態度，對上溫斯坦對購買影片、核可拍片計畫從不饜足的胃口、累積巨額開銷，然後又購買、拍攝更多片。當溫斯坦愈來愈執著於個人名聲，最後將自己的名字簡化為只剩「哈維」，他的弟弟鮑勃憂心忡忡地看著這一切。

鮑勃也看過他哥哥對女性造成威脅的證據。兩位對和解協議知情的人士後來告訴梅根，鮑勃參加過一九九〇年逃離米拉麥克斯那位年輕助理的保密協約討論，雖然他否認，說他一無所悉。當哈維．溫斯坦需要錢支付給賽爾達．帕金斯和她的同事，鮑勃是開支票的人[18]。（他後來說，他的兄長告訴他，這筆錢是用來解決婚外情的。）

然而，鮑勃告訴梅根，他認為哥哥在性方面的行為，是另一種形式的過度。在他的眼裡，他的哥哥是「瘋狂、失控的人——對金錢失控、對購買失控、對憤怒失控、對玩弄女人失控。」

二〇一〇或是二〇一一年的某一天，兩兄弟在靠近溫斯坦辦公室的前廳為了錢的事情爭吵。當鮑勃起身要離開時，溫斯坦朝他的臉上揍了一拳。其他幾位主管也在場：瑞特、總法律顧問、營運長，以及財務總管。每個人眼睜睜看著鮮血從鮑勃的臉上留下來。沒有人，包括鮑勃，採取任何行動，向他的哥哥為這次暴力行為究責[19]。

到了這個時候，雖然他們共同分攤對公司、員工的責任以及在事業上投注的大筆資金，鮑勃已下決心，不當哥哥的守護人了。

從那時開始，鮑勃與他的兄長保持距離。技術上，他們合力經營這家公司，全世界的人依然把他們視為同一個團隊，但他們的聯繫愈來愈少。兩位老闆已經在不同的大樓上班。如今距離有了更多的意義。

鮑勃每隔一段時間就會考慮將公司一分為二。他說，他暗地溜去與銀行家討論一個以「公司分家」（splitco）為代號的計畫，但是沒有辦法招架財務上的挑戰，他說。每當鮑勃提起這個建議，他的哥哥就會回說：「當然我們可以把公司分開。全部都是我的，你什麼都拿不到。」最終，鮑勃不願意離開。「我還沒準備好放棄，」他說：「重新開始沒那麼簡單。」

他的態度也受到一段私人經歷的影響，他在辦公室很少提起這段經歷，但這卻也是為何他對自己哥哥抱持這種看法的遠因。

他告訴梅根，一九九〇年代初，他與第一任妻子離婚，那段時間他開始每晚酗酒，喝到睡著。後來在「戒酒無名會」（Alcoholics Anonymous）與酗酒親友支持會「Al- Anon」的支持下，他才得以從酗酒狀態中恢復，而現在他會從克服濫用藥物時所獲得的獨到見解，來觀看幾乎所有人類的行為。他相信戒酒十二原則的基石：沒有人可以改變其他任何人。這個人必須想要自己改變。

鮑勃說服他自己，他哥哥的問題是性成癮，除了哈維，沒有人可以阻止哈維．溫斯坦。這是一種方便、有爭議的災難性以及道德上的選擇，因為如此，鮑勃合理化他未能做更多事來阻止。他在事業上繼續與他哥哥合作，但是避免自己干預他的行為。他拒絕負責，甚或幫助前來向他報怨他哥哥出言不遜或傷人手法的同仁。

「有人會來我的辦公室說，『你哥哥對我尖聲大吼，』」他說：「我就對他們說，『辭職吧。你很有才能。』」

他的管理信條是如此。「寫訊息給人資，」他有時候會對他的員工這麼說，雖然公司人資部門的功能很弱，能提供的資源很少。「寫一封信吧。」

然而，在古提瑞茲公開指控的幾個星期後，鮑勃終於覺得被迫要採取一些行動。出售電視部門的交易如今腹死胎中，對事業是一大打擊。他擔心若不出手干預，他哥哥可能做出其他對公司更具毀滅性的事。幸虧這件意外的時機，他認為他剛好有一個恰好的開頭：溫斯坦兄弟與其他高階主管的合約將在二〇一五年底到期。鮑勃想把握機會，確認他哥哥去做一段深度的專業治療，處理他在性方面的行為。

那年夏天，鮑勃寄給大衛·波伊斯一封電子郵件，裡面夾帶了一封給他哥哥的信[20]。在這封後來由梅根取得的電子郵件裡，他說明他希望溫斯坦與波伊斯能帶著一份「負責任的行動計畫」回來找他。

親愛的哈維：

首先讓我承認我有多開心知道你與伊凡斯醫師（Dr. Evans）與卡爾恩斯醫師（Dr. Carnes）已經踏出第一步，要處理多年荼毒你的問題。這是一個誠心面對這些議題的重大開始，第一次開始也值得如此大費周章。

從我的經驗來看，我希望你在書寫中，看見你過去的行為如何影響我。我只為我個人說話，不為其他任何人。

在過去十五到二十年裡，我個人捲入了你的行為惡果。我說出來的原因，是為了讓你真正看見這種情況已經持續多久，以及如何愈來愈糟。

有一些案子是要我和大衛．波伊斯幫你擺脫麻煩。我指的是英國那次的情況。在那一次和每一次，我指的是每次你總是輕描淡寫你的行為，或是不當行為，而且總是貶損涉入其中的對方，以否認你錯誤行為的事實。這總是令我傷心與生氣，因為你無法承認你的那一部分。

在這些年裡，如果我想列出，我可以至少列出一百次，我沒有誇張，也就是每年五次，超過二十位員工來到我的辦公室抱怨他們遭受到你言語與情緒上的虐待。他們向我舉報，說你罵他們愚蠢、無能、白癡等等，你不是指責他們的工作，而是他們本人。你詆毀這些人身為人類的尊嚴。

我會向他們為你辯護，說你不是存心的，否則事情會炸開；但是我知道，而且他們知道，這是你對待員工的方式，而且會持續。而它真的如此，而且只是愈來愈糟。在很多情況下，我會知道這些人是否有勇氣離職。這些人有家庭要養，這對他們不是容易的抉擇。對我來說，我開始覺得難過又生氣。我看著你，如某個完全失去自己的方向，而且不把其他人視為獨立的人類。而你也不關心他們擁有尊嚴的基本權利。

我打心裡知道，你是一個典型恃強凌弱的人，在比你弱小的人身上發洩你自己缺乏的安全感。

我也開始審視我自己，以及我與你的關係。我看見我自己的軟弱以及對你的仰賴，並且明白，我自己也沒有反制你的勇氣。而且我也繼續在我的意志下忍受屈辱。我已經開始在我的復原過程中，認真地面對這個問題。我不再等待你的復原，來引導我的決定。這是一個艱難與緩慢的過程，但是我的情況愈來愈好了。

至於你曾經在你的辦公室肢體攻擊我，後來幾個星期前在你的治療師診間，當我提起這件事，你說謊而且輕描淡寫，說你已經跟我說抱歉！！你說的時候一點誠意都沒有，也沒有半絲的真正關心。

看到沒，我說抱歉了，所以我們可以繼續了。當你展現那種舉止時，我對你感到一股恨意與傷心。

最後，你會揍你的小孩，像揍我一樣嗎？你會罵你的孩子白癡、笨蛋、無能等等這些話，或者你會這樣對一位電影明星或金融大亨或主管那樣嗎？我高度懷疑。

還有其他行為我就不描述了，你知道那些也需要處理。

你最近告訴我，憤怒是你真正的問題，彷彿想對其他的問題輕描淡寫。那就是一種典型的成癮行為。製造一個要放棄某個行為的煙幕，這樣你可以繼續抓住另一個「不當行為」。

你也以這種行為傷害了很多人。你挑了一些人，將你的權力施於他們身上。透過你的不當行為，你讓你的家人和你的公司蒙羞。

你的反應又是去責怪受害人，用各種方式輕鬆帶過不當行為。如果你認為你的不當行為沒有任何不妥，那麼在這方面，你可以昭告妻子與家人。你在Bart Mandels的辦公室告訴我，你對這種行為很羞愧，而且不想要任何人知道。

就這樣，慢慢地，我看著你這幾年情況愈來愈糟，到了一個在我看來，不再有一個我能認出的人或名為哈維的哥哥，而只是一個空殼的靈魂，用任何他可以的方式發洩，填補那個久久不去的空白與傷口。

我可以心平氣和，不帶評論地說出每件事的原因，是因為我也走過這條路，我的兄弟。我是以過來人的經驗說的。我受過苦，我發洩過，而最後我完全地迷失而且被擊潰。而就在承認自己完全戰敗時，我才明白我需要幫助。

我尋求幫助，而且得到了幫助。

一旦我得到那些幫助，他們告訴我，唯有我一輩子繼續這麼做，我才能好轉；而且，如果我預期以一種簡單的修復方式，或者以為我過一陣子就可以放棄治療，我一定會回復到我的壞行為上。我從來就不需要體驗那些。

所以，我希望接下來發生什麼事？首先，我想要你了解，這封信以及接下來的請求，純粹來自於我對我哥哥的愛與關心。

我對你要求的，是勾勒出你與伊凡斯醫師與卡爾恩斯醫師將進行的治療明確的內容、你們每星期會見面幾次？以及你將投入多少年持續治療？

我想知道你是否有參加團體治療的計畫？一個星期或一個月進行幾次？會持續多久？

我很想與這兩位醫師約個時間，個別談論與說明我對與你的經驗。

我想要你答應我、大衛．波伊斯與伯特．費爾德斯（Bert Fields），說你會遵守你同意的計畫。我們三個完全明白我們沒有能力讓你遵守承諾，我們只是要給我們自己和你一個紀錄，表明你曾經答應過。

我不會將這封信或承諾分享給任何我們共同的家庭成員。我也不會把它分享給任何過去或現在的生意往來者。這是我們三人之間的事。

對於我自己的自我，我奉勸你絕對別再對我下手，或是言語攻擊或貶低我，我會採取適當的行動保護自己、我的家人，以及我的利益。這不是一項威脅。這只是一項聲明我會行使我作為一個人的權利。

至於其他不影響公司的不當行為，我完全沒有想要向警察舉報你或揭發你的意圖或心思。那不是我的工作。

請將前述的事與大衛．波伊斯討論，然後透過他，讓我知道你的決定。你也許現在不明白，但這全是為了你的利益著想。

最重要的，是我期待那個原來的哈維能回來。我認識當時的他，而且我向你保證，他是一個很棒的人，他本身就很棒。

愛你的弟弟，

鮑勃

同時間，另一位公司主管也覺得應該採取行動。

溫斯坦兄弟已經在公司的董事會安插了盟友。他們幾乎全是男性——只有一位女性愛滋感染先鋒瑪蒂爾德．克林姆（Mathilde Krim）博士曾擔任過董事，而且她不是娛樂圈或商場專家。大部分的董事會席位是來自金融界與娛樂產業的富裕執行長，而且他們都採取不管事的態度。

然而，二〇一三年被指派為三席獨立董事之一的蘭斯．梅洛夫不一樣。[21]他被期待擔任監督人的角色。梅洛夫的雇主是廣告界巨人WPP的高盛（Goldman Sachs），而其他主要的投資人也想要他確認這兩兄弟沒有訛詐股東。「只要確保這些傢伙是老老實實地，」梅洛夫後來跟梅根說：「這就是我被委任的工作。」

起初，他對於溫斯坦對待女性的事沒有特別的關心。他聽過這位製片把「朋友們」安排進他的電影的傳言，而在電影放放映會與其他場合，溫斯坦的懷裡似乎總有一位年輕女子，但是梅洛夫認為那只是外遇的欺騙行為，沒有更多。他的焦點是搜出財務上的不當行為，嘗試處理公司更廣泛的毒瘤。「你走出一場董事會時，會覺得那裡像是你參加過最不正常的感恩節晚餐，」他指的是溫斯坦兄弟之間的激烈爭吵。

然而，當猥褻指控成為頭條新聞，梅洛夫和鮑勃一樣，害怕溫斯坦可能涉及一種性方面的行為模式，可能會成為公司的包袱，因而想要利用合約更新的機會，強力處理這個問題。他與鮑勃並未同時行動；鮑勃視梅洛夫是對自己權力的威脅。然而，梅洛夫是董事會中主管合約更新的負責人之一。過程中，他可以依例行步驟審查溫斯坦的個人檔案——這讓梅洛夫有機會去了解當中是否有任何起人疑竇之處。

溫斯坦拒絕讓梅洛夫看這些檔案，大衛．波伊斯也挺他。波伊斯反駁說，他會自已審查這個檔案，向董事會呈報任何與公司相關的潛在法律問題。

梅洛夫認為這個提議愚蠢可笑，對波伊斯也愈來愈不信任。波伊斯有時說他為公司服務，有時是為溫斯坦服務，當遇到溫斯坦可能向董事會隱瞞潛在的破壞性訊息，就感覺形成了利益衝突。

二〇一五年七月一日早上，多虧一位一直想要盡一份力的人士幫助，梅洛夫還是得到了一個偷看檔案內部的機會：這個人正是厄文．瑞特。這位會計師與另外兩位主管，加上梅洛夫本人，在比佛利山莊的四季飯店（Four Seasons Hotel）坐下來吃早餐，開始描述多年來對溫斯坦言語虐待申訴的指控。梅洛夫後來回憶，這時，瑞特把幾張紙推過去給他。那是幾封公司內部信件，大略描述溫斯坦對女研究生艾蜜莉・內斯特所做的事。瑞特與其他主管，他們正冒著風險，很怕讓董事會成員把它帶走，所以梅洛夫在會議桌上快速翻閱，終於看見一些他一直在尋找的資訊——梅洛夫之前懷疑的，某種行為模式的證據。

梅洛夫、瑞特與鮑勃・溫斯坦都覺得情況已經無法忍受。但是四個月後，二〇一五年十月，哈維・溫斯坦簽了一份全新的合約，確保了往後幾年在公司裡的權力。在大衛・波伊斯的協助下，溫斯坦誤導、安撫、智勝了梅洛夫、瑞特與自己的弟弟。

對梅洛夫而言，嘗試審核溫斯坦，是他在數十年的企業人生中前所未有的經歷。溫斯坦與波伊斯合作無間，在這位製片粗魯的壓力與這位律師技巧純熟的遊說之間轉換。據梅洛夫說，有一次夏日電影首映，正逢合約協商時，溫斯坦作勢要對他飽以老拳。當梅洛夫抱怨這件事時，波伊斯寫了一封言簡易賅的信，說這種宣稱是「誇大的」、「有點歇斯底里的」，而且證明了「任何對哈維有像你一樣的感覺的人，不應該坐在試圖與他協商的位置。」波伊斯把一個像是雞肋的人丟給了梅洛夫，處理個人檔案的事：這個人是羅德金・柯恩（Rodgin Cohen），他是全美最傑出的企業律師之一，他檢視了檔案，回報說，當中沒有任何事「可能造成公司的責任。」[22]（梅洛夫後來才知道，柯恩的兒子是溫斯坦影業的年輕員工，正在電影事業中尋找起步機會。）

梅洛夫對關鍵資訊也是視而不見。當波伊斯向他承認溫斯坦在幾年中付了好幾筆和解金給若干女子，強調沒有使用公司的錢，梅洛夫便沒有追問細節。他也選擇漠視他親眼見到的關於艾蜜莉．內斯特的公司內部信件。後來他還淡化其嚴重性，告訴梅根說，那看起來像是一份很不清楚的影本，或者掃描本的掃描，而且他注意到那是內斯特的同事寫的，不是來自她本人。

他認為這件事已經被處理了，因為在協議的合約中，溫斯坦已經同意讓步。公司會加入新的行為守則。萬一公司必須因為溫斯坦的不當行為支付和解金，溫斯坦必須支付其費用，而且要加上累犯的金錢懲罰——第一次和解為二十五萬美元，第二次為五十萬美元，以此累進，最高到一百萬美元，整個費用結構是為了未來可能的指控。這份合約特別指出，溫斯坦可以因為不當行為而被終止合約。這份合約彷彿可以看成是公司預期溫斯坦會繼續受到指控，而作為討論結果的這些罰金，可以處理這個問題。

梅洛夫主要的關注是對公司的責任。他的目標是確認如果發生任何事，公司不會受到牽連。這與試圖保證女性不受騷擾或傷害不一樣。一旦梅洛夫確認這家公司在法律上受到保護了，加上額外的財務控制也就位，他認為就盡到職責了。

厄文．瑞特不知道還可以做什麼。他與鮑勃．溫斯坦籌謀把他的兄長和公司分開，結果只看到鮑勃最後失去勇氣。他曾經將文件塞給一位董事會成員，後來也徒勞無功。他一星期只工作三天，而那天夏天，公司嘗試請他回來擔任全職工作，薪資加倍，年薪總共六十五萬美元。他拒絕了。他比以往更加憂慮：「如果哈維．溫斯坦不是我的老闆，我什麼協議都簽；如果他是老闆，我什麼都不會簽，」二〇一五年夏天，他這麼寫給一位董事會成員。但是他選擇繼續留在公司，從事他從三十歲開始的，基本上同樣的工作。

扛有最大責任的鮑勃．溫斯坦也滿意地走開了，因為他的哥哥終於給了他想要的：承諾堅持一段性成癮的密集治療。最初，鮑勃希望他哥哥必須尋求治療的要求，要白紙黑字地寫下，就像行為準則與累犯的累進罰金一樣。波伊斯幫他解危，說梅洛夫會利用這項資訊試圖獲得對公司較大的控制。因此，鮑勃只能接受一個私下的承諾，一個完全無法強制的承諾。

「他在很多封電子郵件裡發誓，他會去參加治療，他就要去了，而他總是拖延，這讓我想離開了，成癮者、成癮者，成癮者，成癮者，成癮者，成癮者，」鮑勃說。

「你開始聽到這些，你被磨垮——你精疲力竭了。它們不間斷地以謊言向你襲來。我累了。我說，『我投降』，看到了吧？」

二〇一七年九月二十八日深夜，也就是梅根撰寫關於amfAR的文章刊出後五天，茱蒂再次與瑞特約在小公園餐廳後頭的酒吧見面。由於溫斯坦影業的員工看過這篇文章，而且也討論過，瑞特寄訊息給茱蒂，陳述公司內部的反應。由於溫斯坦的電影事業是獨立分開的，瑞特並沒有涉入與愛滋慈善機構的可疑交易。然而，他與其他員工都緊盯這篇文章，他說：他們終於看到有人請他們的老闆出來負責。（溫斯坦持續否認不法情事，但是後來，相關單位採取了行動：曼哈頓的聯邦調查局幹員對這項交易開啟刑事調查，但是沒有公開表明他們調查的立場。紐約總檢察長辦公室[23]寫了一封信給amfAR，說這宗交易激起多種疑竇，包括它們是否「落入私人利益，」並請該慈善機構強化團體的管理。）

瑞特已經幫了好多忙，回到報社，編輯已經在催促茱蒂與梅根開始撰寫關於溫斯坦的第一篇文章了。然而，兩位記者想要蒐集到更多資料——尤其，在溫斯坦影業最騷亂的兩年中所發生的紀錄，有可能不指出來源的刊出。瑞特提到一份由一位受敬重的年輕主管蘿倫·歐康諾（Lauren O'Connor）撰寫的公司內部信件，他說她因為溫斯坦對待女性的事而離開。

茱蒂沒有洩露太多，只是想展示給瑞特看，他從二〇一四年以來累積的憤怒是有道理的。談話進入幾分鐘後，茱蒂把手伸進她的袋子，拿出她幾個小時前準備的一張列印資料給瑞特看。雖然他知道很多發生在公司內的事情，他對溫斯坦與女明星在飯店發生的事幾乎一無所知。茱蒂解釋說，這是她從一位知名女星那裡得到的陳述。這段文字只是其中一段，只提到溫斯坦的名字，沒有地點或時間。裡面描述了這位女子如何毫無戒備地來到飯店裡與溫斯坦見面，接著出乎意外地地被指示上樓。當她到了房間，他穿著浴袍等著，而且請她按摩。他嘗試向她施壓索取性，說他可以幫助她在演藝事業上飛黃騰達。她逃走了。

如茱蒂猜測的，瑞特看起來驚駭不已。她告訴他，這位女星並不孤單，她與梅根已經一次又一次聽到類似說法，與已經困擾瑞特多時的員工陳述很近似。她說，她與梅根不知道究竟有多少女性與溫斯坦有這一類的故事，但是根據她們聽到的，數字可能相當高。

茱蒂又問了他一次歐康諾的公司內部信件。他已經念給她幾句話，她也速記下來了，但是她想對這份文件了解更多。他可以再次從他的手機裡找出來嗎？他開始把這封信大聲念出來，然後停了下來。

「我要去小解一下，」他說。他把他的手機丟給茱蒂，手機上還留著附加這封信的電子郵件，他起身離開，獨自留下她。

在所有的憤慨、試圖介入的徒勞，以及對一切表示無奈之後，這位會計師終於做了一件不可改變的事，阻止他的老闆。

瑞特第一次看見那封公司內部信件時，感覺似曾相識。二〇一五年十一月，就在溫斯坦的新合約簽署不久，他到公司時，發現同事們聚在一間辦公室裡，又在檢視溫斯坦的申訴案。這件申訴案是來自一位他們認識而且信任的女性：歐康諾是一位在公司有前途的年輕人，因為她的品味與工作倫理而受尊敬。她和內斯特不一樣，她準備了一份長而詳細的訴狀，而且超越單一事件本身[24]。溫斯坦曾說話冒犯她，但是她寫了一篇更長的控訴，描繪他如何對待女性，以及那種行為如何讓公司腐敗。

瑞特與其他人通知了鮑勃．溫斯坦，他看過了文件，而且同意董事會需要知道這些指控。與其轉交這些文件，這個風險太高，鮑勃交代邀請董事會成員到辦公室，親自把它念出來，過了半小時，才通知他兄長剛才做的事。

幾個月的沮喪後，瑞特感覺到新的希望。隔天在辦公室，他滿意地看見梅洛夫坐在一張桌子旁邊審閱那份信件。梅洛夫把第一頁和最後一頁照下來，注意歐康諾記錄下來的證人和其他細節。「這感覺可信度很高，」梅洛夫後來說。

但是之後，歐康諾的申訴案蒸發了，就像古提瑞茲的指控一樣。瑞特無法解釋。他認為鮑勃·溫斯坦再次失去勇氣。他猜想大衛·波伊斯再次插手掩蓋他的客戶的不當行為。很快地，歐康諾離開了，沒有解釋什麼。

但是，她的指控沒有消失：瑞特看過這封內部信件，其他幾位同事也看過。他讀過後，自己備份一份收起來。兩年後，茱蒂坐在距離溫斯坦影業幾個街區遠的地方，這份文件放在她的大腿上，而她的消息來源故意去了洗手間。茱蒂心想，他正告訴我，但不是用嘴巴說，把這封內部信件備份下來。

她動作很快，沒有停下來讀這份文件，但願她的手指頭沒有疏失。按壓幾下後，她拿到了完整的信。

當瑞特回到位子上，他的手機回歸在他的座椅上，茱蒂感謝他，但沒有過度表現出來。當他離開幾分鐘後，茱蒂趕也去了洗手間，將她拍到的螢幕畫面寄給梅根與寇貝特。她一秒都不想獨占這份電子資料。在電子郵件的主旨欄，茱茱只寫下「公司內部信件」。

蘿倫·歐康諾於二〇一五年十一月三日星期二將這份信件寄出，主旨欄有點無關痛癢（「供留存」），引言是：「如要求，我花了一點時間記錄與整理……」然後，她便單刀直入。

這是一個對女性有毒的公司環境。我只想要在這裡努力工作與成功。而我對工作的奉獻與認真，所得到的回報是重複體驗來自於這間公司老闆的騷擾與虐待。我也親眼見過與聽過哈維施加於其他同仁的其他口語肢體攻擊。我是一個二十八歲，想要賺錢餬口、開創生涯的女性。哈維·溫斯坦是一個六十四歲、世界有名的男人，而且這是他的公司。在權力的平衡秤桿上，我是零分，哈維·溫斯坦十分。

我是一位專業人士，而且努力表現專業。然而，我並沒有得到那樣的對待。相對地，我被性化，被貶低。

我很年輕，生涯剛起步，但已經一直害怕挺身發言。然而，保持緘默，以及持續忍受他的發狂行為，正造成我嚴重的憂鬱。

這封內部信件的其他部分詳細描述了溫斯坦的行為，包括一位助理向歐康諾坦白，她被迫為他按摩：

她告訴我，哈維迫使她在他全身赤裸的時候為他按摩。我問她發生了什麼事，她敘述說，她當時在飯店套房的另一個房間，為他架設電子設備，當她走進臥室，他全身赤裸躺在床上，請她為他按摩。她告訴我，她提議打電話給飯店叫按摩服務，他跟她說別傻了——她可以直接按摩。她說她不想，也覺得不舒服。我的同事告訴我，她一直被哈維糾纏，直到她同意為他按摩。看到她如此心煩意亂是一件可怕的事。我想要舉報這件事，但她請我保密，因為她怕投訴會有惡果。

歐康諾寫道，在古提瑞茲醜聞期間，她得坐在溫斯坦性治療室的外面等著。當一位溫斯坦的女性「私人賓客」待在飯店大廳要求房間等了一小時，他對歐康諾大發雷霆，說她最好去和某個「有錢的死肥猶太人」結婚，然後「幹出一堆寶寶」。另一次出差時，他向她承認，他是一個「壞男孩」，但是試著用和稀泥的邏輯讓她閉嘴：「我們不談論這件事——我可以信任妳嗎？我的意思是，我是一個壞男孩，但是重要的是，我對此很誠實。」

當歐康諾向溫斯坦影業公司一位人力資源主管投訴溫斯坦對她的言語虐待，「基本上得到的回應是——讓我們知道他是否有打妳，或是逾越肢體上的界線，」她寫道。

她最根本的控訴是，她的工作已經被溫斯坦令人憤怒的性失當行為搞得亂七八糟。她加入溫斯坦影業原本是為了將書本變成迷人的電影，最後怎麼會落到捲入她老闆令人質疑的性活動？

其他次與哈維出差時，他指示我去與幾位雄心勃勃的女明星見面，在此之前，她們在哈維的飯店房間有過「私人的」會面。哈維指示我，當她們到飯店大廳時迎接她們，安排介紹她們讓經理人、經紀人認識，也協助她們在溫斯坦影業計畫下的角色演出。很明顯的是，只有女性主管被安排在這些與哈維有「私人友誼」的女星接觸的職位，就我了解，他與她們若不是已經有性關係，就是想要與她們發生性關係。溫斯坦影業的女性員工基本上就是安排來滿足他的性征服，針對那些脆弱或是希望爭取工作的女性。

我是一位尋稿人與監製。我被聘用來為溫斯坦影業尋找能拍攝成電影的書，而且我的角色延伸到處理製作事務。顯然，處理哈維過去與現在的性征服，從來不是我想像工作職責的一部分。

那天深夜，當茱蒂、梅根與寇貝特讀了完整的公司內部信件，這宗報導道德上的利害關係突然轉化，而且擴大了。她們一度以為會是一個歷史性的導正，似乎瞬間變成一個更急切的任務。從來沒有一個人阻止過這個男人。如果這兩位記者未能刊出她們的發現，他可能繼續傷害其他人。

第六章 「還有誰公開說出來？」

二〇一七年九月二十九日星期五

不到早上，寇貝特已經將這封信件分寄給巴克特與波爾迪。這份來自公司內部的機密文件是無價的，確認並且詳述了兩位記者耗費數個月一起拼湊的犯罪行為模式。她們從外部調查情況。歐康諾則是從內部來看。她的公司內部信件像是轉動鎖頭的鑰匙。

寇貝特、波爾迪和巴克特給了相同的指示：**開始寫！**

但是，這個團隊為了該寫什麼爭論了一陣。巴克特與波爾迪心裡還想著不久前刊出的歐萊利文章，他們想要一篇較局限的報導，記錄和解協議的軌跡，希望這篇報導盡快登上報紙。他們想要捷足先登，因為最近茱蒂與梅根開始聽到羅南．法羅的風聲，他正聯絡她們的消息來源，而且顯然把他的發現帶到了《紐約客》。《紐約時報》對他的素材或他將在何時刊出報導，毫無所悉。

茱蒂、梅根與寇貝特都想把這個故事曝光，她們對素材的掌握比巴克特與波爾迪清楚。她們相信，第一篇文章必須更廣泛，捕捉她們所聽到與記錄到的事件所蘊含的力量。令人髮指而且反覆出現的飯店房間故事。明顯針對新到職的女性員工。以性換取工作的可怕交易，以及知情人士長期的緘默。寇貝特鼓勵兩位記者盡快寫出她們腦中浮現的報導，同時努力安撫巴克特與波爾迪。

這則報導會需要姓名、日期、法律與財務資訊、公開的訪談，以及文件。茱蒂與梅根擱置了她們還在追蹤中、可信度不足的陳述與謠言，條列出她們有可能在第一篇文章裡具體陳述的素材，用黑色標出性騷擾與性侵害的指控，用紅色標出和解金。

一九九〇——米拉麥克斯的助理，紐約。和解協議。

一九九二——蘿拉．馬登，愛爾蘭。

一九九四或九五——葛蘿絲．派特洛，洛杉磯。

一九九六——艾希莉．賈德，洛杉磯。

一九九七——蘿絲．麥高恩，猶他州帕克市。和解協議。

一九九八——賽爾達．帕金斯與羅溫娜．趙，義大利威尼斯。和解協議。

二〇一四——艾蜜莉．內斯特，洛杉磯。

二〇一五——安布拉・巴提拉那・古提瑞茲，紐約。和解協議。
二〇一五——蘿倫・歐康諾，紐約。和解協議？
二〇一五——紐約的助理，因為「道德因素」離開。

關於溫斯坦付了幾筆封口費給女性，幾天前，拉尼・戴維斯終於在私底下給了梅根一個答案：八至十二筆和解金。梅根停頓了一下，有點被溫斯坦的團隊竟願意提供如此確鑿的訊息嚇到。

她問戴維斯，你認為男人付出這麼多筆封口費是**正常的**嗎？「我是這麼認為，」他以實事求是的口吻回答。

但是，她們仍然需要第二個消息來源來證實那些數字。她們也需要聯絡每一位可能公開表明的人，包括能夠證明這些發現的前米拉麥克斯與溫斯坦影業員工。每一位記者打算提到的人，包括協助與帕金斯和趙協商的米拉麥克斯自家律師史提夫・哈登斯基，都會被給與評論的機會。現在也是讓歐康諾知道她們握有她的信件的時候了。

這份草稿將會是一個不斷修改的工作，幾乎每一行都需要協議、查證、調整或是刪除。

到了星期五下午，寇貝特、茱蒂和梅根，與歐康諾和她的律師妮可・佩吉（Nicole Page）在一場視訊會議中。

主要的說話者是佩吉。歐康諾不發一語，但她顯然因為《紐約時報》拿到她的公司內部信件，而且計畫刊出部分內容而心煩意亂。她從來沒有想過公開。在溫斯坦公司的工作一敗塗地後，她在一家新公司重新開始，很努力地繼續她的人生。

她害怕溫斯坦會報復，而佩吉描述這篇文章將加諸在她身上的壓力，請兩位記者重新考慮使用這封信件，或者至少刪除歐康諾的名字。兩位記者交換了擔憂的眼神。她們最不希望看見的，就是為歐康諾帶來麻煩。她還很年輕，不到三十歲。而她為其他受害的同事挺身說出，成為全部事件中，極少數敢正式對溫斯坦的行為提出疑問的人。

然而，在新聞報導中，有新聞價值的文件很少會被拒於讀者之外。歐康諾不是向記者爆料並要求匿名的消息來源；她是一份對溫斯坦關鍵起訴書的作者，而這份起訴書已經在公司高層之間流傳，後來被掩蓋。因為這種犯罪的獨特私密性，許多出版社會在性侵受害者的要求下，略過她們的名字。但是歐康諾的情況不同：雖然她描述了來自溫斯坦的口語虐待，這份公司內部信件的力量來自於她身為見證人的角色，記錄了溫斯坦對其他女性的性失當行為。

寇貝特接著主導了視訊會議，當她說話時，把她幾縷銀色短髮塞到耳後。她總是盡量中立的聆聽，而且就像巴克特，寇貝特通常讓記者去處理消息來源的事。但是現在，她以超然於記者的立場，為其服務的機構說話。她溫柔但堅定地說，該報社必須刊出這封內部信件。不，不是全部。是的，他們會指出歐康諾婉拒評論，試著澄清她不是這封信的消息來源，避免她被報復。沒錯，報社打算指出她是這封信的作者，以建立其可信度。寇貝特補充說，如果佩吉或歐康諾想刪除她的名字，她們應該要提供更充分的理由。

佩吉沒有回應，她的客戶也保持靜默。佩吉後來說，報社的決定聽起來不可撼動。律師最後感謝記者的努力，結束了這次的通話。

梅根懷疑電話中歐康諾絕口不說話的原因，後來她又打了幾通電話，確認了一點：歐康諾也同意了一份和解協約。在法律上她被禁止把事情說出來。

到了很後來，梅根才知道背後的故事：歐康諾把這封信寄出後，她就被告知不要再進辦公室了。幾天後，佩吉便與波伊斯和一位溫斯坦影業的律師協商和解。波伊斯說，他幫歐康諾製造了一個掩飾方法：她會在公司多留幾個星期，完成專案計畫，而且讓她在不會與溫斯坦有任何接觸的地點工作。但是她在那裡的工作生涯是完了。在一次後來與梅根的訪談中，歐康諾說，公司對她提出申訴的回應是：「我們可以怎樣快速讓這件事過去？」

波伊斯說，寄出信件的六天後，要求她離開的協議已經定案。如要求的，歐康諾寫一封信給溫斯坦，感謝他給與她在娛樂產業學習的機會，接著也寫給人資一封短信：

二〇一五年十一月九日星期一，下午3:23
寄信人：蘿倫．歐康諾
主旨：請留存

因為這件事已經解決，不需要採取其他的動作，我撤銷我的申訴。蘿倫

茱蒂與梅根有了共識，她們的下一步是聯絡溫斯坦影業的董事會成員蘭斯．梅洛夫。在第一篇報導中，她們想要能夠呈現她們從瑞特那裡開始聽到的，關於公司的共犯問題。

當梅洛夫手裡拿著一杯咖啡，正要走進他位於公園街（Park Avenue）的辦公大樓時，接到一通電話。梅根向她自我介紹，然後解釋說，《紐約時報》正準備刊出一則報導，內容是對溫斯坦數十年來的指控。她讀了一段歐康諾寫的內部信件，然後問：「你當時針對這件事做了什麼？」這時，杯子從梅洛夫手上滑落，滾燙的咖啡濺灑出來。**媽的，她怎麼會有那些資料？**他後來回想自己當時閃過這個念頭。

幾小時後，梅根在曼哈頓中城的布萊恩公園（Bryant Park）與梅洛夫見面。梅洛夫的頭髮分線整齊，戴著一條昂貴的圍巾，怎麼看都像一位優雅有自信的商人。

梅洛夫說，沒錯，他一直很關心溫斯坦對待女性的事，尤其是紐約市警察局的調查後。他

告訴梅根，溫斯坦將之稱為意圖勒索，而董事會也同意了一套行為準則，用來約束他的不當行為。他說，那年稍晚，董事會被告知歐康諾的那封內部郵件，他想找一位外部律師來調查。但是在一、兩天內，波伊斯就通知他說，這件事已經解決了。「波伊斯告訴我，申訴案已經撤回了，」梅洛夫告訴梅根。所以梅洛夫就放過它了。

他說話的時候，梅根點點頭，鼓勵他說更多細節。她懷疑梅洛夫沒有全盤托出，但是他所說的已經很有價值，尤其是她能否把這部分公開。溫斯坦影業董事會其實已經注意到對溫斯坦的性失當申訴案，但是除了一張白紙黑字的行為準則，他們基本上對這些申訴視而不見。

梅洛夫同意梅根引述他的話，但是他告訴她，他有責任告訴其他董事會成員《紐約時報》的報導即將刊出，而且他已經和記者說過話。梅根請他周末期間先不要說。一旦溫斯坦發現報社即將出版他們的文章，他會加強力道阻止它。梅根與茱蒂需要更多的時間。梅洛夫同意給她們兩天。

離開前，梅洛夫問了一個問題。「妳確定這不只是年輕女子想和一位有名的電影製作人睡覺，以便從中獲益的故事嗎？」

梅洛夫後來告訴梅根，他走出公園時，覺得有點如釋重負。多年來，他無法讓溫斯坦負責。不論什麼問題冒出來，溫斯坦總是能全身而退。「很像看一部犯罪電影，裡面有個像艾爾・卡彭

（Al Capone）*的人物，三番兩次逃過被逮的命運；他總是比法律早一步，」梅洛夫解釋說。現在終於有人圍上來了。

但是梅洛夫一如以往，覺得背負著保護溫斯坦影業的職責。回到辦公桌旁，他立刻打破了對梅根的承諾。他打電話給鮑勃．溫斯坦，以及公司的董事長大衛．葛拉瑟（David Glasser），將梅根告訴他的事，一五一十地說出來。

二〇一七年九月三十日星期六

到了那天早上，溫斯坦也從某處得知了細節，便打電話給梅洛夫，請求他幫忙砍掉這則報導：「梅洛夫，我知道我們多年來有很多歧見，但是你可以代我備戰一次？」梅洛夫認為這段對話冒犯意味十足，於是把它記下來。

梅洛夫說，當他猶豫起來，溫斯坦轉而採威脅的方式。幾年前，梅洛夫曾與一位模特兒史黛凡妮．賽摩兒（Stephanie Seymour）約會，當時她剛與她的先生，一位名為彼得．布蘭特（Peter Brandt）的財務主管仳離。溫斯坦告訴梅洛夫，他手上有一封梅洛夫寫給賽摩兒的信，可以用來對付他。溫斯坦說，這封寫給賽摩兒的信很「噁心」。

梅洛夫悍然拒絕了。他的工作是保衛這家公司，不是保衛這位製作人。而且他認為信中並無任何不妥，他後來說。

隔天，他寄電子郵件給溫斯坦，裡面只有一句話：「在梅根・圖伊刊出她的文章這件事情上，我們必須討論出一個方案來保護溫斯坦影業。」

同時間，茱蒂與梅根在她們的鍵盤前，忙著寫作。茱蒂打著字：

> 演員與前助理們告訴《紐約時報》同一個故事的不同版本，在一些案例中，她們不知道其他人有相同的遭遇。
>
> 因為他通常在他的（倫敦）飯店房間工作，很少進公司，這些女性往往與他獨處，而且很難逃脫。
>
> 一直以來，他強加了一套嚴厲的封口準則，威脅申訴的女性，用保密協定來禁錮員工。

梅根將她們所知道的，於二〇一五年浮現的重大事件編寫進去。古提瑞茲的警方報告從來沒有公開過，但是一位消息來源在電話裡逐字逐句地念給一位《紐約時報》的同仁聽。如今，梅根利用這些文字，描述溫斯坦被指控如何在工作會議上「問她的胸部是不是真的之後，用手抓住它

---

* 譯註：艾爾・卡彭：美國黑幫商人，一生作惡無數，其罪行曾被拍成電影，如《鐵面無私》（*The Untouchable*）。

們，然後掀她的裙子。」以前從來沒有被報導過，溫斯坦已經私下悄悄地「支付一筆錢」，讓古提瑞茲噤聲。當歐康諾的內部信件爆發，「一頁接著一頁寫著詳細的指控」，梅洛夫想要調查，但是那時溫斯坦也已經與歐康諾達成了和解。

到了星期六晚上，她們完成了一篇近似草稿的文章給寇貝特看。她在《紐約時報》的編輯系統裡開了一個祕密檔案夾，只有記者與相關編輯能打開。通常，文章即將刊出時，會根據標題與日期為標籤，或寫成「字串」，例如：16TRUMPSPEECH（16川普演說）、07EARTHQUAKE（07地震）、21BEYONCE（21碧昂絲）等。寇貝特把這文章標了一個普通的標籤「001INQUIRY」（001調查），所以即使有同事無意間瀏覽到編輯系統裡的這個字串，也不會知道這篇報導是什麼。

即使在兩位記者撰寫時，她們仍在確認，而且嘗試擴大，究竟她們對於哪一宗指控的侵犯事件、哪一位消息來源，可以說些什麼。茱蒂與梅根只有與一位公開表明的受害人有過一次專訪：蘿拉．馬登，講述她與溫斯坦於一九九二年在都柏林的第一次見面。因為賽爾達．帕金斯仍被她的保密協議禁錮，而羅溫娜．趙從來沒有發言，意味當中有嚴重的指控與一份和解協約，仍然阻止這兩位女性參與對話。

一九九〇年的那位助理，即梅根在其母親家找到的那一位，對這篇報導非常重要。最後，梅根夏天時曾突然拜訪的前米拉麥克斯行政主管約翰．史密特，也私下確認這位前助理在與溫斯坦發生惱人事件後，收到了一筆和解金。他同意與梅根說話，因為說他對她那篇關於amfAR的報導印象深刻。梅根沒有放棄那位前助理公開表明的希望。但是當梅根找上她，這是她的回覆：

親愛的梅根：

我很抱歉，但是請不要再試圖與我聯絡，直接或間接都不要。我沒有什麼要說的，而且我也沒有授權任何人代表我發言。我不希望我的名字被提及，或者在任何文章裡以匿名的消息來源被引用，而且，如果這種情況發生，我會採取法律行動。

因為她的故事似乎牽涉到性侵，茱蒂與梅根若沒得到允許，不會寫出她的名字。她們決定只簡單提到，根據多位前員工的說法，她是一位年輕女性，在一次與溫斯坦相關的事件後，突然離開公司，而且後來收到一筆和解金。她們引用她的老長官凱西．德克雷西斯的話，她說：「這在公司內圈裡不是祕密。」

後來，梅根得知這位助理宣稱是在溫斯坦家中跑腿辦事時，遭到性侵。而史密特還告訴梅根更多：溫斯坦曾在事情發生後不久向他坦白，說他做了「一件可怕的事」。「我不知道中了什麼邪。這種事不會再發生了，」史密特回憶溫斯坦後來這麼告訴他。（溫斯坦否認說過這些。）

接下來，梅根打電話給蘿絲．麥高恩，她似乎決意要揭發溫斯坦。但是麥高恩說，她的處境不適合公開對這位製片的指控。她告訴梅根，溫斯坦最近提出要以一百萬美元，作為她噤聲的交換，而她的律師鼓勵她收下這筆錢。她不打算接受。但是因為一大堆複雜的問題，她將不加入這篇報導。她說，她的律師寄了一封停止並終止信函，確保羅南．法羅不會用她的採訪寫成報導。「我很抱歉，」麥高恩說：「我就是不行。」

但是在茱蒂與梅根的懇求下，麥高恩拿到了一份她與溫斯坦於一九九七年達成的和解副本。令人吃驚的是，這一頁的文件中並未包含保密條款。因此麥高恩能與記者分享，而不會遭致潛在的法律或金錢上的報復。麥高恩婉拒評論這則報導，但是她們的文章可以引用這份文件，內容有關日舞影展期間的一次飯店房間事件後，溫斯坦支付了十萬美元給麥高恩。這筆錢「不能被解釋成（溫斯坦）招認了」，而是用來「避免訴訟與用錢換取和平。」

兩位記者想要引述的前溫斯坦員工，大部分都很害怕，擔心遭到報復。茱蒂與梅根跟他們講理，說這則報導會包括大量的證據，即使過了這麼多年，說出來仍不嫌晚。大部分人還是拒絕了。（「我有我的人生要過！」一位行政主管抗議說。）另一位主管則提供了一段話供引用：「性騷擾的傳聞經常出現，極少被揭發。很難過，也很恥辱的是，我們很少人擁有勇氣或金錢後盾去挑戰它。」

但是幾個小時後，這位主管的雇主，一家大型企業的老闆，否決了這段引述文字，說他不想被牽扯進這篇報導中，連邊都不想沾上。

少數願意站出來的是米拉麥克斯洛杉磯辦公室的前總裁馬克・吉爾（Mark Gill）。「從外面看起來，它很金碧輝煌——奧斯卡、功成名就、驚人的文化影響力；但是在幕後，它是一團亂，而這是所有的亂中之亂，」他說，指的是這位製片被指控對女性的罪行。茱蒂與梅根認為他所言，以及其他少數幾位的發言是一大勝利，並把它們加入草稿裡。

星期一中午，茱蒂傳簡訊給艾希莉・賈德，問她是否可以說話。巴克特與波爾迪仍催促兩位記者不要與女星周旋太久。他們說，關鍵急迫的工作是揭發這個故事，之後，他們預測，每件事會水落石出。那時候再去找賈德與派特洛公開站出來就可以了。

茱蒂與梅根不同意。溫斯坦的故事有兩個主軸：這位製片過去以來明顯對自家員工的威嚇，以及對想要搏得演出角色的女星之威嚇。兩位記者對第一部分已有詳細紀錄。少了第二個——許多女星，甚至是頂尖明星，說出她們曾經被溫斯坦騷擾——這個故事就不完整。

賈德立刻回了訊息。可以的，她正在一間牙科的候診間，可以說話。

超過三個月的時間，茱蒂一直在為這一刻鋪路。兩星期前，她與正在紐約參加聯合國大會的賈德親身見面。在曼哈頓東區一座高高的露台上，茱蒂請她想像公開表明會是什麼樣子，同時也強調她正努力拿到其他女星的證詞。賈德仔細聆聽，說她還不確定。

現在問，時機感覺不太對。這篇報導將在賈德的電視影集《柏林情報局》（*Berlin Station*）新一季首播之前，這是她原本希望避免的情況。更糟的是，賈德從一開始就希望有其他女星作伴。但即使在數十次對話後，那些陳述並沒有成形。莎瑪．海耶克、鄔瑪．舒曼與安潔莉娜．裘莉都還沒接上電話。茱蒂仍在哄勸葛妮絲．派特洛，但她還是一個未知數。也曾經向茱蒂描述過飯店房間慘痛遭遇的羅珊娜．艾奎特（Rosanna Arquette）也尚未準備好公開表明。其他的女星，著名的與沒沒無聞的，告訴兩位記者溫斯坦的故事，但也要她們發誓保守祕密。這個已經保護溫斯坦數十年的模式——沒有一位女星想成為舉報指名溫斯坦的那個人——仍然存在。

與賈德的電話中，茱蒂並未以多麼渴望她能公開站出來作為訴求。相反地，她嘗試向賈德展現這篇文章將會多麼地有力：二十五年的指控、清晰的模式、姓名與案例、人資部門的紀錄、法律與財務資訊，以及引述男性與女性員工描述這個問題。

茱蒂說話的時候，一邊預期會遭到拒絕。賈德當場未攤牌。她答應會仔細考慮這項請求，盡快回電。

幾個小時後，蘿拉．馬登的訊息跳出來了。茱蒂一直很擔心失去馬登的支持。這篇報導加速的時間進度製造了一種不安的衝突：馬登擔心很久的下一輪乳房手術，也就是第二次乳房切除手術與重建手術，安排在十月十日。茱蒂無法給馬登一個肯定的出刊日，而且看起來手術與出版日會撞期。這對任何人都是太大的壓力——但對兩位記者而言，少了馬登會是一場災難。

然而，馬登擔心的是，她成了倫敦辦公室唯一公開表明的女性。如果是這樣，她就想要退出。她問茱蒂更多關於這篇報導的問題：有幾位女性，從這個地方有幾位？這個辦公室有幾位？今年有幾位？

每個人都想要有同伴，這是可以理解的。

二〇一七年十月二日星期一

中午過後，記者們魚貫進入迪恩．巴克特的辦公室，討論調查工作的最後一步：何時將她們的發現帶給溫斯坦看，以及給他多少時間回應。在保護消息來源這麼久之後，現在是接觸溫斯坦與他的代表律師們的時刻了，陳述這個故事，分享他們打算公開的每一項指控。每一個插曲、每一個日期，以及每一位女性的名字。（他們不會提到賈德或派特洛，她們尚不確定會公開站出來。）然後，茱蒂與梅根會將他的回答加進文章裡。如果他否認這些指控，她們就會這麼說。如果他道歉，她們就會刊出他的逐字語。如果他拒絕評論，他們就直接這麼刊出。而如果他能反駁任何一項指控，那些指控就得刪去。

彙報調查結果是標準的新聞流程，是處理任何新聞主角的正確方法，即使是一個完全不值得信任的主角。但是這組人無法決定要給溫斯坦多少時間回應。他們必須給他一個截止期限：我們出刊前，這就是給你的時間。但是一旦溫斯坦知道《紐約時報》打算刊登的內容，他可能施壓那些女性公開宣布放棄她們原來的陳述、恫嚇其他人說出前後矛盾的話，或者試圖拆這些指控者的台。他可能把訊息洩露給另一個管道，削弱這篇報導的威力，或者搶先一步出版，緊急發出某種懊悔宣言。記者們必須保護受害人，也保護這篇文章。

具有某種形式的權威，以及引導溫斯坦報導安全上報的最終責任的六個人，現在全坐在巴克特的辦公室裡。巴克特是老闆，負責監督每天全部的、百科全書式報紙的新聞人。最後總是由他來做決定。但是寇貝特從最初就領導這個計畫，而巴克特十分仰賴她，因為她的直覺與眾不同。他們與麥特．波爾迪有一段長長的對話，他在監督新聞室各種報導的紛亂中，仍持續關心這項調查案。

但是身為記者的茱蒂與梅根有她們自己的權威與責任。她們蒐集資訊。她們與消息來源有聯結。她們撰寫了這篇報導，她們的名字會出現在文章的最上面，她們可能將會為即將發生的事承受很大的責難，或是得到讚美。

這個房間裡的第六位人物是《紐約時報》的法律顧問大衛．麥克羅。他坐鎮這裡，讓報社免於法律糾紛，在場沒有一個人會拒絕他的建議。

寇貝特認為他們需要給溫斯坦四十八小時，為他，也為了記者。這樣報社可以說記者們已經做了能做的事，而且避免給溫斯坦藉口，說報導不公平。

對巴克特來說，四十八小時似乎太長了。這個團隊裡沒有一個人信任溫斯坦，但巴克特是對他最保持質疑的。他的直覺告訴他，溫斯坦只會用最後的時間做困獸之鬥。此外，團隊認為不論他們給溫斯坦多少時間，他都會花更長的時間。這是一場協商，而這群新聞人必須從劣勢開始。但是，巴克特也想要這次調查報導無懈可擊。在他的新聞生涯起步時，他曾經報導過吉哈德·哈契爾（Gerald Hatcher）的案子，他是個不起眼的演員，被控喬裝為星探，引誘年紀小至十四歲的女演員參加私人會議，討論她們未來的演藝生涯，然然趁機性侵她們[1]。巴克特撰寫那些故事的方式，在多年後仍令他感到難堪。哈契爾是有罪的，巴克特確定。但他太快在報導中將他定罪，撰寫的方式太煽情、肥皂劇，對這項犯行的論述沒有足夠公平的結語。「其至對那些女性也許也不尊重，」他後來說：「我總覺得法庭上的人對我少了一點尊重，包括檢察官。」巴克特想要讓溫斯坦的事件曝光，但要以正確的方式。

每個人，包括茱蒂與梅根輪番討論每一個面向，試著權衡哪一個風險比較大：在最後關頭採較迅速的行動，折衷完成一篇調查報導，還是要對一個已被認證的操縱家太寬容。當兩位記者先離開去寫作，編輯們仍審慎考慮中。

在暮色開始降臨時代廣場前，他們做出了決定。梅根打電話給拉尼·戴維斯，通知他：她與茱蒂想要在隔天下午一點鐘，與溫斯坦和他的團隊對話，討論這些指控。

突然間，記者們距離出刊只剩下一天，或者兩天了。在她們周圍，同事們正一步步將文字的集合轉變成一篇《紐約時報》的文章。他們需要一張適合的溫斯坦照片放在頭版與這篇報導的最上面，圖片編輯貝絲·弗林（Beth Flynn）挑了一組照片。照片裡的溫斯坦應該在笑，還是不笑？應該在紅毯上嗎？應該和一位女性一起嗎——哪一位女性？如果他的妻子喬吉娜·查普曼（Georgina Chapman）出現在其中一張照片裡，會是一個問題嗎？想到這一點，文章中該提到他是已婚嗎？第二次結婚，而且當大部分被指控的踰矩行為發生時，他都已婚了？

由於每一次只能有一位記者登入這篇報導的檔案系統，所以茱蒂先修改文章，接著是梅根，然後是寇貝特，接下來是羅利·托倫（Rory Tolan），他是特別檢視語言用字的第二個編輯。麥克羅則負責提供為這篇報導築起法律防火牆的建議，他們努力根據他的註記，找出最切合的用字遣詞。

午夜過後不久，梅根與茱蒂離開辦公室，一起搭車返回布魯克林。她們頭一次讓自己想像：讀者對這篇報導會有什麼反應。梅根猜想溫斯坦公司的董事會得被迫處理他，但是更廣大的世界會關心這件事嗎？茱蒂引用波爾迪的話，他在調查工作早期，就以典型的新聞編輯懷疑態度指出，哈維·溫斯坦沒**那麼**有名。也許很多人會覺得一位好萊塢製片做出這些低級行為，並不令人驚訝。

二〇一七年十月三日，星期二

當他們為下午一點的通話做準備時，寇貝特收到了一則來自拉尼・戴維斯的奇怪簡訊：

親愛的蕾貝卡：

這是一封非常私人的短信。

我昨天晚上才聽說歐康諾的電子郵件的事，而且第一次聽到它的內容。我會盡我所能去做很久以前就該做的事。我對聲明不太樂觀。我正為今天下午一點努力，因為那似乎是絕對的截止時間。若我想錯了，請糾正我。

不論如何，我感謝妳的體貼與禮貌——遠超過習慣甚至需要的。

拉尼

對一個外人而言，這封短信也許似乎是例行公事：對不起，我太晚拿到某個文件；我正在追上進度，而且會盡我所能。但轉譯到新聞與公關語言，這封短信讀起來是這樣：

妳能相信嗎？溫斯聘請我處理你們的報導，但從來沒有把蘿倫・歐康諾的內部信件給我看？

太尷尬了，附帶一提的是，那封信太有力了。耐心等一下，我試著讓溫斯坦給你某種聲明，可以登在報導裡，但是這位客戶很難搞。

大衛．波伊斯無法加入這次通話，但是他仍然努力代表溫斯坦，想干預這件事。中午十二點十九分，巴克特收到一封這位律師寄來的電子郵件，極力為溫斯坦爭取更多時間，以便「讓這篇報導公平而且平衡（不是從福斯新聞的角度來看，而是從《紐約時報》的角度來看）。」波伊斯重申他在這件事上，不是溫斯坦的律師，影射《紐約時報》應該跟隨其他媒體通路的作法。

「三大出版社／廣播網，包括《紐約時報》，都在過去幾個月調查這則報導，至今如我所見，在相同指控與證據的條件下，」波伊斯指的出版社和廣播網是「美國國家廣播電台」（NBC）與《紐約客》，並寫道：「另外兩家的其中一家說，它已經決定不刊登這則報導；另一家說，他們會花時間與溫斯坦完整檢視過這些指控，並且給他足夠的時間準備回應後，才會刊登報導。我希望《紐約時報》至少也這麼做。」

「我不會回應他，」巴克特告訴記者們。

就在下午一點鐘前，記者們與寇貝特為這通電話準備好待命了。她們幾乎寫好了她們打算說的每一個字。在她們心裡最重要的，是那些她們將提及的女性人名。幾個小時前，茱蒂與梅根已經警告馬登、帕金斯與其他人說：**我們即將聯絡溫斯坦，詢問他的回應，而我們必須告訴他文章中的每一項指控，包括很久以前的。我知道這聽起來很嚇人，但這能保護妳們和我們，因為我們**

可以說，這是一個公平的程序，我們給了他回應這些指控的機會。我們不認為他或他的律師可能找上妳們。但是，為防萬一，隨身帶著一本筆記，如果妳們接到任何電話，寫下他們說的每一個字。每一個威脅或威嚇都需要直接寫進文章裡。擊敗那些計謀的唯一方法，就是將它們曝光。

這幾位女性都同意了，直至最後一刻都展現出信任。

當這通電話開始，陪伴溫斯坦的不僅只有戴維斯與布魯姆，而且還有一位新的律師，查爾斯・哈爾德（Charles Harder）[2]。

哈爾德闖出名號的原因，是他打擊過幾個批評他客戶的出版社，那些客戶非常富裕或知名[3]。他最近才代表退休的職業摔角手霍克・霍肯（Hulk Hogan），因為一宗性錄影帶案控告八卦網站 Gawker，最後致使網站破產並且關台，這個案件的訴訟是由科技業鉅子彼得・席爾（Peter Thiel）祕密資助[4]。哈爾德認為，規定誰可以在出版品上對某人說什麼的誹謗法，過於寬鬆。目前行之有年的法律標準是在一九六四年建立的，當時美國聯邦最高法院在「紐約時報訴沙利文案」（*New York Times v Sullivan*）上裁定，一個成立的誹謗訴訟不只必須證明記者刊登的資訊是錯誤的，而且，必須證明他們對公眾人物是帶著「真實惡意」，其定義為「罔顧報導真偽」。這是一條高標準，通常保護了新聞人員——但是哈爾德認為，這個標準太高了。

哈爾德曾經代表福斯新聞的羅傑・埃爾斯，擊退新聞媒體對埃爾斯性騷擾案的報導[5]。《每日郵報》（*Daily Mail*）曾於二〇一六年的一篇錯誤報導中說，梅蘭妮亞・川普曾經擔任伴遊女子，哈爾德成功向該報社協議獲得兩百九十萬美元的和解金後[6]，川普總統也聘任了他。《GQ》雜誌最近稱哈爾德「可能是美國對記者、憲法第一修正案以及新聞自由概念最大的威脅。」[7]

在電話中，哈爾德少言而有禮，當記者陳述她們的素材時，他會耐心聽完，並且重複「我們稍後回覆」的不同說法。

他的客戶則沒那種節制力。從電話一開始，溫斯坦就不斷打斷記者說話，一心一意想弄清她們和誰說過話，誰背叛了他。透過電話擴音，他的聲音比本人在場更有力，低沉沙啞，而且堅持，他還有種反覆質問相同問題的手法。當梅根與茱蒂念完這些指控，溫斯坦嘗試用連續插話來主導。

「還有誰公開表明？」

「哪一個公開表明的人這麼說？」

「為什麼你們不告訴我誰公開表明，讓我對那個案件回覆？」

「這個女人有公開表明嗎？」

「有哪一個公開表明的人這麼說？」

他如此忙於拷問記者，似乎沒有想到記者手邊的資料不只有訪談，還有和解協議紀錄和其他文件，包括歐康諾的內部信件。

梅根提了一個關鍵問題：這幾年來，溫斯坦付了幾筆和解金？她已經從戴維斯那裡聽過答案了——八至十二筆，但是她必須有第二消息來源，而若能從溫斯坦本人得到確認，會很理想。但是，當她引述戴維斯之前給的數字，溫斯坦對自己的法律顧問大發雷霆。「那是你說的！那不是我說的，」他對戴維斯大吼。「如果戴維斯說話，他是為他自己說話，不是代表他的客戶說話，」他說。

梅根緊繃起來。知道和解金的圈內人很少。這個重要數字要溜走了嗎？

當記者念畢指控清單，哈爾德詢問他們有多少時間可以回覆。「我們的期待是，你們可以在今天結束前回覆，」寇貝特說，如之前編輯們同意的時間。

「不可能，」哈爾德叫回去：「你們只給我們三小時回覆早至一九九〇年代初，一大串的事件？」他要求兩星期，寇貝特回絕了，然後他降低他的請求至四十八小時。寇貝特同意稍晚再回覆他。

溫斯坦的聲音透過電話擴音，再次衝出來。「如果時間安排不好，那麼我們會和其他人合作，」他威脅說，他讀得出記者的恐懼，知道他們怕他會掛上電話，直接去找另一個能報導委婉的、扭曲的故事版本的管道。

「我不是聖人，」溫斯坦說：「但我也不是你們以為的罪人。」

他轉而發表對新聞業的看法。

「報導正確的事實，」他說：「我們會幫你們報導正確的事實。如果我不拍電影，我就會去當記者。我讀過每一本在《紐約時報》上的書、每一本關於新聞報導的書，而且我讀每一份報紙和雜誌。最令我印象深刻的記者，是努力特別做到公平報導的記者。」

溫斯坦繼續說：「你們小的時候，你們說正確的故事長大，說真話，」他繼續說：「你們不是只在乎截稿時間。你們想要說出真相。如果你們搞砸了，你說的就不是真相，你們只是為了寫而寫，你們要怎麼直視你們自己？」

最後，九十分鐘的電話討論後，會議結束了。寇貝特與記者們坐在會議室裡。

寇貝特思考如何改進一些指控，進而強化報導的論述，她也認為報社應該同意哈爾德延長時間的要求。與巴克特共事多年後，她很了解巴克特的想法，她正在想要怎麼跟他說新的截止時間。

梅根從心理層次檢視溫斯坦團隊的反應，想知道他們是否擁有能夠反駁或削弱這些發現的資訊。與其處理眼前的重大議題，溫斯坦問的是能幫助他解套的問題。他與戴維斯起了爭執。他一直試圖扭轉局面，不知道他究竟聽清楚多少訊息？

茱蒂正為溫斯坦的下一步預作準備，確定他計畫利用電話中的訊息，嘗試削弱這篇報導的力道。「《紐約時報》正嘗試做一篇有關哈維．溫斯坦的報導，但幾乎找不到一位女性公開表明。」只要一通電話，他可以讓一篇報導甚至在還沒刊出時，似乎就已經失敗了。

一個小時後，賈德打電話給茱蒂。

這位女星與平常一樣沉穩。「我已經準備好在妳的調查中當一個有名有姓的消息來源，」她說，她的決定已經過深思熟慮，在林間跑步、諮詢她的律師、考慮她身為一位女性與一名基督徒的責任，最後決定這是對的事。

茱蒂站在玻璃牆與灰色地毯的結構線之間，她的情緒潰堤，像是一位馬拉松選手在終點線癱倒下來。她和梅根花了數個月，活在神經緊繃和責任感之中。她們可能產出一篇報導，也可能讓計畫告吹；她們可能讓女明星公開站出來，也可能無法。茱蒂一邊哽咽，腦海裡一邊想著該對賈德說什麼，既符合這一刻的情境，同時展現出專業。她盡其所能說出來的是：「身為一名記者，妳的決定對我意味著全世界。」

團隊其他人聚在下面的大廳，茱蒂向他們走過去，一邊還與賈德通話中，她作了一個手勢，表示她有新聞。在茱蒂跟其他人說話之前，梅根就知道發生什麼事了。

她們慶祝的方式，就是重寫故事草稿。故事的起頭，即是賈德對多年前在半島酒店房間的那段陳述，而文章第一個段落的結尾，即是引述賈德對採取行動的呼籲：「已有一段很長的時間，我們女性之間一直談論著溫斯坦，公開討論這件事是超越時間限制的。」那天夜晚之前，她們已經寫好新的故事版本，賈德已名列當中。

同時，寇貝特占了上風：他們給溫斯坦的時間是隔天中午，也就是十月四日星期三。那變成這篇文章新的目標刊登日期。在報社內部，記者們設定好時間與期望。

星期二晚上九點，兩位記者仍在報社，一邊吃外帶食物，一邊埋頭改稿。她們焦慮的哼哼聲，與溫斯坦影業公司裡正在進行的情況完全無法比擬；在南邊幾哩遠，溫斯坦正與波伊斯和董事會召開緊急視訊會議。梅洛夫在會議上堅持，他對於溫斯坦聘請律師與戴維斯的公司處理董事會一事毫不知情，非常憤怒。

會議上大部分是波伊斯在說話。多年來向董事會輕描淡寫溫斯坦的問題後，他突然變得比較直接。參與會議的人後來對梅根回憶說，他告訴他們，《紐約時報》的報導要出刊了，而且對公司「會很糟」[8]。他提綱挈領地說了結論，包括八到十二筆的和解協約，補充說其數字可能會高很多。他說，他不認為溫斯坦確實記得這幾年來支出了幾筆封口費。波伊斯主張，為溫斯坦辯護或終結他，都是太極端而且不適宜的。他們的目標是找到中間地帶，呈現一個團結的前線。「嘿，各位，如果我們不團結在一起，就會像一個環狀的行刑隊，」他說。

到了晚上十一點三十八分，布魯姆建議溫斯坦承認，他們費盡所有力氣，也無法砍掉《紐約時報》的報導。「我們可以，而且應該從劣勢開始。但是會行得通，」當她準備登機，從洛杉磯飛往紐約到她的客戶身邊時，她寫了一封電子郵件給溫斯坦、哈爾德、戴維斯和波伊斯。布魯姆的策略是：溫斯坦應該要承認他確實捲入了性騷擾的核心，要表達悔恨之意，並且承諾要做得更好。「我經常想起傑西．傑克遜（Jesse Jackson），他被人抓到把紐約說成是『猶太鬼的城市』

（Hymietown）而祈求原諒時說，『上帝尚未把我完成』，」布魯姆在這封電子郵件裡這麼寫，這封信後來被梅根拿到，當中引述的是前總統候選人對一個反猶太用語的道歉。「他在八四年時拿到我的票了。」[9]

布魯姆將溫斯坦的指控比擬成傑克森的一句評語，提出一段聲明給《紐約時報》，強調她自己的角色，甚至她的電影計畫：

「身為女權倡議者，我對溫斯坦一向直言不諱，而且他聽我的話。我告訴過他，時代已經改變，現在是西元二〇一七年，他需要進化到較高的層次。我發現溫斯坦對我的訊息相當坦誠與領受，到了令人刮目相看的程度。他承認他犯下的錯誤。當我們共同籌畫將我的書搬上螢幕時，他對我一直很尊重。」

她要傳達的訊息是：她是幫助溫斯坦見到光的人。在私下協助溫斯坦阻止調查時，她想公開營造自己是強迫他改變的那個人。

基於自我保護，戴維斯決定留在華府。這時，他可以看出不論溫斯坦做什麼，他都無法自這篇報導的發現中全身而退。即使波伊斯催促他悔罪。

然而，溫斯坦還沒準備投降。

根據在場人士說，那天，溫斯坦把一位資訊工作人員叫過來，到他的行政助理電腦旁邊，命令他刪除一個名為「哈維．溫斯坦之友」（HW friends）的文件檔。（那基本上是梅根與茱蒂的消息來源所使用的相同術語——「哈維之友」（Friends of Harvey」）。這份文件裡有一串女性的姓名與聯絡方式，並且以城市為分類。

在布魯姆的協助下，溫斯坦也嘗試向員工施壓，要他們簽下書面聲明，說他們在這間公司享受了正面的工作經驗。

隔天早上，梅根與那位「因為道德因素」離開公司的年輕女子聯繫。她傳簡訊說，溫斯坦當天早上打了三次電話給她，懷疑她是消息來源之一。

「我好害怕，」她寫道。

第七章 「即將掀起一場運動」

二〇一七年十月四日星期三

記者們現在要處理的是，必須告訴溫斯坦的團隊，賈德已公開表明，但也害怕這位製片會將這則訊息當作武器——用它進一步拖延回覆，或者更糟的是，展開某種先發制人的公開抹黑活動，在八卦小報上對賈德展開人身攻擊。（像是「特異獨行的活動分子艾希莉·賈德威脅公開無端放矢的指控……」）但這件事還是得做。早上八點四十分，茱蒂打電話給拉尼·戴維斯，當他聽到這則消息，表現得相當克制。

前一天與溫斯坦及其團隊的通話，處理了溫斯坦這幾年來已經與多達十二位女性達成和解協議的關鍵發現，這可能會是一個重大打擊。而既然溫斯坦影業其他行政主管已得知《紐約時報》的報導即將公開，梅根猜想他們可能對溫斯坦玩弄公司的行為相當氣憤。也許這股怒氣會轉變成刺激他們發表高見。

梅根打電話給當時正在加州的溫斯坦影業董事長大衛・葛拉瑟。[1]當時洛杉磯天還沒亮，但葛拉瑟接起電話，聲音聽起來像睡眠被打斷與充滿疲憊。梅根告訴他，她打這通電話是因為她認為，其他公司的行政主管也要有對《紐約時報》回應的機會，這樣才算公平報導。

當然，葛拉瑟承認這是一個難熬的夜晚。他們開了一個緊急董事會的視訊會議。葛拉瑟說，波伊斯詳細說明了《紐約時報》準備刊出的內容，還補充說，他對於聽到的事感到非常震驚。

真的嗎？梅根問。什麼是令你最驚訝的？波伊斯是否提到溫斯坦支付給女性的和解金次數？是的，葛拉瑟說：八到十二次。她能相信嗎？更糟的是，波伊斯告訴董事會，實際的數字可能更多。

梅根告訴葛拉瑟，如果他準備好公開表明，而且願意的時候，她很想將他的觀點納入《紐約時報》的文章裡。同時，如果她沒有幫他具名，是否可以將他當成和解協議數字的消息來源？他同意了。當梅根把這個消息告訴寇貝特，她從位子上跳起來抱住她。

記者們眼睛盯著時鐘：正午的截止時間快到了。當時間剛過時，溫斯坦的團隊只打了一通粗魯的電話，大約否認一些指控，語無倫次地說一些甚至不在文章裡的事件，然後再次抗議他們沒有足夠的時間。

幾分鐘後，巴克特看見梅根站在他的辦公室外面，接戴維斯的另一通電話，戴維斯沒有任何回應。長久以來，巴克特拒絕和溫斯坦或他的律師代表說話。現在，他請梅根把她的電話交給他。「戴維斯，我對這種情況很反感，」巴克特說，他的語調異常地堅定。「你們派了五位不同的律師和我們聯絡。我們不和五位不同的律師說話。請你們自己先召集起來，再把你們的回覆給我們。」

下午一點四十三分，溫斯坦團隊的回覆到了，來自查爾斯．哈爾德，以電子郵件的形式，標註「保密／不公開／不供出版」[2]。記者們沒有想到會有那些約束。要素材不公開也需要他們這一方的同意。但對於這封信而言是個適切的開始。在一封長達八頁的威嚇信裡，說到底的一個訊息是：若記者們繼續，溫斯坦與哈爾德會向《紐約時報》提出訴訟。

《紐約時報》的團隊核心集合在巴克特的辦公室。大衛．麥克羅發了幾張列印備份，讓每個人可以檢視他們面對的情況。主旨那一行寫著：「要求停終信函，以及保存文件與素材」。那幾個月以來，尤其是之前幾天，他們一直等著看溫斯坦最後會採取什麼立場：否認或道歉。現在他們在頁面上看到答案了：

所有《紐約時報》的指控，以及它指稱我方客戶涉及的性騷擾「消息來源」，包括對員工與對女演員，皆屬不實。我方客戶未涉入貴方所指控的錯誤行為。

我方客戶將因貴方的錯誤報導，可能招致超過一億美元的損失。若貴方執意刊出，我方客戶將別無選擇，只能請《紐約時報》為那些損失負擔法律責任。

溫斯坦與哈爾德有另一個更策略性的要求：

因這些指控將造成後續影響，如貴方所知，導致我方客戶過去四十年所建立的極為成功的生涯與事業之巨額損失，即使未具全然毀滅性，而且，因為至今貴方已經偵查他過去數個月，且所指控情事時間超過二十五年，《紐約時報》至少應該給與我方客戶及其律師合理的時間——我們要求兩星期——以調查這些問題，並做出一個適宜的事實報告，以駁斥《紐約時報》準備刊出關於我方客戶的諸多錯誤指控。法院給與被告至少一年的時間發掘事實，以便在審判時報告他們的案件。我們只要求兩星期。

溫斯坦即將開戰。從這封信看起來，他是真正的受害者，被《紐約時報》迫害。這封信充滿對新聞業的鄙夷，捏造出另一種暗黑的事實，意指報紙散播對權力人士的歧視性訊息，這種情況正在破壞而非提高公共信任。

這封信還直接針對蘿拉．馬登，稱她是騙子。「該項指控是假的，」哈爾德寫道：

我們期待能夠提供貴方反駁此指控的文件與證人，但這需要花時間找到二十五年前的文件與證人。貴方正被告知事實。若貴方在我方客戶擁有合理機會向貴方找到與呈現此錯誤指控的進一步證據（證人與文件）之前，刊載此錯誤指控，將顯露對真相的輕率忽視。

這句話意謂一位原告可以如何贏得誹謗訴訟：證明記者聽到的訊息是錯誤的，而仍然惡意出版。

茱蒂想到了馬登，她正在威爾斯的某處。若溫斯坦對她的故事有任何反駁，她需要立即知道。或者，他只是在賭運氣，以為這只是一位沒有權勢、證據很少的女子，他最好的賭注是只要否認？

協助記者的前員工是「心懷不滿的，有不可告人的動機，試圖提供貴方錯誤而且毀謗的聲明，」信裡說：「在此通知，貴方的消息來源是不可靠的；她們沒有個人的資訊；而且她們正打算利用《紐約時報》為工具，遂行她們詆毀與中傷我方客戶及其公司的錯誤與民事侵權行為。《紐約時報》所刊載的任何此類錯誤指控，將是帶有真實惡意，而且構成誹謗。」溫斯坦團隊有可能試圖將這幾位有膽量的員工塑造成心懷不滿的離職員工或失敗者的形象。

最後一段，溫斯坦與哈爾德直接把目標瞄準茱蒂與梅根：

敬告妳們需遵守法律責任，保留、保存、保護，不得損毀與此爭議相關的任何及所有的文件、通訊、素材與資料，不論是數位、電子與實體形式，包括但不限於與哈維・溫斯坦、溫斯坦影業，以及／或任何其行政主管、員工與／或契約人員（總體的「溫斯坦影業公司」）的所有文件、素材與資料。

這裡指的是所有的東西：每一則訊息、即時簡訊、語音信箱、日曆記事。哈維・溫斯坦要說的是，他要迫使《紐約時報》交出全部的調查內容，那些記者誓言保護的每樣東西。

坐在巴克特辦公室的記者們達成一致的決定：他們沒有理由去改變這篇報導裡的任何一個元素。哈爾德的信，基本上是法律上的霸凌。對於溫斯坦想要呈現的任何證據，記者們會保持開放態度，但是要她們因為這封信便屈服讓步是不可能的。

麥克羅向團隊保證，法律會保護他們。哈爾德召喚的那個世界聽起來很可怕，但實際上並不存在。「當事實保護我們，法律保護我們，便很難對我們的法律地位有爭議，」麥克羅後來說。

下午三點三十三分，麥克羅轉寄給記者們一封他剛寄給哈爾德的回覆副本，只有三頁長[3]。針對十八頁對該報新聞技巧的抱怨，麥克羅只有一個簡單的答覆：「認為我們對溫斯坦先生處理不公，完全是錯誤的，您可以確定的是，我們所有的報導，都符合記者對準確與公平的慣常標準。」

在最後一段，他表明了他真正的反擊：

我注意到您對文件保存的要求。關於這件事，請提出保證，確認你會採取即刻的行動，確認保存所有與此事件相關的資料與紀錄，不論是溫斯坦先生或他的事業體所擁有、照管，或是控制的。尤其，我請求你即刻妥善保管所有溫斯坦先生的媒體代表律師戴維斯先生的電話、電子郵件與文字紀錄，以及溫斯坦先生的個人與公司電話、電子郵件與文字紀錄；所有涉及任何工作場所不當行為申訴的紀錄，不論是溫斯坦先生或他的事業體所擁有、照管，或是控制的；以及與支付員工的和解協議相關的所有紀錄，不論是溫斯坦先生或他的事業體所擁有、照管，或是控制的。

從法律用語翻譯過來，意思是：哈維·溫斯坦，如果你想要把這個故事公開拖上法庭，放馬過來。如果你想要追究我們的資訊，我們將要求你們更多，包括與你們對待女性相關的每一筆文件。

報社對溫斯坦的一個讓步，是給他更多的時間。兩個星期是不可能的。但是記者們認為他們還是得答應哈爾德稍早提出的四十八小時請求，即使把這些素材留給溫斯坦這麼長的時間是很難熬的。但少一分鐘都會給他宣揚報導不公的藉口。新的最終截止時間是隔天的下午一點鐘，也就是十月五日星期四。

茱蒂與梅根已精疲力竭了，但是麥克羅的回應讓她們倍受鼓舞。他喚起了代代相承的新聞傳統，一個仍然保護新聞自由的法律體系，以及一個不論發生什麼事，「美國憲法第一修正案」依然神聖不可侵犯的國家。她們也知道，巴克特正細細品味與溫斯坦翻臉的每一個時刻。世界上的其他人不會看見哈爾德的攻勢。但是，站在一起對抗它，令人激動萬分。

那天下午，茱蒂覺得她應該至少再試最後一次，說服派特洛公開站出來。從溫斯坦過去的首席明星那裡聽到這些事，將會震驚全世界的讀者；甚至一些最知情的消息來源，都沒有預期派特洛有被溫斯坦傷害或威脅的過往。只要有她的三段敘述，將改寫米拉麥克斯的歷史，也將為其他想要站出來的女性提供掩護。茱蒂鼓起最後想要說服的勇氣，如此急切，以致於她擔心這股壓力會產生後座力，然後這位明星會請茱蒂從她眼前消失。

她們兩人已經密集對話一星期了，包括電話和簡訊，派特洛似乎真的正慎重考慮。從她倆人第一次聯絡以來，她已經對這項計畫提供不少幫助。但她身邊的人都告訴她不要出聲。當然，對他們來說，公開站出來聽起來很瘋狂：他們不在調查的圈子裡。茱蒂可以看出，派特洛有部分不是那麼想理會她們，所以，在電話與簡訊裡，茱蒂持續輕輕地催促她。

但是，派特洛一想到連續好幾星期的八卦小報標題都會是關於她、溫斯坦和性，就覺得無法忍受。她仍然害怕這則新聞會變成一則駭人的名人醜聞。

她也有著與賈德非常不同的個人盤算，因為溫斯坦在她的人生裡發揮了更大的作用：「他是我的演藝生涯中最重要的人，」一如她後來所說。她希望最終能把他說出來。但是，出版時間比她預期的早，而她想要多一點時間在腦海裡想清楚。

由於我覺得在情急的情況下做決定很倉促，我會先按兵不動。

很抱歉讓妳失望了。我真的很抱歉。我覺得好揪心。

派特洛對她自己的不滿，意謂若她沒有加入這篇文章，茱蒂想要她為下一篇報導準備好。她可以整裝待命，之後再進場。茱蒂把這篇簡訊擱著數小時，然後重新開始。

從一開始，茱蒂與梅根就遵守巴克特的規定：所有與溫斯坦的溝通，都必須公開。但是下午三點左右，戴維斯通知她說，溫斯坦正在路上，將要求不公開（off the record）的分享一些敏感、重要的訊息。

記者們感到相當困惑。他正在**往哪裡**的路上？來**辦公室**嗎？他們應該拒絕讓他進來嗎？他們必須做個決定，要快：溫斯坦幾分鐘後就要到門口了，無疑是想不留痕跡地抹黑他的指控者。

梅根決定開這場會。她想知道他手上有什麼資料，而且突襲會議的骯髒花招給她另一個親自迎戰他的機會。

溫斯坦踏進《紐約時報》的大廳，未修邊幅，眼睛下方有著眼袋，身邊是高檔律師團：不只有布魯姆，還有亞伯拉莫維茲，那位在古提瑞茲案中代表溫斯坦，由前檢察官轉任的刑事律師。最後一位也不遑多讓，是琳達．菲爾斯坦，那位告訴梅根古提瑞茲的指控不足為奇的前性犯罪檢察官。

梅根帶領這一群人沿著人來人往的通道，走進新聞室一間小型的玻璃牆會議室，這讓所有的同仁都清楚看到溫斯坦。辦公室裡路過的人都停下來，看這位製片與他的律師團擠滿像一個金魚缸。梅根告訴溫斯坦一行人，他們有十五分鐘可以說話，一分鐘都不能超過。

這一行人想要提供的訊息，是卑劣、含糊，而且單薄的。亞伯拉莫維茲與菲爾斯坦將古提瑞茲描述成一位有著卑鄙過去的機會主義者。布魯姆則從一個檔案夾裡，掏出麥高恩與賈德微笑站在溫斯坦身邊的照片，彷彿文雅的紅地毯照片就證明沒有發生過意外。溫斯坦指稱她們兩人的精神狀態不穩定。賈德曾一度因為她童年經歷住院尋求心理治療，現在這個製片人利用賈德回憶錄的自述，將她描述成一個瘋子。

梅根盡可能不暴露她的想法。這場私下的會議顯然是一場突襲，但它完全不影響調查工作。

在一位義大利同事的協助下，茱蒂與梅根已經調查過古提瑞茲的背景。她們也檢視過賈德的過去，請研究員葛瑞絲．亞許佛德認真詳閱她的回憶錄，確定沒有可以被用來對付她或報社的意外。這次會議唯一的結果，是透露出更多溫斯坦與他的陣營準備使用的策略。

那天氣氛變得愈來愈奇怪。當天下午，茱蒂與梅根坐下來讀《綜藝》雜誌與《好萊塢報導者》(*Hollywood Reporter*)裡關於她們自己的新聞[4]：

《紐約時報》將披露哈維．溫斯坦的破壞性訊息嗎？

多位熟悉這場幕後大戰的消息人士告訴《好萊塢報導者》，溫斯坦影業的電影和電視巨頭最近幾星期已經成立一支律師與危機處理專家軍團，而且已經把他們派遣到《紐約時報》，討論一則該報計畫刊出，關於溫斯坦個人行為的報導。

這篇報導沒有什麼細節，但確實也提到《紐約客》也在使力中。《綜藝》雜誌的文章大同小異，裡面甚至說溫斯坦否認他知道《紐約時報》即將刊登的報導。「我沒有聽說，」溫斯坦對《綜藝》雜誌說：「老實說，我不知道你在說什麼。」

他還補了一句：「這個故事聽起來很精采，我想買它的電影版權。」

如果記者們對溫斯坦的人品還有什麼疑問的話，這是最後的徵兆：他剛對另一個出版社說了一個徹頭徹尾的謊言。

《綜藝》雜誌與《好萊塢報導者》的文章意謂茱蒂與梅根已經上了公開版面。關於誰已經跟她們說過話，成了一個猜謎遊戲。消息來源們會很緊張。這個計畫已經曝光，每個人都等著看，包括競爭者。當記者最需要控管可能新聞流向時，他們正在失去它。

「這很糟糕，朋友們，」巴克特在一封電子郵件裡寫道。

記者們的電話與信箱開始塞滿讀者的信，他們都是讀了前述好萊塢小眾出版品的人。茱蒂與梅根幾乎沒有回應。她們還沉浸在報導的文字裡，重新修改文章開場，尤其是有問題的地方，並且完成麥克羅指示進一步要細部微調的地方。

午夜過後，兩位記者發覺她們的腦力已經快消耗殆盡，無法繼續有效率地工作。她們已經連續好幾個晚上睡眠不足。與寇貝特和托倫的對話勉強進行，但都在原地打轉。茱蒂與梅根放棄了，一起搭計程車回家。一小時後，托倫也離開了。寇貝特拒絕從鍵盤邊離開。他們已經對這篇文章如此字斟句酌，以致於寇貝特想停止重讀整篇文章，推敲還有什麼可以增加與強化的。

即使在例行日常的情況下，寇貝特的記者們也擔心她沒有好好照顧自己。她似乎從不停止工作，因為她有很多機密的計畫，很難估計她真的接了多少案，而且有時候她似乎只喝紅茶配杏仁黑巧克力度日。她的日子很瘋狂，每一分鐘都在磋商。

然而，當匆匆忙忙的新聞室終於沒有任何活動時，她能全神貫注地編輯文章。（她的先生稱之為「樂在其中」，承認她的妻子暫時沒空。）寇貝特經常在辦公室工作太久，天花板上的燈有時自動熄滅，留下她在黑暗中工作，直到她起身，伸伸懶腰。

那天晚上，她坐下來不停地連續工作，慢慢地讓篇章裡的用字更精實、清楚、強烈。天亮前，她在辦公桌上睡了四十五分鐘。醒來時，又繼續工作。

上午七點鐘，她終於停下來，離開報社大樓。她無法回家：寇貝特的家在巴爾的摩，從星期二到星期五，她就待在《紐約時報》街底的一間飯店房間過夜。她沖個澡，換了衣服。過沒多久，她又回到了辦公桌前。

二〇一七年十月五日星期四

當寇貝特正返回她的飯店時，茱蒂收到一封蘿拉·馬登寄來的電子郵件，馬登再五天就要接受手術。前一晚，她在威爾斯家中的廚房，告訴她兩個年紀較大的女兒葛拉茜（Gracie）與奈兒（Nell），她必須跟她們說一些事。兩位青少年以為媽媽要說關於手術的事。然而，馬登告訴她們多年前溫斯坦對她做的事，並且說，這件事將會在一篇報紙新聞刊登出來。

她們驚嚇地看著她，努力想像那個在她身上的二十歲受害者。「我媽媽就是我媽媽，」葛拉茜說：「她是那麼溫柔的人。想到人們會讀到發生在她身上的事……」她們向馬登坦白，最近類似的事情也發生在她們的女生朋友身上：喝醉的男孩撲向她們，年輕的她們不知道該怎麼辦。現在輪到馬登感到驚嚇了。她認識這些孩子，但從來沒想過她們會面臨到這些事。[5]

在電子郵件裡，馬登寫給茱蒂說：

我覺得應該把我在米拉麥克斯發生的事說出來，因為我明白我站在一個幸運的位置，不在電影事業工作，所以我的人生不會受影響。我也不是被要求噤聲的人之一，雖然哈維．溫斯坦底下的人曾嘗試說服我保持緘默。我也沒有被下達禁言命令。我覺得，我代表著那些無法說話的人說話，因為她們的人生或婚姻可能因此遭受影響。我是一位有三個女兒的母親，我不希望她們將這一類在任何情境下的霸凌行為視為「正常」。我經歷過改變人生的健康問題，明白時間是寶貴的，而面對霸凌是重要的。我的家人都贊成我的決定。

我很高興公開表明。

同樣令人驚訝的是，茱蒂與梅根開始收到她們從來沒聯絡過的女性的訊息，她們與溫斯坦也有自己的一段往事，說她們想要分享出來。幾個月來，兩位記者一直在追查與說服女性，懇求她們說出來。如今，她們透過《綜藝》雜誌與《好萊塢報導者》的文章，主動找上茱蒂與梅根，就像是河流突然反向而流。兩位記者沒有足夠的時間在第一篇文章裡納入她們的陳述，以及做那些報導、查證和回應。這些陳述得等到下一篇報導。然而，兩位記者將這些訊息視為對哈爾德的信的強烈沉默反駁。

上午十點半，茱蒂最後一次嘗試聯絡派特洛。她正坐在亞特蘭大一間化妝室的椅子上，忙著拍攝電影《復仇者聯盟》（*Avengers*）。那天，她應該與所有其他過去十年的元老級角色一起擺好姿勢，拍攝巨幅的《復仇者聯盟》經典劇照。然而，她覺得很不舒服，差點無法拍完她的那幾張。她甚至將合演明星蜜雪兒・菲佛（Michelle Pfeiffer）拉到旁邊，很快向她簡報情況，聽取最後一輪的建議。

上午十一點三十二分，她傳給茱蒂一段訊息。

> 我正在亞特蘭大拍片。由於時間限制的關係，我感到強烈的壓力。我不敢相信他對《好萊塢報導者》的回應，我不敢相信他採取這種策略。我原本希望他能夠悔恨。我覺得他把自己設了一個更險峻墜落的局勢。
>
> 我認為，最好的方式是先按兵不動，接著和你們一起做些事。

這段訊息使得戴維斯在下午十二點零四分寄來的信格外令人困惑。距離《紐約時報》的截止時間，溫斯坦的團隊還有五十六分鐘。然而，與其專注於即將出現在文章上的諸多指控，溫斯坦透過戴維斯，不斷向兩位記者追問派特洛的相關問題，他似乎認定她會出現在這篇文章裡。

茱蒂與梅根相當不解。在這篇報導裡，並沒有派特洛的蹤跡。他為什麼專注在一件不相干的事？他不想對報導裡的指控提供任何回應嗎？一點鐘到了，又過了。溫斯坦團隊堅稱聲明幾乎完成了，但是到下午一點三十三分，他們什麼都沒有收到。

當梅根接到另一通戴維斯打來的電話時，巴克特在一邊看著，戴維斯還是沒提出任何東西。巴克特指示梅根傳送一則訊息。「告訴戴維斯，截止時間已經過了！」

突然，溫斯坦本人出現在電話裡頭，詢問關於派特洛的事。「因為你們缺乏透明性，我為什麼不該現在就和《華盛頓郵報》做個該死的採訪，然後把這件事解決掉？」他問。「除非你們澄清，否則我五分鐘後就要接受那個專訪。如果你們不想澄清，最好趕快把報導寫出來。」6

梅根與茱蒂回到一間玻璃會議室。外面，寇貝特與波爾迪越過托倫的肩膀上方，檢視這篇文章。

「你想要一張像清單的東西，列出這篇報導中我們採訪過的人嗎？」茱蒂問：「如果我們不把名單揭露給你，你要威脅我們嗎？」

「我沒有威脅你們，」他說：「如果你們利用葛妮絲．派特洛，告訴我。」不管派特洛對公開表明有多害怕，溫斯坦似乎更恐懼。

「我們沒有利用葛妮絲．派特洛，」梅根說。他似乎不懂：如果派特洛在這篇報導裡，她們早就會告訴他，而且會給他時間回應。

他又問了兩次，然後第三次。「如果妳們要對我說謊，別這麼做，好嗎？妳們不管怎樣都將會痛宰我，意思就是這樣。我懂。而妳知道嗎？我尊敬妳們的新聞事業，我尊敬妳們做的事。妳們正在處理一項重要的主題，而像我這樣的人需要學習與成長。我懂了。妳們會在我的聲明裡讀到這些。當我聽到有事情隱瞞我，我會知道，妳們知道我的意思吧？我是一個消息靈通的人。快把事實告訴我。」

他似乎確定茱蒂與梅根一直與派特洛有聯繫。即使過了幾個月，她們還是想不出他怎麼知道的。

梅根又試了一次：「溫斯坦，我們沒有剝奪你對我們文章裡出現的任何人或事發表意見，」她說。

「妳們跟葛妮絲．派特洛說過話了嗎？」溫斯坦重複問。

這時，有一個人出現在梅根身邊。巴克特側身在她旁邊。過去幾個月，溫斯坦數次想要直接聯繫他、影響他，重要人物對重要人物。現在，溫斯坦終於與他想要的聽眾接上線了。

「嗨，哈維嗎？我是迪恩．巴克特，」他開始說話了：「我們的約定是這樣的。你需要現在給我們你的聲明稿。我快要啟動按鈕了。」

溫斯坦插話說。「嗨，迪恩，讓我告訴你什麼是威嚇。」這位製片重複要接受《華盛頓郵報》採訪的威脅，以便削弱《紐約時報》報導的力道。巴克特已經擔任記者將近四十年，掌管這個國家最頂尖的兩家報紙媒體，而且敢與美國中央情報局與國外獨裁者作對。他要爆發了嗎？

相反地，他的音量放緩，淡淡的紐奧良腔抑揚頓挫回來了。「哈維，打給他們吧，」他說：「這樣很好。你可以打電話給《華盛頓郵報》。」他聽起來像是對一個孩子提出保證。「哈維，我不是想要嚇唬你，我是試著要對你公平。」

「你**正在**威嚇我，迪恩，」溫斯坦說。

這時寇貝特與波爾迪也在。「不，哈維，我們的協議是這樣，」巴克特說：「我們正努力拿到你的聲明，以示公正。請把它給我們，因為我們即將要刊出了。」

「我是**想**把它給你們，」溫斯坦說。

「感謝你，」巴克特說，希望能結束對話。

「雖然你只是講講電話，但這是我的事業，我的人生，」溫斯坦說。

他又開始問派特洛。

「**她沒有在這篇報導裡**，」巴克特、梅根和茱蒂幾乎異口同聲地說。

「哈維，我要結束這一段對話了，」巴克特說：「所以，這是我們現在需要做的，哈維。我們想給你機會，說出你想要說的每一個字。我也有報紙要出刊。所以，把你的聲明稿給她們。我要出去了。跟記者們說話。保重。祝你好運。」說完，他就離開了。

一分鐘後，下午一點四十一分，來自溫斯坦陣營的幾張聲明稿開始寄到——記者們出刊前需要的最後元素。

在電話裡，溫斯坦還在發表演說（「即使在今天結束時，這會讓我付出極大的代價，像這樣的調查是很重要的」），而布魯姆抱怨的是報社「對真相粗魯的忽視」，即將刊登充滿「不實指控」的「火紅文章」，很快就會失去信譽。寇貝特與波爾迪早就在記者沒注意時，從房間離開了。

梅根正在檢視從溫斯坦陣營寄來的聲明，突然發現她眼前的文件中有一件重要的事，便立刻插話。「莉莎（．布魯姆），妳說哈維將需要花時間專注這個問題？」

是的，溫斯坦說。他將要請假一段時間。

「從……公司請假？」梅根問，想確定這和她心裡想的一樣。是的，溫斯坦說，他想要花一點時間學習。

「學習而且聽**我**的話，」布魯姆補充說。

溫斯坦還在不停地說話，勸茱蒂和梅根需要多一點幽默感，還說他每一天都為《紐約時報》祈禱。

然而，梅根與茱蒂驚訝地互相對望。溫斯坦即將從他的公司請假。從新聞業、公關與商業的用語來看，這意謂一件事：他承認做錯事了。沒有人會在全力準備反擊的時候，從自己的公司請假。瞬間，兩位記者知道，他可能不會控告報社，甚至不會頑強抵抗這篇報導。

梅根促請他說明更具體的計畫，但是他只答應稍晚再打。「我們有中文報紙要進行記者會，」溫斯坦開玩笑說，用一句妙語化解他原本威脅要將這則報導帶給競爭報社。

梅根笑得很大聲。

「她笑了！」溫斯坦大聲說：「她們第一次笑，」他告訴布魯姆。也許這正是溫斯坦所擁有的、其他人想要解釋的不修飾的魅力。或者，也許溫斯坦在他自己的毀滅中，正尋找主導與控制的時刻。

這些都無關緊要了。梅根與茱蒂掛上電話，倒坐下來，帶著解脫、團隊精神與姐妹情誼，一起又哭又笑。

兩位記者從玻璃會議室走出來，準備下一步。但是寇貝特與其他記者早已經走得比她們更前面。在電話進行時，他們一直在編輯文章，檢查溫斯坦陣營的聲明稿，摘要出重要的內容來用，將這些句子移植到文章裡。

溫斯坦與他的律師群一起寫下的聲明相當令人困惑。布魯姆在聲明裡否認，說「許多指控明顯不實，」但是她沒有說是哪一個。溫斯坦則是隱晦地表示懊悔（「我不久之前才明白，我需要成為一個更好的人……我現在的人生旅程將是認識我自己，以及克服我心中的惡魔……我如此尊重所有的女性，並且遺憾所發生的事。」）在漫無章法的段落中，他談到力抗「美國全國步槍協會」（National Rifle Association）的事，也提到歌手傑斯沒有寫過的歌詞。「我正在拍一部關於我們的總統的電影，也許我們可以讓它成為一個聯合退休派對。」這是任何一位記者記憶中最說不清楚、最不專業的聲明。

「他沒在威嚇，真的，他只是一個喊叫的人，」波爾迪說：「他有一大群律師。他有很多話。他可以很大聲。但我們有全部的事實。」

現在，兩位記者與三位編輯在托倫的後面排成一列，托倫坐在鍵盤前，所有人的眼睛都盯著電腦螢幕上的文章。過去，要出版新聞報導，必須把文章送去有大滾筒紙張和大桶印墨的印刷廠，然後送進隆隆的卡車，再送到報攤或丟到訂戶家前的草坪。新的方法則是按一個鈕。巴克特喜出望外，認為這則報導可以出刊了。波爾迪則建議六位記者一起把它念過最後一次。

他們從最上面的標題開始：

哈維·溫斯坦支付性騷擾指控者封口費達數十年

這篇報導以一連三起個別的半島酒店故事開始。記者資料顯示至少有八筆和解金，她們努力蒐集與記錄的一連串指控，從一九九〇年紐約的年輕助理開始，然後是愛爾蘭的馬登，可怕的模式持續至二〇一五年。「溫斯坦先生數十年來的前任與現任員工，從助理到高層主管，都說他們為他工作期間，知道這些不當行為。只有少數人曾經挑戰他，」她們寫道。這篇文章描述這些站出來的女性，如何被封口或噤聲。

這個團隊一起默念每一行字。念完時，沒有人有任何修改或建議。下午兩點零五分，就在溫斯坦寄來他的聲明稿的二十五分鐘後，托倫按下了按鈕[7]。

溫斯坦沒想到這篇文章會立刻被刊登出來。當他正在辦公室與布魯姆和其他辯護律師計畫他們的下一步，一位助理的聲音敲響了他的頭。「報導登出來了，」他告訴他們。全辦公室的員工都盯著他們的電腦螢幕，仔細讀著關於他們老闆的新聞。

回到《紐約時報》，茱蒂的電話響了。「哈維．溫斯坦要跟妳說話，」一位助理用尋常的抑揚音調說。

「與艾希莉．賈德在一起的房間裡沒有性騷擾，」溫斯坦一拿起電話就大聲吼叫：「沒有警方的報告。這是一件不相干的事。」

茱蒂與梅根問他是否打算報復出現在報導裡的女性？她們想要將答案公開發表。

「報復行動會是針對妳們的報導，」他說。他一小時前的玩笑語氣轉變成更威脅的口吻，後來又改變。「我也對那些女性很抱歉，」他說：「我不是聖人，我們都知道。」在電話裡，與在聲明稿一樣，他在否認與悔恨中反反覆覆。如果這些女孩來到他的飯店房間，《紐約時報》怎麼可以稱他的行為是騷擾？他想知道。

他最後的告別演出是自憐。「我死定了。我死定了，」他說：「我會失去立身之地。」

這篇三千三百字的報導立刻為溫斯坦影業公司按下了危機按鈕。根據梅根後來拿到的一份會議錄音紀錄，幾個小時內，公司的董事會召開了一場緊急視訊會議，決定如何回應這件事。

火冒三丈的鮑勃．溫斯坦與幾位董事會成員堅持，哈維在接受公司調查期間，必須依程序請假，並且接受更多的心理健康治療。但是溫斯坦採取拖延戰術，聽起來他給《紐約時報》的聲明稿只是做做樣子，不具實質意義。董事會的反應「太快下評斷」。為了報復，他利用他與梅鐸家族（Murdochs）的關係，在《華爾街日報》刊出一篇關於梅洛夫的負面報導。溫斯坦拒絕向一篇會「把我關進大牢」的調查投降。他會在被趕出去之前，把公司賣掉。「我拒絕被強迫，」他告訴董事會。

然而，在多年被矇蔽與妥協後，鮑勃．溫斯坦終於看清他的兄長，以及這則報導對他的意義。「你完了，哈維，」他告訴他。

在接下來的幾天，大部分的董事陸續在未發表公開評論的情況下辭職[8]。但在私下會面時，他們發表他們的看法。曾擔任溫斯坦兄弟會計師的理查・寇尼斯柏格（Richard Koenigsberg）建議公司董事會走「鋼索：我們不贊同這種行為，但我們無法為哈維・溫斯坦二十年前做的事負責。」生產與發行公司的提姆・薩爾諾夫（Tim Sarnoff）認為，要將溫斯坦與Technicolor公司分割是不可能的，結果是，這些主管「必須保護哈維。」一位投資者保羅・杜德爾・瓊斯（Paul Tudor Jones）聽起來顯得樂觀，相信「事情很快會被遺忘。」

即使到了後期，他們似乎仍比較關心公司的未來，而不是女性的福祉，問題一直是如此。由於僅聚焦在義務與責任上，他們允許問題繼續發生，最後摧毀了他們一直想要保護的。

在董事會的會議上，溫斯坦在布魯姆的協助下，已經在宣傳東山再起的說詞了。他們將會贏得女性組織的支持，四十個、五十個、六十個。

「之後將會掀起一場運動，」溫斯坦宣稱。

那天晚上九點零七分，布魯姆寫了一封強硬的電子郵件給董事會，她之前寫給《紐約時報》聲明裡的妥協語氣已經不見了。

> 這是最糟糕的一天。
>
> 這是《紐約時報》刊出內容大多為不實與毀謗報導的一天，嚴重破壞新聞倫理，只給對方兩天回應數十起指控，然後拒絕納入能消除諸多指控的證人與文件。

> 明天將會有更多而且不同的報導，會強調報導不實的部分，包括哈維被指控的行為後，多張指控人與他友善併肩拍照的照片。

布魯姆說對了，會有更多報導的部分。但不是她設想的那一種。

第二天，十月六日星期五，茱蒂與梅根開始從許多女性那裡聽見更多與溫斯坦的故事，以致於寇貝特得徵召其他同事協助回覆電話。一位心理學教授湯米—安．羅勃茲（Tomi-Ann Roberts）說，一九八四年時，當時她二十歲，溫斯坦鼓勵她為一部電影試鏡，並邀請她來開會。但是她到的時候，他全身赤裸地坐在浴缸裡，告訴她，她需要為那個角色的一幕脫掉衣服。六十二歲的賀波．艾克辛娜．達摩兒（Hope Exiner d'Amore）說一九七〇年前後，溫斯坦在水牛城一間飯店房間裡性侵她。女星辛西亞．布爾（Cynthia Burr）說，同樣在那個時期，溫斯坦逼迫她為他口交。凱瑟琳．肯達爾說，一九九三年時，溫斯坦給她一份腳本，邀請她參加一場放映會，然後帶她回家，脫了她的衣服，在他的客廳裡追著她[9]。另一位前女演員朵恩．丹寧（Dawn Dunning）說，二〇〇三年時，溫斯坦說要當她的心靈導師，安排了一場飯店會議，拿出未來三部電影的合約，告訴她，如果她可以和他與一位助理進行三人性行為，她就可以得到這幾個角色。先前拒絕發表意見的朱迪斯．哥德雷奇說出他如何邀請她到坎城一家飯店的房間，在討論一場奧斯卡獎活動時，他將她壓住，掀起她的毛衣。

茱蒂與梅根面臨了一個她們從未思考過的問題：有多少個溫斯坦受害人的故事是她們真的可以報導的？

《紐約時報》的文章刊登後，羅南．法羅也即將完成他對溫斯坦犯行強而有力的詳細紀錄[10]。一位電視台記者蘿倫．席凡（Lauren Sivan）告訴《赫芬頓郵報》（*Huffington Post*）的雅沙．阿里（Yashar Ali），溫斯坦在一間餐廳的走道上擋住她的路，暴露他的生殖器、自慰，然後射精到一盆植物上[11]。

安潔莉娜．裘莉的代表律師為她安排了一個時段和茱蒂談話。羅珊娜．艾奎特公開說話了。而派特洛也已準備好要加入《紐約時報》的下一篇文章，關於溫斯坦的選角沙發騷擾，以及那些精心策畫的安排——「會議」、公事討論、助理，以及以明星夢作為狼撲的手段。

「這種對待女性的方式，現在結束了，」她在茱蒂與一位同事剛開始下筆的新文章裡這麼寫道。

布魯姆現身在《早安美國》（*Good Morning America*）節目上，從頭到尾如坐針氈，當梅根後來在報紙上透露她曾經答應溫斯坦影業的董事會，要刊出溫斯坦的指控者與他一起擺姿勢的合照，她上節目時更顯尷尬[12]。這時，布魯姆已經辭掉她在溫斯坦團隊的工作，拉尼．戴維斯也是。現在梅根想追根究柢，想知道溫斯坦公司對於這些指控知道多少，以及什麼時候知道的？

對於這些風起雲湧的回應，唯一沒有傳來太多消息的，是艾希莉．賈德。就在出刊前，她獨自去了大煙山國家公園（Great Smoky Mountains National Park）露營。她幾乎沒有手機收訊，已宣誓她不看推特，而且請她的代表律師處理任何的問題。大約每天一次，當她的手機能收到幾格的網路訊號時，她便寄幾張寧靜、蔥綠的山景照片給茱蒂。在山茱萸與木蘭樹林中健行，她僅稍微知道她對溫斯坦的聲明是如何被大眾所知，以及這篇報導是否對其他人也具有意義。

第八章　海邊的兩難

溫斯坦的故事是祕密的溶劑，促使全世界的女性站出來說出類似的經驗。「哈維．溫斯坦」這個名字變成一個討論錯誤行為的論述，當事情被掩埋數十年未被查驗，這是一個例證，顯示不那麼嚴重的逾矩行為可能導致更嚴重的逾矩行為。這是一個日漸浮現的共識，認為將性騷擾與性侵事件說出來是值得嘉許的，不是可恥或不忠誠的行為。這也是一則警世寓言，說明這種行為可能如何對員工造成嚴重風險。最重要的是，它標記了一種新興的認同：類似溫斯坦的行為無疑是錯誤的，而且不應該被容忍。

二〇一七年十月以後發生的事，完全出乎茱蒂與梅根的意料。第一篇溫斯坦報導刊出的幾星期內，排山倒海的內幕消息大量湧進了《紐約時報》和其他新聞機構──大批雜亂、未經審查、驚人的紀錄，包括美國與海外女性紛紛說出她們曾經忍受過的遭遇。這項調查工作變成整個新聞界的計畫。

《紐約時報》的性騷擾團隊擴大了，深入挖掘餐廳侍者、芭蕾舞者、家務與工廠工人、谷歌員工、模特兒、監獄守衛與其他很多人的故事。當茱蒂得到一個關於喜劇泰斗路易·C·K（Louis C. K.）的內幕消息，她與兩位同事記錄了五位女性對他不當行為毫不留情的陳述，讓路易失去了他即將上市的電影發行、他的電視網的支持，以及他的經紀人、經理人與公關[1]。整個過程感覺很緊湊而快速：從出現內幕消息到垮台的過程，不到一個月的時間。

那年秋天，來自各個領域的女性在社群網站上張貼#MeToo的故事，以一種新的團結氣勢與自發精神站出來——完全不需要像在溫斯坦調查案時，花費數個月建立信任或說服。一天深夜，當梅根從工作中暫時休息，閱讀各種在社群網站上的各式聲明，看見她所認識的女性有類似貼文時，她不禁流下眼淚。

改變的關鍵是新的究責感：當女性有信心把她們的故事說出來而不會遭到秋後算帳，愈來愈多人願意站出來。那些故事的數量與痛苦，顯示出問題的規模，以及如何擾亂生活以及削弱工作場合的進步。企業與其他機構開始調查與解雇有問題的主管。這些結果，對於說出真相真的能發揮作用的願景，說服了更多的女性說出來。

在立法者當中，也對長期被掩蓋的指控展開反擊。大批抗議者集結在斯德哥爾摩大街上。英國國防部長辭職了。原本權勢似乎牢不可破的男性，他們的專業瞬間消散了：包括電視主持人查理·羅斯（Charlie Rose）、麥特·勞爾（Matt Lauer），以及名廚馬利歐·巴塔利（Mario

Batali）。人們愈來愈有共識，知道之前各式各樣被容忍的慣例是錯的：來自上司的性暗示、企業中掩蓋騷擾與性侵害的強制性調解政策，甚至像是較小規模的行為例如在學校走道上襲胸，以及嘲笑電影中女孩被男性英雄征服者占便宜的場景。這些覺悟，以及社會標準的快速改變，似乎標示著進步依然是可能的，即使在一個黨派分裂、衝突不斷的時代。

在剛開始的幾個月，後溫斯坦事件的覺悟幾乎超越黨派政治：共和黨跌了一跤，民主黨也是。犯行普世皆有，迫使許多人開始自我省察。這種感覺像是原本令人沮喪的舊模式被重新切分了，過去主導一些指控的公共對話，包括對克拉倫斯．托馬斯、比爾．柯林頓、唐納．川普的指控，這些過去指控的特色是因黨派區分而產生不同意見，最後的結果比較像是聖戰，而不是源自道德的考量。

然而，這些對話也出乎意料地，轉回到川普總統對待女性的議題。《紐約時報》的讀者們把希望寄託在梅根身上，想知道川普現在是否要對二〇一六年時被指控的性失當行為負責，以及是否有更多女性提出新的指控。結果是，很少有這方面的事證。相反地，梅根正悄悄地追蹤另一條報導的途徑，包括在洛杉磯舉行的一場情色產業頒獎表演，尋找一位名為史托米．丹尼爾斯（Stormy Daniels）的女性[2]。多位記者正設法拼湊川普在競選期間支付給丹尼爾斯的一筆祕密和解金，防止她公開指控一段性關係，梅根是這些記者中的其中一人。她驚嘆這些隱晦的法律文件，現在成了公共對話的焦點。在川普的案件上，這可能構成違反選舉財務法的刑事案件。加州與其他幾州也準備通過新的法案，取消性騷擾和解協議的祕密性。

川普與溫斯坦的故事在其他方面交會：後來我們知道，這兩人都利用了「美國媒體公司」（American Media Inc.），也就是八卦小報《國家詢問報》（*National Enquirer*）的母公司，協助掩蓋關於女性、讓形象受損的故事。二〇一六年，美國媒體公司買下，然後掩蓋了另一則川普緋聞的陳述[3]。大約相同時間，該公司一名主管指示記者去挖溫斯坦控訴者的瘡疤。

那麼多的事情突然浮上檯面，許多人在問：過去到底發生了什麼事？什麼事被掩蓋了？誰該負責？

茱蒂與梅根第一篇關於溫斯坦被指控的罪行刊出七個月後，她們坐在曼哈頓的一間法庭裡。她們在等溫斯坦，他那天早上在幾個街區遠的警局接受登錄在案、按指紋，並拍一系列的臉部特寫照片留下紀錄。

這位製片已經失去了他的工作與名譽。但是那一天，他將開始面對最終的問責。他在被告待審名單上，排在其他尋常案件的後面。法庭外，一整排的攝影機等著，詭異地讓人想起他走了多年的紅地毯。

由於瞬間可見溫斯坦身後拘留室的鐵欄，他以一種羞辱的姿態進入法庭。他的兩隻手臂被手銬銬緊在背後，為了符合他的腰圍，得用三副手銬；兩位警探在前面引路，其中一位是女性。法官宣布程序開始，一位女性檢察官大聲念出起訴理由，她的聲音清晰地響起：「閣下，被告在法庭前，因兩起個別的脅迫侵害，被控兩起暴力B級重罪。」在簡短的數分鐘內，溫斯坦被以強暴一名女子，以及強迫另一名女子進行口交，涉刑事性犯罪遭到起訴。在繳交一百萬美元的保釋金之前，他先交出護照放棄他的自由。

我們無法預測這場判決的結果。溫斯坦不能以性騷擾接受審判。那是民事案件，而且，雖然很多女性對他提出訴訟，但無法保證那些訴訟會如何解決。那天並未審理對這位製片最嚴重的刑事指控，也可能永遠不會在法院處理，因為它們超過了紐約法令的限制。其他被指稱的受害者至今仍選擇不與當局合作，傾向保護自己，或者對定罪持悲觀看法。茱蒂與梅根未調查過當天提出控告案的兩位女子，她們是報導刊出後站出來的數十位女性中的兩位，其中一位女子的姓名甚至沒有公開。（稍晚，檢察官根據其中一位指控者的說法，撤銷了一組告訴，然後又加了一組與第三位指稱受害人相關的告訴。）性犯罪以不容易審判出名，而溫斯坦的辯護律師承諾要替他澄清。

但是在將近五十年的罪行後，檢察官終於讓溫斯坦現身在他們眼前。「他現在正體驗他讓其他人經歷的所有過程，」指控溫斯坦在一九七〇年代逼迫她進行口交的辛西亞．布爾告訴《紐約時報》：「侮辱、沒有價值、恐懼、軟弱、孤獨、失落、受苦與羞愧。而這對他而言只是開始。」[4]

最後，溫斯坦被戴上一副笨重的電子腳鐐，監控他的行蹤。他大聲抗議，想要反擊這不可避免的事，然後放棄了。他能有什麼選擇？當溫斯坦離開法庭時，看起來神情恍惚，彷彿還在努力想，到底發生了什麼事？

當春天進入夏天，茱蒂與梅根開始將焦點轉移到一個新的問題：有多少事情真正在改變中，以及這些改變已經太多，還是尚不足夠？

性與權力的舊規有部分被掃除了，但新的規範會是怎樣，或者應該是怎樣？對於什麼行為要受檢驗？怎麼知道該相信什麼？以及究責該如何進行？大眾對這些少有共識，並且憎恨地彼此爭論。幾年前，塔拉納・伯克發起了#MeToo運動，鼓吹對性暴力受害者的同情與療傷，而現在這個標籤則被用在包羅萬象的各種申訴，從口語侵害到不舒服的約會，當中許多缺乏究竟是職場侵害或刑事侵害的清楚界限。那年稍早，一個線上雜誌babe.net刊登了一篇指控喜劇演員阿濟茲・安薩里（Aziz Ansari）的文章，指控他在一個私人約會場合行為不當。但我們很難分辨他的行為只是過分殷勤與無知，或者是更糟。

那篇報導完全根據一起意外事件，由一位匿名的指控者陳述，這顯示出了另一個兩難困境：雖然許多報導持續根據深入的調查與公開證據，刊登與揭發內幕消息，但有一些刊載僅根據單一消息來源或不具名指控者，標準顯然低很多。一旦刊出後，有些報導會暴露更多的指控，以及更多罪行的證據。但有些報導似乎很薄弱，而且是單方說法，遭指控的人會質疑公正性。在社群媒體上貼出缺乏任何證據支持，或缺乏被指控者回應的指控，也是如此。

「相信女性」（Believe Women）變成今日的流行語之一。茱蒂與梅根對這句祈使句背後的精神非常同情：她們花了她們的職業生涯，讓女人的故事得以印成鉛字。然而，記者的職責是檢驗、確認、檢查與質疑訊息。（梅根的一位前任編輯在桌上貼了一張標語，上面寫著：如果你的媽媽說她愛你，確認一下。）溫斯坦的故事造成很大的影響，部分原因是它成就了某種在二〇一八年時似乎罕見而珍貴的：對事實的廣泛共識。

我們很容易堅持究責，但是在一些情況下，歸屬責任變成一件弔詭的事。明尼蘇達州參議員艾爾．弗蘭肯（Al Franken）在一月時因為發生在他擔任公職之前的多起意外事件而辭職，部分指控包括不受歡迎的強吻，但其他似乎像是源自他喜劇背景的玩笑動作。民主黨員對他的案件意見分歧[5]。很多公司注意到溫斯坦影業未能及時採取行動的教訓，開始吹噓自家公司的零容忍政策，但禁止的內容卻是像這些：不期然地把手放在別人的背上？在一場假日派對上隨口的醉後語？有愈來愈多的批評者抱怨，男人要變成受害者了。

甚至溫斯坦當時的律師班傑明．布拉夫曼（Benjamin Brafman），也搭上了這波批評聲浪。六月，亦即溫斯坦被起訴的一個月後，布拉夫曼接受一個電台專訪[6]，滔滔不絕地細數日益升高的不滿。他辯稱，對溫斯坦的起訴，只是#MeToo運動變成另一種形式的獵巫，一種道德的驚慌。因為女性做出誇大的申訴，它正「證明誇大過頭了」，以致於它失去了「部分的可信度」，變得如此極端，以致於公司同仁現在都不敢告訴「有魅力的同事，說她們今天穿得很美。」與其討論針對溫斯坦的整體申訴力道，他利用最勉強薄弱的#MeToo申訴來煽動懷疑。

隨著強烈反彈逐漸擴散，其他人則聲稱改變根本不夠。社會觀感一直在變動著，每天都有戲劇化的指控標題，但本質大多仍然相同。性騷擾法多已過時，而且只有偶爾被執行，此外，除了少數州做了一些修改，它們看起來短期內也不太可能改變。祕密和解金仍然有人在支付，事實上，有些律師說支付總額比以往更高，讓加害者繼續躲藏。而種族與階級對於案件如何被處理，往往具有關鍵性的影響。

茱蒂報導了低收入工人的情況，她們的經歷顯示幾乎沒有結構性的改變。大部分員工，從沃爾瑪（Walmart）到潛艇堡餐廳（Subway），都說長期政策還好。有很多她聯絡的員工受到啟發，而且感到氣憤：她們看到女演員公開說出來，對高不可攀的明星遭受的經歷，覺得心有戚戚。然而，她們不清楚是否有任何管道可以說出這個問題。

二十五歲的金．洛森（Kim Lawson）是密蘇里州堪薩斯市一間麥當勞的員工，她告訴茱蒂，她曾經在兩個場合裡被騷擾，第一次是二〇一五年左右，在一間她與她的幼女一起居住的老舊公寓套房[7]。她的房東三番兩次向她調情，當她拒絕後，他調漲了四次房租，直到她負擔不起。由於沒地方可住，洛森只好決定將她女兒菲絲（Faith）送去距離四小時車程遠的外婆家住。

在無家可歸的前幾個月，她設法在麥當勞找到了一份新的工作。但是洛森說，她開始工作不久，卻遭遇到類似的騷擾對待：一位同事站得離她太近，以致於每當她轉身，就會擦撞到他。她曾請求總經理告誡他，但他並沒有停止。很快地，一位輪班的主管也開始騷擾她，說些像是「妳是黑美人」和「妳應該離開妳的男朋友」之類的話。她不知道有什麼選擇或資源能解決房東的騷擾，當她與茱蒂談話時，她也不清楚她能如何解決工作上的問題。就她所知，麥當勞沒有性騷擾的訓練。（其實有，但該公司主管後來承認不是每一位員工都有接受教育訓練。）她不知道要怎麼接觸到母公司的人以尋求幫助，也很害怕這麼做會引起報復。

「我完全不知道要打電話給誰，」洛森告訴茱蒂：「我不知道我可以跟哪一個人說話。」

茱蒂與梅根從各行各業的女性身上，都聽到類似的問題——我要聯絡誰？我要走什麼程序？兩位記者的手機號碼與電子郵件信箱已經被瘋傳，每一天，她們都會收到關於騷擾、暴力與默默受苦的親身經歷故事。在一些讓人難過的電話裡，有女性懇求茱蒂與梅根調查她們的案件；她們深信，如果她們能寫些東西，某種正義便能得以伸張。

但是對溫斯坦提出指控的受害者太多了，也不太可能寫完其他加害者的故事。記者很難啟齒解釋，由於報社的侵害報導已經氾濫，不是全部的故事都可以被報導出來，即使是全國最有力的報社，也無法承受這筆帳的全部重量。記者在體制失靈的時候加入，但那不是永遠的解決之道。

從某方面來看，那些覺得 #MeToo 走得還不夠遠的人，以及那些抗議它走得太遠的人，說的是某種相同的事：我們缺乏程序，或者一個夠清楚的規範。公眾對例如「騷擾」或「侵害」這些字的精確意義沒有共識，更別說企業或學校應該如何調查或懲罰那些人。從公司董事會到酒吧友人，每個人似乎都很努力思考自己的新規範，形成一股熱烈的討論，也造成整體的混亂。我們不清楚這個國家要如何同意一種有效的新標準，或者如何解決拖欠的海量申訴案件。

因而，兩邊都覺得受到不公平的對待，就這樣持續升高。

八月初的一個週六下午，茱蒂收到一則緊急的簡訊。擅長性騷擾、勞工問題案件，也經常擔任吹哨人的律師黛博拉．卡茲（Debra Katz）想要立刻通話[8]。不行，她不能等一小時。

在她們的記者—消息來源關係中，茱蒂經常向卡茲諮詢法律問題，在文章中引述她的看法，曾經和她談過厄文．瑞特，他現在也成了卡茲的客戶。這次當茱蒂打電話給卡茲時，她的聲音聽起來一副「這件事很複雜」。這是一位很有潛力成為報導內容的新客戶。但都還沒公開，她說。

幾天前，她開始擔任一位女士的代表律師，她說自己曾被布萊特．卡瓦諾法官侵犯，而他是最近川普總統提名的最高法院大法官人選。他們兩人當時是馬里蘭郊區一所高中的同學。根據卡茲客戶的說法，在一場派對上，喝醉的卡瓦諾在一位朋友的協助下，把她推到一個房間，把門鎖上，把她壓在床上，撫摸她，當她想要大叫時，摀住她的嘴巴。卡茲說，這位客戶說她最後設法逃走，但是那次的遭遇對她往後造成極度痛苦與焦慮。

卡茲說，對於指稱的侵犯並沒有很多確證。這位女性當時並未把事情告訴任何人。近年來，她曾與她的丈夫和幾位朋友討論過這件事——他們還在釐清是誰。她也告訴了治療師。一些細節已經印象模糊了：她不知道事情發生的確切日期，或其他的細節。她已經通過了卡茲安排的一次測謊，而且她似乎心理上已經準備好要把她的經歷告訴更多人。

在茱蒂聽起來，這是這位律師最擔心的情況。她描述她的客戶是一位科學家，個性謹慎且精確，沒必要假造消息。然而，她繼續說，這位女性對於成為公眾人物沒有任何防護。她很熱切要分享她的故事，而且似乎沒有想過她自己、她的家人，與她的人生將可能被撕裂。在她告訴卡茲之前幾個星期，這位女性已經用自己的信箱帳號寫信給一位民選官員。卡茲說，那份文件可能很輕易地被流出。如果真的洩露出去了，她不確定整個國家的反應會是怎樣。

卡茲打電話來有兩個原因。她想要密報《紐約時報》，請報社挖掘更多卡瓦諾對待女性的歷史，看看他是否確實有不端的行為模式。她同時也懷抱希望，期待她的客戶將故事告訴《紐約時報》的茱蒂與梅根，搶先在任何可能的消息走漏之前。她的客戶已經向《華盛頓郵報》通風報信，也與該報社一名記者談過話，但不確定《華盛頓郵報》是否會追蹤這個故事。

茱蒂建議，第一步由她來和這位客戶談話，私下談，以便聽到第一手的訊息。卡茲同意了，但也警告：不要自己猜測這位女士的身分，或者直接出現在她家門口。她已經受到驚嚇了，驚奇式的策略可能會產生反效果。

茱蒂一掛上電話，她就發送訊息給寇貝特與梅根：「需盡快與妳們討論。卡瓦諾，性侵。」

從一開始，包括匿名的描述，卡茲所描繪的情境，都命中一些#MeToo對話中最複雜與未解的議題：如何處理過去痛苦意外的兩難。指控者以公正程序站出來申訴，以及被指控者必須可以回應，需兼顧這兩者的挑戰。究責的爭議在於：如果這位女性的經歷屬實，這位候選人應該因為在中學時做的某件事受審判嗎？

如果有一位小說家想構思一種情境，捕捉#MeToo強烈情緒的漩渦，應該很難寫出比這個更能激起火花的。缺乏指稱侵害當時的確鑿證據，意謂事實本身就充滿爭議。如果卡茲的客戶公開她的指控，有些人可能會認為這是一種嚴重的攻擊，甚至是刑事犯罪，但其他人則可能輕描淡寫，當他是酒後胡鬧。事發當時，卡瓦諾是一個在私人派對上的青少年，所以這個案件與溫斯坦案核心中的職場申訴非常不同。然而，她陳述的行為可能是重要的，因為當事人正被考慮賦與這個國家最具影響力的工作之一，他可能會做出影響深遠的決定，包括攸關婦女和年輕女孩命運的決定。

如果這項指控公開了，可能會像是重返一九九一年安妮塔．希爾的克拉倫斯．托馬斯聽證會。所有這一切將在川普政府中上演，隨著最高法院搖擺大法官（Swing Justice）退休*，此時民主黨正被先前否決歐巴馬總統最後提名人選的共和黨所激怒，透過一連串早在川普上任前就完全政治化的提名程序，一一呈現出來。一位卡瓦諾大法官就可能裁決墮胎案，這個也許是這個分裂的國家中意見最分歧的議題。由於期中選舉就要到來，這位女性站出來的政治影響可能非常深遠。

寇貝特悄悄地把這個密告消息分享給報社幾位編輯。記者們已經開始查證卡瓦諾與女性的互動，但她也指示一小群人進一步聚焦，注意任何指控浮出檯面的可能性。

她的名字是克里斯汀·布萊西·福特。[9]二〇一八年夏初，她是一位聲譽卓著的科學研究者，一位獨立思想家，也是兩個男孩的母親，當時還未完全融入#MeToo新聞與紛擾中。她原本預期接下來幾個月將充滿爭議，因為她與同事將出版一篇論文，談毒品K他命的抗憂鬱效果。

華盛頓特區在她的人生圖繪中，主要是一個她排拒的地方。她和卡瓦諾同樣生長在富家子弟的特權市郊。但是在她二十幾歲時，她逃離了那個世界，去了加州，沉浸在大腦科學中。她五十一歲，是帕羅奧圖與史丹佛大學教育聯盟中的心理學家與生物統計學家。推特對她而言很陌生。她是一個隨性的民主黨人，曾在幾個地方捐出政治獻金，包括一筆是給貝尼·桑德斯（Bernie

＊譯註：指擔任大法官三十年的安東尼·M·甘迺迪（Anthony M. Kennedy）。在保守派與自由派法官勢均力敵時，搖擺大法官的決定就有關鍵性的影響。

Sanders），但她並不熱衷追隨國家政治的折衝動態。和她的同僚一樣，以一種高度科學化、大部分人看不懂的語言撰寫她的論文。她的名字出現在創傷、憂鬱、韌性方面的研究，但是她對於她所描述的被侵害記憶，一直不是在她人生中的最前線或最中心。

直到二〇一二年，她才知道卡瓦諾的近況，當時她剛好在網路上讀到喬治・W・布希（George W. Bush）總統去參加他的婚禮的新聞。那是她第一次發現卡瓦諾在他的法律生涯已高升到如此程度。她的中學同學爬到這麼有聲望的地位，並非不尋常的事。「那一刻，我心想，『我很好奇他會不會被提名到最高法院，』」她在後來一系列訪談中的回憶時說。

同一年，她與先生找諮商師，協助他們的溝通問題，包括解決幾年前因為整修他們帕羅奧圖的房子所懸而未決的爭吵。福特堅持要第二扇前門，解釋說，如果沒有那扇門，她會覺得受困。那是福特第一次告訴她先生，在中學時她曾經被困在一個房間裡，身體被一個男孩壓制，他猥褻她，而另一個男孩在旁邊看。這是為什麼她覺得需要多條逃生出口。

「她說她最後在被強暴之前逃脫，但是那次的經驗創傷很深，因為她感覺到無能為力，身體被操縱，」她的先生羅素・福特（Russell Ford）後來在一個發過誓的書面證詞上寫著：「我記得她說，那位攻擊者的名字是布萊特・卡瓦諾，他是一個來自克里斯汀故鄉的成功律師，在華盛頓特區的社群很有知名度。」[10]

透過諮商，福特更覺知到她多年來如何與那次意外的挫折糾纏，受限的空間如何引發她的焦慮，以及為何她在面對衝突時，常有衝動要逃離。多年來，她把她的故事告訴治療師，包括創傷後症候群的專家，以及幾位朋友。

二〇一六年春天裡的某一天，她和一位朋友凱斯・寇格勒（Keith Koegler）正在觀看他們的兒子一起打球，這時福特轉向他，一副憤憤不平的樣子[11]。原來是一位史丹佛學生布洛克・特納（Brock Turner）性侵校園裡一位暫失意識的女子，被判刑服監六個月，緩刑三年，批評者認為是正義不彰。福特告訴寇格勒，她在青少年時期曾經被一個現在是聯邦法官的人性侵。「因為孩子們正跑來跑去，也因為她的神情看起來沒有想說更多，我就沒進一步問，」寇格勒在一次受訪時說。「我一頭霧水，不知道他是誰。」

那年秋天，福特因《走進好萊塢》錄音帶中川普無情的評論大感震驚，但是她沒有繼續追蹤指控總統候選人的那些故事。幾個月後，她參加了一場在聖荷西（San Jose）舉行的女性遊行，其他女性都戴上粉紅色的帽子，抗議性暴力，但她對那一年的另一場遊行更有興趣，那是抗議聯邦政府刪減科學研究預算的遊行。她和朋友們戴上灰色針織帽，因為大腦灰質的緣故。溫斯坦的新聞爆發後，她在社群媒體上只寫了「#metoo」。

然而，二〇一八年六月，當川普提名最高法院大法官的簡短名單流出，而卡瓦諾的名字名列其中，她寄電子郵件給她的朋友寇格勒，說出她的不安：

受到偏愛的最高法院提名大法官就是高中時性侵我的混蛋。他和我同齡，所以我的餘生裡，他都會在最高法院。☹

寇格勒回信說：

我記得妳告訴過我他的事，但我不記得他的名字。妳可以告訴我，好讓我看看關於他的資訊嗎？

「布萊特．卡瓦諾，」福特回覆。

七月四日假期接近時，她覺得愈來愈驚慌。川普總統正進行一個實境秀式的搜查，而且他答應在接下來的七月九日星期一發表談話。

若卡瓦諾將被提名擔任一份終身職，她覺得她應該提供相關的訊息。但她仍想保護隱私，不想因傷害一位家鄉英雄的候選人資格，讓她在東部的家人難堪。尷尬的是，他們兩人的父親仍是同一間小型私人高爾夫俱樂部的會員。她不想公開羞辱卡瓦諾。她只想說出中學時發生過的事，而且她想要在他被提名**之前**說出來。如果她早一點干預，主事者可以考量這個訊息，也許能換另一個沒有這種信任問題的候選人。但是她可以謹慎地告訴誰?誰能以值得信任而且有效的方式處理這個訊息?

福特明白她的觀點是受限的,她不知道她所記得的卡瓦諾的行為,究竟是單一事件,還是一種侵犯的行為模式?她問她自己,**這是突發事件,還是人格特質的一部分?**

福特努力想,是否要在一種不太可能的情況下影響最高法院法官的提名?或者如何影響?她是一位熱衷的衝浪者,她和她先生是透過成功配對他們有共同衝浪興趣的網站上認識的。他們第二次約會是在聖馬特奧(San Mateo)外海的波浪上[12]。有一次,一頭巨大的白鯊在她身邊浮出水面。這場驚嚇如此巨大,她兩天都無法睡覺。福特經常在課堂上利用衝浪的隱喻,嚮往聖塔克魯茲(Santa Cruz)寬闊的海灘與自由的氛圍,這是在她帕羅奧圖的家,往南邊大約一小時車程的夏日避暑勝地。

現在,她與她的朋友們聚在沙灘上,望著一望無際的太平洋、長泳,看著他們的孩子在加州州立公園青少年救生員培訓計畫中受訓,一邊忖量她能悄悄干預的幾種選擇。福特沒有打電話給任何律師。但她想著是否應該直接打電話給卡瓦諾,告訴他應該對大法官職位知所進退,以避免她公開站出來而引起家人的難堪。或者,她可以打電話給馬克·賈吉(Mark Judge),也就是她遭侵害時房間內的另一個男子,請他將這則訊息帶給他?

「我太激動,」她回憶那個時候說:「我該怎麼做?」

她沒有和先生說太多：他每天通勤往返帕羅奧圖工作。羅素．福特是製作醫療器材的工程師，和他妻子一樣具有科學腦，也有同樣的不知變通。他也是天生的樂觀主義者。她說，當時他們都沒想到只是安靜的發出有關幾十年前的訊息，會對他們的家庭造成如此重大的影響。

七月六日星期五，她停好車子，走到里奧德馬海灘（Rio del Mar Beach），打電話給她那一區的國會議員，民主黨的安娜．艾修（Anna Eshoo）。一位年輕女性接起電話，福特不假思索地說出她的訊息：

最高法院提名名單裡的某個人在高中時曾性侵我。我需要告訴你們辦公室的某個人。這很緊急，川普就要做出他的決定了。

接電話的女性告訴她，他們會盡快回她電話。

福特再次拿起她的iPhone。不確定艾修辦公室什麼時候會回覆，她要找另一條管道。她按了《華盛頓郵報》的匿名爆料專線，開始打字：

早上10:26

一位最高法院被提名人在他朋友的協助下，於一九八〇中期時侵害我，在馬里蘭。已有心理治療紀錄談論這件事。覺得我不應該保持沉默，但不想給華盛頓特區與加州的家人太多壓力。

一小時後，她回到爆料專線加以澄清：

早上11:47

布萊特・卡瓦諾與馬克・賈吉，以及一位名為PJ的旁觀者。

「我以為我的電話會立刻響起來，」福特後來說。但她也沒有從《華盛頓郵報》得到立即的回應。

七月九日，也就是三天後，川普總統宣布了他的提名人：布萊特・卡瓦諾，優秀的法官，積極正向的人，她女兒籃球隊的教練。

在一則給朋友的簡訊裡，她打出了一個傷心的表情符號，然後補上：

嗯

很嗯。

福特是個瘋狂的美式足球迷，她曾經在一支優秀的聯盟打球，甚至曾經在夏季訓練時，自願收留一位史丹佛球員住在她家。而現在，她用美式足球中發動攻勢的四分衛作為類比，來解釋這件事。她試著將球傳給她在國會與《華盛頓郵報》的隊友。但他們讓球掉了。這場比賽結束。

第二天早上，也就是七月十日，福特回到《華盛頓郵報》的爆料專線，用相當於新聞威脅的方式說：她可能會帶著她的故事去找參議員或《紐約時報》[13]。快中午時，《華盛頓郵報》的記者愛瑪．布朗（Emma Brown）與她通上電話，熱切地想聽她說話。

同一天下午，她的電話又響了。艾修屬下的區主任在電話裡。這位助理前一天已經打電話確認：「是被挑選上的那個被提名人嗎？」現在，他們同意福特在七月十八日星期三這一天，來艾修的辦公室。

還有一個星期。等待的這段時間，福特讀到一些吹捧卡瓦諾的報導，強調女性與女孩對他的支持。《華盛頓郵報》刊了一篇一位母親撰寫的讀者來函，熱烈讚揚他是多麼棒的女子籃球教練[14]。一位中學時代的老朋友告訴福特，他的社區多麼驕傲即將產出另一位大法官。（大法官尼爾．戈蘇奇〔Neil Goruch〕也曾就讀喬治城預備中學〔Georgetown Prep〕，與卡瓦諾同一所。）

勝算不在我這邊，福特記得她當時這麼想。

她可以忍受他被指定為大法官。「我真的想過擺脫這樣的結果，」她說。但是即將看到卡瓦諾進入最高法院，而沒有說出自己的回憶，似乎讓人難以忍受。「不把事情說出來很令人沮喪，」她說。

所以，她開始蒐集證據，開車到她的醫生位在矽谷的診所，要求備份她回憶被侵害的那段治療紀錄，那也是她之前透露給《華盛頓郵報》的參考資料。

同時，她告訴她兒子最少的訊息。「總統想要聘請擔任一項重要工作的人，在你這個年紀時，對我做了一些不好的事，」她說：「我正想辦法讓這則訊息讓他知道。他可能會覺得這則訊息很重要。」

「很酷，」她的大兒子說，他的年齡正是她被侵害的那個年紀。

七月十八日，她與眾議員艾修的區主任卡倫．查普曼（Karen Chapman）會面[15]。福特提供了一段詳盡的陳述，把她記憶所及全盤托出，甚至還畫了一張地圖，畫出她記憶中被困住的那間郊區房子。查普收下影印的紀錄，表達她的支持，但是艾修不在，所以兩天後，福特得再回去艾修的辦公室，把她的陳述重新再說一遍。

艾修答應會再聯絡她，並且發出嚴厲的指示：所有都必須保持機密。福特除了丈夫之外，只有告訴一小群人，包括《華盛頓郵報》的記者愛瑪．布朗、凱斯．寇格勒、幾位朋友，以及兩位工作上的心靈導師。「妳不能繼續說出這件事，」艾修告訴她：「如果這件事傳開，會是因為妳告訴了其他人。」艾修說，事情傳得很快，而且可能會影響福特以及她選擇如何繼續。

福特當時仍不知道事情會如何發展，認為這次會面感覺像是進展：她終於把她的訊息傳給一個位高權重的人物。「我信任她的辦公室，」福特寄電子郵件給她的一位心靈導師說：「而且我們在公共政治的目標上一致。」在艾修的建議後，福特略過了《華盛頓郵報》記者的訊息。

然而，就在這段時間，福特開始收到來自陌生人的高度施壓簡訊。她的一位朋友告訴了某個人，那個人又告訴了另一個人，很快地，她的指控在帕羅奧圖的女性主義圈傳開了。這些女性，包括具有權勢的學者，曾在布洛克．特納案與女性大遊行、以及幾個月前的#MeToo運動時聚在一起，強化了她們的信念。福特只認識其中一位當地的運動分子，大部分她都不認識，但她們全都鼓勵她站出來。「這是歷史上的關鍵時刻，」一位朋友在簡訊上強調。

福特大多略過這些散播訊息的建議。她說，要不是卡瓦諾，她根本不會留意大法官提名過程，而且也不會想到她的行動是否或將如何影響#MeToo運動。

但這些訊息是前兆：這個情勢會引發其他人強烈的情緒，她可能會失去對自己故事的控制，會有不同目的的人採取行動，而不顧慮她的期望。忽視這些訊息，她也錯過了重要的線索。

七月的最後一個星期，福特被拉回了華盛頓地區。她的祖母中風了，病情嚴重，來日不多。福特痛恨飛行，但是她和她的兒子還是飛往德拉威爾，與她的雙親在里霍伯斯海灘（Rehoboth Beach）度過炎熱潮濕的十天。

她的雙親對她的祕密一無所知，她說，他們從來都不知道。而且她也不想增添他們的煩惱，尤其他們正在照顧她的祖母。當艾修的辦公室來電時，她走到門廊外以保有隱私。這位助理請她寫下一封信，為參議院司法委員會詳細描述與卡瓦諾之間事情發生的經過，他們將為最高法院大法官提名人舉辦聽證會。書寫的內容很直接：現在福特已經習慣重複這個故事了。但是她猶豫該寄給誰。這位助理告訴福特，把信寄給參議員黛安．范斯坦（Dianne Feinstein），該委員會的首席民主黨員，以及共和黨的主席查爾斯．格拉斯利（Charles Grassley）。福特擔心這會提高她的名字與事件公開的可能性，所以她只把信寄給范斯坦，她認為根據艾修辦公室的說法，范斯坦會遵守選民保密隱私的請求。

二〇一八年七月三十日

機密文件

黛安．范斯坦參議員

親愛的范斯坦參議員：

我寫這封信，是關於評選目前最高法院提名人的資訊。身為一名選民，我期盼您將此訊息維持保密，直到我們有進一步談話的機會。

布萊特・卡瓦諾在一九八〇年代初的某一年，在我就讀中學時，以肢體攻擊性侵我。他是在他的一位好朋友馬克・G・賈吉的協助下做的。他們兩人比我大一、兩年，是當地一間私校的學生。那次侵害行為發生在馬里蘭郊區房子的一次聚會，那次聚會包括我和其他四人。當我要從客廳經過一個樓梯井要去上面的洗手間時，卡瓦諾用力把我推進一個房間。他們鎖上門，把音樂開得很大聲，阻絕任何我能成功呼叫求救的機會。卡瓦諾壓在我身上，一邊和賈吉大笑，賈吉有時也跳到卡瓦諾身上。他們處於高度亢奮狀態，當卡瓦諾想脫掉我的衣服時，他們兩人繼續大笑。卡瓦諾用手捂住我的嘴巴，我害怕他可能無意間把我悶死。房間另一邊，喝得很醉的賈吉對卡瓦諾含糊說了一些話，從「繼續」到「停下來」。賈吉一度跳上床，壓在我身上的重量很可觀。三個人堆倒下來後，他們兩個人互相打來打去。我幾次嘗試逃開後，得以藉此機會起身，跑過走廊進到一間浴室。我一進去就把浴室門鎖上。他們兩個人很大聲地踉蹌下了樓梯井，當時屋裡的其他人跟他們說話。我出了浴室，跑出那個房子，回到了家。

那次侵害事件後，我沒有再見過卡瓦諾。但我在波多馬克村（Potomac Village）的Safeway超市見到馬克・賈吉一次，他看見我時，表現出極為不安的樣子。

我曾經因為這次侵害事件接受醫學治療。七月六日，我通知我們當地的政府民意代表，詢問他們如何分享這則消息。討論性侵及其影響令人不快，但身為一位公民，保持默不作聲讓我覺得有罪惡感，因而不得不這麼做。

如果妳希望討論這件事，我可以奉陪。我目前正在中大西洋州度假，一直到八月七日，八月十日後會回到加州。

請守密，

克里斯汀．布拉西

加州帕羅奧圖

「收到！」助理回信說[16]：「今天會把信件轉交給她。」

很快地，助理打電話給福特，轉述艾修在華府的員工，把這封信的紙本親自拿到范斯坦辦公室的每個動作。「現在，他把它轉交出去了，」這位員工說，彷彿他們在討論國家的核子規範準則。

接著，范斯坦參議員本人也在電話裡。這位八十五歲的立法官員似乎有些重聽。她用喊的詢問這宗事件的詳情，福特也喊回去，以確認這位參議員了解她所說的話。范斯坦參議員說，她會讓這封信保密，並且答應會回覆她。

當福特掛上電話，她開始想像這封信將在國會大廈屋頂下發揮什麼樣的力量，這是她在加州海邊不會有的。幾個星期以來，福特的密友一直告訴她去請一位律師，保護與保留她自己的故事，但她一直抗拒。她說，她和先生一直在存一筆錢，準備支付夏威夷一間公寓的訂金，他們想在那裡衝浪與退休，不想浪費他們的資金。現在，她明白她一定需要一位律師。

她聯絡到第一間華盛頓法律事務所不想碰這個案子，但是她找到了另一位律師勞倫斯・羅賓斯（Lawrence Robbins），他曾經在最高法院辯論好幾宗案件，而且他聽得很仔細。「她並未嘗試縮小她記憶的裂口，」羅賓斯說：「她對記憶所及的事極為清晰。她提供證詞的形式，也許不是防彈級的，但非常充足，我認為應該嚴肅看待。我的印象是，她很可信，而且值得支持。」[17] 但是他不能公開代表她：他的合夥人擔心，如果這間事務所看起來做了某些與最高法院相違逆的事，會傷害他們受理上訴法院的案件。所以他提供的任何協助，都只能在檯面下進行。

八月六日星期一，就在福特的祖母剛去世，她將離開華盛頓地區時，她和兩位新律師討論這件事，但這次是面對面。參議員范斯坦的辦公室已指揮兩位法律夥伴，黛博拉・卡茲與莉莎・班克斯（Lisa Banks）參與，解釋說，這兩位曾參與這一類型的指控。福特已研究過她們的網站，注意到她們曾經擔任吹哨人的角色。然而最可貴的，是她們能夠即刻見面。福特說她可以在巴爾的摩機場附近的一間飯店裡快速見個面。

卡茲與班克斯很快地同意了，但不確定結果會怎樣。幾天之前，范斯坦主動聯絡她們，詢問一般性的問題：如果妳們遇到多年前的性侵指控，妳們會怎麼確認？然後她接著大略說出福特的陳述，但未指名道姓。對福特而言，她不確定要怎麼理解這兩位律師，或是如何回應故事與背景中所有的細節與私人問題。

她不知道她正與全國最頂尖的性別歧視律師對話。黛博拉．卡茲——幾乎每個人都叫她「黛比」（Debbie），她的個性與福特相反，是一位攬事的運動分子，精通華盛頓的政治與女權爭議。從人權的觀點來看，卡茲認為法律是一種推動進步的方法。她的法律生涯從最高法院審理的第一宗性騷擾案件開始——「美馳儲蓄銀行訴文森案」（*Meritor Savings Bank v. Vinson*）——當時她是一個法律團隊的年輕成員，整個團隊當時一起構思辯護的策略。在這個案件中，一位銀行出納員說，分行經理三番兩次侵害她，並且告訴她如果不從，他就要開除她。一九八六年，法院以九比〇的票數，判定文森勝訴，奠定了性騷擾為歧視的先例。

三十年後，卡茲仍然是一位強硬的左派人士，但有了一整衣櫃的細條紋西裝，她穿上這些正式服裝，代表被欺壓的員工出面協商。她在法律上的夥伴，莉莎．班克斯，同時也是她公事外最好的朋友，則有一種較沉穩的氣質，有一種面對敵方時可能很有用的木然眼神，以及一種可以溯至童年的毅力——她七歲時，有人粉碎了她的夢想：這個人告訴她永遠不可能為波士頓紅襪隊打球，因為她是個女生。[18]

她們在杜邦圓環附近的大樓辦公室裡，擺設了時尚的辦公家具、盆栽——還有一張卡茲兒子的朋友的畫，畫中是蘿絲．麥高恩拿著哈維．溫斯坦被切斷的頭顱。當這兩位律師在巴爾的摩與福特會面時，她們已經過度操勞了好幾個月，努力充分利用溫斯坦事件後，這千載難逢的機會。在她們大部分的生涯中，有關性騷擾與虐待方面的進步，感覺是停滯的，同一類的案件反覆出現。她們經常為個別的女性贏得審判，經常是大案子，典型會以祕密和解作結，這是她們認為不完美，但是必要的工具。

她們後來說，溫斯坦的案子激勵了她們對工作的熱情，因為客戶的申訴案突然被更嚴肅地看待。溫斯坦案的十個月後，卡茲曾經擔任國會山莊員工的辯護律師，她們的申訴案後來使一位眾議員與一位國會高階主管辭職。在卡茲與班克斯對一位華盛頓地區的名廚提起訴訟後，他的合夥伴最後棄他而去，他的美食帝國瓦解了。她們曾與幾位眾議員與立法人員會面，遊說催生新的法案，以便對性騷擾受害者提供更好的保護。整個夏天，卡茲與班克斯一直覺得亢奮而憂慮：她們感覺到這個時機是如此可貴。改變早就該來了。在太多的反彈累積升高之前，她們希望進步，愈多愈好，愈快愈好。

與福特相談數小時後，這兩位律師走出會議室，覺得頭有點暈眩。一開始，她們只是不斷互相喃喃說著：**喔天啊**。**喔天啊**。她們說，她們審查了這幾年來大量的證人，福特給兩位律師的印象可信度非常高。她們也對她所稱的公民責任感相當感動。然而，這位有著非凡科學智慧的女性似乎也相當天真，這種特質可能會讓她陷入很大的麻煩。她似乎沒有察覺到潛在的嚴重性，然而那種嚴重性正吸引她們。與福特不同，她們立刻就了解她寫給范斯坦那封信的爭議性質。若那封信外流，她會需要被保護；如果沒有外流，她將需要得到諮詢，建議是否要進一步追究那件事，以及如何做。兩位律師知道她們想要為福特辯護，而且是無償的。

為了預作準備，兩位律師請福特進行一些實際測驗。她很快的完成，而且通過由一位前聯邦調查局幹員監督的測謊測驗。她也進行了一項尷尬的任務：打電話給兩位前男友，一位是中學時的男友，一位是大學剛畢業時的男友。她告訴他們，不，我不是打電話想要復合的。我需要知道，我們在一起的時候，你記得我曾經提過被性侵的事嗎？她說，兩個都沒印象。情況愈來愈清楚：福特好幾年間沒有告訴任何人這件指稱的性侵害事件。

兩位律師仔細研究福特的過去，從公共紀錄中尋找任何可能會用來抹黑她的資訊。卡茲打電話給參議員范斯坦的員工，告訴他們她認為這件指控案可信度很高，並建議他們開始尋找卡瓦諾可能犯下其他性侵案的證據。

這時是八月十一日星期六，卡茲第一次打電話給茱蒂，請她將這則內幕消息傳達給《紐約時報》。寇貝特多年來檢視過許多最高法院大法官可能人選的審查資料，現在也對卡瓦諾做相同的事。當寇貝特要求擴編的記者團隊開始搜尋任何卡瓦諾對待女性的問題紀錄，她每隔幾天就詢問茱蒂一次，想知道卡茲那位客戶方面是否有任何新進展。

但是福特婉拒與茱蒂談話，也不回覆《華盛頓郵報》最近的來電。她把焦點放在另一個選項，隨著日益逼近的期限而來。

卡瓦諾的聽證會訂於九月四日。在此之前，有三件事可能會發生：給范斯坦的信可能流出。福特可能保持靜默，很可能看著卡瓦諾通過任命。或者，她可以決定要公開說出來，這可能會改變聽證會的走向。後者是她打心底傾向去做的事，即使感到害怕。

卡茲與班克斯了解當中的原因。她們相信，福特有權說出她的故事，而且是根據重要的理由。對女中學生、對整個世代的女性犯下暴力行為，這件事很重要，即使那些女生多年來保持沉默，或者沒有完美的證據。問題分成兩個部分，福特個人會付出什麼代價，以及她站出來的影響力會有多大？——對於提名工作，以及對於性與權力的整個激烈爭議。

其他律師強調福特有一個重要故事要說。除了聘請卡茲與班克斯，她也繼續讓羅賓斯擔任顧問——在他的推薦下，還請了另一位名為巴瑞．柯伯恩（Barry Coburn）的律師當顧問[19]，他是一位強硬的刑事辯護律師。柯伯恩告訴她，他能明確區分中學生的性胡鬧和福特所描述的「明確的試圖強暴」兩者之不同。「那不是性騷擾，」他後來記得曾告訴她：「那不是踰越界限。那不是感覺遲鈍。那是一項重罪。」但是羅賓斯與柯伯恩明白，事情比潛在的意外事件更複雜，他們決定讓卡茲與班克斯來主導。

在卡茲的要求下，這個愈來愈龐大的專業顧問陣容又增加一人：芮琪．席德曼（Ricki Seidman），她是一位有三十年處理民主黨司法爭議經驗的老將，深思熟慮、謹慎小心，曾經擔任比爾．柯林頓總統競選活動的助理，並且在他的政府裡服務。卡茲沒見過席德曼，但是她知道這位專業人士對最高法院提名有豐富的知識與經驗，是她與班克斯所沒有的。席德曼曾經參與羅伯特·博克（Robert Bork，一九八七年被民主黨否決）到索妮婭·索托瑪約（Sonia Sotomayor，二〇〇九年由民主黨確認）的大法官任命決戰。在歷史上唯一與福特雷同的案件，也就是安妮塔·希爾控告克拉倫斯·托馬斯一案中，席德曼扮演了直接的角色。一九九一年時，席德曼正在參議院的勞動與資源委員會擔任首席調查員，觀察托馬斯的提名作業，當時她接到一通電話，向她洩露一位女教授自稱被該位被提名人騷擾。她是參議院委員會成員中，第一位與安妮塔·希爾談論事情經過的人，她也鼓勵希爾在提名作業的過程中，能參與更多。

共和黨後來看了席德曼的經歷，指控她操作政治議題，將福特當成武器，企圖使提名程序走樣。事實上，那年八月，席德曼的直覺是福特應該保持緘默。

這是一個數學問題。由於共和黨掌控了參議院，即使福特公開說出來，卡瓦諾仍然很可能被核任。她第一個反應是，挺身而出的門檻很高，而且她不認為這會對結果造成什麼不同。

在安妮塔·希爾聽證會後的幾十年，這位顧問對於當時鼓勵希爾教授站出來，依然相當掙扎。安妮塔·希爾在某些方面占了上風，催化了大眾對性騷擾的覺知。然而，席德曼認為，任何社會進步都讓希爾付出很大的個人代價。她認為共和黨的攻擊會幾乎試圖摧毀福特，而眼看歷史有機會重演，讓她充滿恐懼。

福特的顧問們懷疑卡瓦諾也侵害了其他女性，這不是單一意外——只是能否把它們找出來的問題。卡茲心想，**如果有兩名女性受害，我會覺得好一點。多一個人，還是有風險。**而她們甚至連另一個人也沒有。

卡茲與班克斯努力保持中立，為福特描繪每一個選擇的潛在後果，明白她是要在往後歲月承擔決定的人。

然而，她們擔憂的不只是她們客戶個人的福祉。當時，卡茲也害怕全國對福特故事若不予理會，可能對#MeToo運動造成傷害。批評者可能會說它太超過，提起年代久遠的、無法求證的違法行為，而且缺少工作場所性騷擾或強暴那種比較彰顯的傷害。有些男性會直覺地站在卡瓦諾這一邊，因為他們害怕一時興起、毫無預警的指控。進步之輪可能會慢下來，或甚至朝反方向前進，這是兩位律師認為將會太痛苦而難以承受的結果。

公眾的對話依然甚囂塵上。那年夏天，每星期都有更多的男性被指控、被停職、被解雇：包括聯邦危機處理辦公室的人事主任、一位加州大學柏克萊分校的教授、一位高盛集團的業務人員、紐約市芭蕾的兩位舞者。八月時，羅南．法羅在《紐約客》刊出第一篇對哥倫比亞廣播公司（CBS）總裁雷．穆恩維斯（Les Moonves）性侵指控的報導——但是穆恩維斯在公司董事會的支持下，穩坐泰山[20]。喜劇泰斗路易C．K在《紐約時報》的文章後，首次在一間喜劇俱樂部公開現身，他在裡面歡呼作樂，在外面嘲笑這件事[21]。比爾．歐萊利被福斯電視開除後，繼續寫他的歷史書，也即將發行他的新書：前一本作品賣了將近五十萬冊，他的支持者更加忠誠了。[22]

八月十日前，福特回到帕羅奧圖，一邊完成一疊學生的論文審核。她幾乎不認識這幾位她所託付的華盛頓顧問，這個團隊透過電話或文字訊息進行討論。他們都說，不論福特做什麼決定，他們都會支持她，但從遠處，她只感覺到他們的遲疑。**他們是否想要催我站出來？或者他們想要我閉嘴？**她懷疑著。

福特反覆考慮她自己的擔憂。她擔心，如果公開指出卡瓦諾的錯誤，其他人可能會將矛頭指向她。她在中學和大學前幾年飲了不少酒，參加一場又一場的派對，成績不如預期。後來，她穩定下來，功課上突飛猛進。二〇一四年一場提到她中學生活的演講裡，她曾以自己為例，說明如何讓人生回到正軌。大學時，她的統計學一敗塗地；現在，她教授統計。她說，她也擔心批評只會把焦點放在她年少輕狂時的缺失與錯誤。

但是，福特相信，如果她真的遭受眾人攻擊，她能夠抵擋得住。二〇一五年，她被診斷出罹患癌症，受過治療的併發症之苦。這是福特第一次被迫評估自己的精神狀況，之後，她說，她覺得自己浴火重生，變得更堅強了——擁有更大的忍耐能力。她的丈夫一直鼓勵她站出來，讓這件事過去，他的預期是，整件事情在經歷新聞循環後，就會逐漸銷聲匿跡。

八月二十四日，卡茲與福特分享了一則最新消息：沒有其他對這位法官性不當行為的指控浮出檯面。如果她出面，將會是唯一的指控者。如果她不想要參議員范斯坦對委員會其他人分享她的信，包括對民主黨人，她必須說出來。為了幫助福特做決定，她們同意一個內部的截止時間。她會在八月二十九日打電話，也就是卡瓦諾的聽證會預定開始的前七天。

到八月二十六日，福特依然因為優柔寡斷，無法採取任何行動。兩天後，由於沒有進展，卡茲與班克斯說，她們會起草並編輯三封不同的信：因為要對一位提名人提出這一類的申訴，並沒有既定的程序，這兩位律師試著讓福特看見不同的路可能會是怎樣？每一個版本會將她帶往不同版本的未來，也許最高法院的大法官組成會不同，甚至會有一個不同版本的美國歷史。

在其中一個版本，向參議員格拉斯利和范斯坦說明的版本中，律師會用福特的名字，說明她想要私下與他們見面，報告對這位法官的侵害指控。第二個版本是同樣的請求，但是將福特的名字以無名氏博士（Dr.Jane Doe）替代，以取得較多的個人隱私保護。第三個選項，是只向參議員范斯坦說明，使用福特的名字，但是說明她婉拒做這件事。「她堅定認為，在司法委員會前站出來，對其個人與工作專業上付出太大代價，」信裡這麼說。團隊同福特在第二天結束前，要從中選出一封信。

第一封信，每個人都認風險太高：福特的名字會立刻上達白宮。福特似乎傾向第二封信，可以讓她在保密程度上有協議空間。這幾位女性對這封信稍作修改，然後又改了一次，沒有人能完全滿意。

她們愈想像把信寄出去後的情況，討論的焦點愈轉移到另一個問題：然後會怎樣？福特的律師與席德曼告訴她，若沒有透露她的真實身分，幾乎不可能進一步報告這項指控。她們預測她將和安妮塔．希爾一樣，遭受相同的大眾攻擊，再一次如同螳臂擋車。

當原本設的期限將近，席德曼飛往加州，第一次與福特見面。她再一次警告她不要步上希爾的後塵。訴說侵害過程仍然讓福特覺得痛苦。她對成為公眾人物如此不熟悉，對審查檢核完全陌生，甚至對新聞事件週期的處理也不流暢。席德曼依然相信，即使福特站出來，卡瓦諾還是會被核任，而她唯一完成的，是把自己的人生弄得天翻地覆。

在舊金山國際機場附近的咖啡之約，福特感受到排山倒海的壓力。她不認識坐在她對面的這位女性。「我只想要離開，」她記得自己當時的感受。

八月二十九日是約定做出決定的日子，她整天開了好幾個小時的學術會議，與研究生討論他們的專題論文。當那天傍晚太陽下山時，福特依然無法抉擇。

「做了一些編輯校訂，有些恐慌症狀，」她那晚寫給卡茲的訊息裡說：「我很快會把修改好的信寄給妳，可以在午夜時決定是否要站出來。對於消息走漏與《華盛頓郵報》感到焦慮。」

「只是寄修改稿給妳，」她一小時後又寫：「還不是綠燈。」

到了早上，她一封信都沒寄出。她開始相信她的團隊告訴她的：匿名信是無意義的，她的名字可能會流出，結果將是全拿或什麼都沒有。卡茲與班克斯也很糾結，一方面相信她們的客戶是對的，一方面不確定會有多少人也認同？她們不確定哪一種情況比較糟，玉石俱焚還是保持沉默？

現在是八月三十日星期四。隔天是勞動節周末開始的第一天。下一個週四早上，卡瓦諾的聽證會就要開始。在華盛頓這裡，卡茲打了電話給福特。

「這是一個定生死的決定，而且是妳的決定，」她說。

那天下午，福特還想要多幾個小時思考，去散散步，去和一位朋友再進行最後一次談話。最後，福特並沒有選擇其中任何一封信——她說，沒有一封信是她覺得可行的。事實上，這變成她做的決定。

卡茲打電話給參議員范斯坦的辦公室，通知他們福特不想進一步追究。八月三十一日，范斯坦以電子郵件回覆：

「我寫這封信來確認，我的辦公室將繼續尊重保密的請求，除非我們聽到妳的消息，否則將不會採取進一步的行動。我保證我非常了解這個事件對她人生產生重大影響，而且表示遺憾。」

卡茲把這封信轉寄給她的客戶。福特說：「這感覺像是『再見，祝好運。』」

那天晚上，在帕羅奧圖的家中，福特把一個兒子送去和她先生一起睡，然後自己爬上兒子宜家家居的床上尋找慰藉。她的心思轉到了衝浪上。她滑進了波浪滔滔的水中，準備衝上一個大浪。也許她能保持直挺，直到安全上岸。也許她會傷得體無完膚。但是她曾經努力要就定位，而且她值得擁有嘗試的機會。為什麼那些顧問如此擔憂缺乏其他的受害者出面？發生在她身上的事還不夠嗎？

她獨自蜷縮在孩子的床上，啜泣起來。

第九章　「我無法保證我會前往華府」

五天後[1]，九月四日星期二，克里斯汀·布拉西·福特坐在帕羅奧圖一間她這幾年斷斷續續去看過幾次的創傷症候群專家的診間，詢求如何將卡瓦諾提名過程拋諸腦後的建議。

在美國另一邊的華府，卡瓦諾的提名聽證會就在那天開始，已經吵翻天了。民主黨人正努力阻止程序進行，因為他們想要拿到卡瓦諾過去背景的資料被拒，而且一直沒拿到。抗議者則列隊在參議院大廳，有些人穿著紅色洋裝與白色的女裝帽，影涉馬格麗特·愛特伍（Margaret Atwood）的反烏托邦女性主義小說[2]《使女的故事》（*The Handmaid's Tale*），她們打斷了聽證會（「更多女性將只能選擇非法墮胎！」），接著有幾十位抗議人士被國會警察逮捕。共和黨人則在川普挑選的被提名人身後團結起來，猛力回擊[3]，稱民主黨是一群混亂的暴徒。

福特未能進一步呈報她的指控，讓她心神不寧，但是她想在心理上收拾整個事件。她說，那年夏天屢次回憶那段令人心煩意亂的記憶，對她的情緒造成很大的影響，現在她努力要回到原來的軌道。她的兒子們回學校了，她也要準備第一天的教學工作。

治療師認真傾聽，但懷疑他是否能幫的上忙。作為他治療的一部分，他鼓勵病人停止談論他們創傷症候群的潛在原因。她所陳述的事，使他格外謹慎。「妳還沒準備好把這件事打包起來，」她記得他這麼告訴她。他不確定她涉入卡瓦諾的事件已經結束了。

一星期後，九月十日星期一，福特現身準備去上她的第一堂統計學概論博士課程。她用每年同樣的激勵話語開場，向學生們保證他們會一起學完這些令人怯步的內容。三個小時後，她要離開時，有個人問了問題，把她攔下了。不是一位研究生。是一位來自*BuzzFeed*的記者。當福特請這位記者離開時，她說她知道那封信的事。

局外人開始更用力地挖掘福特先前的私人故事。愈來愈多傑出的女性與#MeToo運動者似乎知道這件事，如今記者們開始與福特的同事聯繫，出現在她們家門口。

卡茲相當氣憤，她去找一位她懷疑想要公開福特身分的當地頂尖女權運動領導者理論。這樣很沒有原則，卡茲記得在一通火氣很大的電話裡告訴這位女性。我的客戶不想出面。在前一週的一通電話裡，艾修的同仁詢問過福特是否想要他們多做什麼？例如幫她聯絡參議院司法委員會的另一位成員。但最後，福特重申她沒有改變不站出來的心意。當記者們登門時，她拒絕與他們談話。

九月十二日星期三，一篇文章還是刊登出來了。[4]一份線上電子刊物《攔截》（*The Intercept*）揭露了參議院司法委員會的民主黨人正試圖拿到一封范斯坦收到的，有關卡瓦諾的信件。根據報導，這封信應該是描述「卡瓦諾和一名女子同在中學時，發生的一件意外」，而某位隸屬史丹佛大學的教職人員寫了這封信。「雖然持續隱藏，」這篇報導寫著：「這封信已經開始長出自己的生命。」

新聞曝光後，使得范斯坦看起來像是拒絕提供這位被提名者關鍵資訊的人。隔天，這位參議員以新聞稿宣布，她已經將這封信轉給執法單位審查。[5]她指的是交給聯邦調查局，聯邦調查局又將它交給白宮，作為卡瓦諾的背景檔案，這促使卡瓦諾發出一份否認這項含糊指控的聲明。在這超過一星期的時間裡，福特把自己縮起來，保持沉默。現在，情勢看起來，她的身分被公開只是幾天，甚至也許是幾小時內的事。

這時，福特決定要重新拿回自己故事的掌控權。她決定，如果有任何人想要對大眾洩露她的身分，那必須是她自己。星期三，她開了三十哩路，離開帕羅奧圖到半月灣（Half Moon Bay）的 Ritz-Carlton 餐廳，幾個星期前收到福特匿名爆料的《華盛頓郵報》記者愛瑪．布朗正在那裡等著。靠著斷斷續續的電話聯絡和文字簡訊，福特與布朗一直保持聯絡，福特告訴她一些關於中學時與卡瓦諾遭遇的過程，以及她原本想向國會通報的計畫。布朗很仔細地聽，從來沒有用力慫恿福特。記者尊重的態度，對福特是很大的安慰。

採訪的過程比福特原想的更廣泛與困難。從那個星期三晚上開始，第二天早晨繼續，接下來幾天還以電訪持續。福特想到看見報紙上圖像式的內容，就感到畏縮，尤其明確指涉到她的身體。布朗想知道卡瓦諾是否有以任何方式進入福特的身體，他是否強暴了她。沒有，福特解釋說。她提供了她在治療紀錄裡討論這一段過程的抽樣張。布朗要求與福特的先生談話，他確認她早在二〇一二年時，就指出卡瓦諾是攻擊她的人。

然而，當福特開車返回帕羅奧圖，她感覺到幾乎完全釋放，她的手變有力了。她終於要離開煉獄了。卡茲和其他的顧問認為這篇文章是正確的一步，確保她的指控能被正確地報導。她的先生維持他整個夏天的相同看法：她愈早公開，他們的生活就能愈早回歸正常。她也一廂情願地想著，告訴自己自始至終能保持一些隱私。福特結婚後，因為專業上的因素，她一直保留她原來的姓氏，以維持她在科學論文上署名的一致性。在《華盛頓郵報》的文章刊登之前，她思考改用她先生的姓氏，希望因為「福特」這個如此普通的姓氏，會讓讀者在網路上比較難指認她。「在我的想像中，在谷歌搜尋『福特』（Ford）和『布拉西』（Blasey）是兩回事，」她說。然而，她最後選擇了「克里斯汀・布拉西・福特」（Chistien Blasey Ford）。在任何可能的情況下，她也移除她在網路上的照片。但她沒有拿下她在領英網站上的檔案，上面有一張她戴著太陽眼鏡的照片。福特把她的兒子交給朋友，那天晚上自己訂了一間旅館，希望能快速且平靜地度過這個新聞週期。

當《華盛頓郵報》在九月十六日星期日刊出這則報導，福特的手機就不斷地響起。在她的領英網頁上，有數千筆聯絡邀請。她的帕羅奧圖大學電子郵件信箱蜂擁進眾多的信件，無論是支持或謾罵，讓這個帳號掛掉了。

全世界，人們仔細閱讀這篇報導：[6]

> 今年夏初，克里斯汀．布拉西．福特寫了一封保密信件給一位民主黨國會議員，指控最高法院大法官被提名人布萊特．M．卡瓦諾在三十年前當他們就讀馬里蘭郊區同一所中學時性侵她。從星期三開始，她看到那些關於她的露骨故事版本在未指出她的名字，也未經她的同意下，公開刊出，促使卡瓦諾全面性的否認，而且使得幾天前似乎一定會通過的大法官提名作業暗潮洶湧。
>
> 如今，福特已經決定，如果她的故事要被說出來，她希望成為說這個故事的人。

回到布魯克林，茱蒂與梅根讀了《華盛頓郵報》的這篇報導，也看出它即將導致的大爆發。根據報導中的證據，福特與卡瓦諾將各自號召大批的支持者。如卡茲先前指出的，在福特的故事裡，有一些空白、廣泛的空間：指控者記憶中的破洞、缺乏指控事件當時的確證。卡瓦諾之前於星期五透過白宮發出的否認聲明[7]相當有力：「我明確且毫無疑問地否認這項指控。我在中學或任何時候，都沒有做過這件事。」

但是，福特很快地承認她記憶中的缺口，在某些人看來，這是一位可信的受害者的表徵。她描述了特定的細節：搖滾音樂被轉到很大聲，以及兩個男孩笑得「很瘋」。「卡瓦諾從背後把她按在床上，透過衣服觸摸她全身，他把身體壓在她身上，笨拙地想脫掉她一件式的泳衣，以及她外面穿的衣服，」愛瑪．布朗寫道：「她說，當她想要大叫，他把手捂住她的嘴巴。」大眾對《華盛頓郵報》這篇報導的支持反應，超乎她的律師所預期，證明了#MeToo運動的影響力。全世界的人們已經因為性暴力受害者而聯結，並動員支持，他們都集結起來支持福特。

她立即成為受虐女性的象徵，代表申張正義的巨大希望的人物——但是她似乎也可能成為反擊的主要焦點。梅根好奇福特是否也會成為川普的目標，她還記得幾乎是兩年前川普在電話裡如何對她大吼，梅根了解他對抗這一類指控時的暴烈。在鮑勃．伍德華（Bob Woodward）*的《恐懼》（*Fear*）一書中，描述川普對一位承認對待女性行為失當的朋友說：「你得否認到底，而且把這些女人都推開，」川普說：「如果你承認任何事或有罪，那麼你就完了。」[8]

川普可能不只攻擊福特：他可能把矛頭對準整個#MeToo運動。這筆帳已經對川普造成威脅，他仍然面臨多起性失當行為的指控。現在，這筆帳威脅到他的最高法院大法官被提名人。不過兩個月前，這位總統還在一場政治集會上取笑「#MeToo」一詞，為一位被指控在愛荷華州立大學擔任摔角助理教練時，忽視性侵害指控者的一位國會議員辯護。「我完全不相信**她們**。我相信**他**，」這位總統說[9]。

法律學者則意見分歧。長年的消息來源、檢察官與辯護律師都告訴梅根，如果福特指控的細節屬實，如果兩個男孩把她圍堵在房間裡，而且把音樂開得很大聲，如果她想大叫時卡瓦諾用手摀住她的嘴巴，那麼，他就犯了一項重罪。在司法體系裡一位可信的受害者的證詞有其份量：證人、DNA與其他類型的確證對定罪不是必要的。

然而，其他人則強調為什麼追訴時效法會存在。「我反對卡瓦諾被提名，認為參議員應該根據他的紀錄來投票，但是我對於宣稱他青少年時的行為能告訴我們現在他的任何『性格』特質，也感到不安，」一位曾在兩任民主黨政府服務的喬治城法律教授羅莎．布魯克斯（Rosa Brooks）在推特上說。她指出，「過了三十五年，幾乎無法進行一個完整或公平的調查。」[10]

那天下午，茱蒂與卡茲談話，卡茲現在處於一種新的，而且更進階的焦慮狀態。「我很為我的客戶感到害怕，」這位律師說：「她將會被白宮殲滅。」她也不信任民主黨人。由於距離期中選舉只剩兩個月，她擔心他們可能會利用福特作為工具或陪襯。

在她們掛上電話前，卡茲加了一個細節。她說，這件事遠遠比不公開（off the record）還難。「我的客戶無法出席作證，」她說。

卡茲說，這是不可能的。福特接受《華盛頓郵報》專訪已經耗費她所有心神，而且她以為，

---

* 譯註：揭發水門案的兩名《華盛頓郵報》記者之一。

一旦文章刊出，就不需要她再說什麼了。她害怕攝影機與搭飛機，而且不想回到華盛頓。如果參議院司法委員會想在加州質問她，她會遵從。但是被參議員在電視上拷問呢？根本不會發生的，卡茲說。

然而隔天，九月十七日星期一，卡茲出現在晨間新聞節目[11]，向主持人保證她的客戶已經準備好在國會前作證。

「答案是肯定的，」當被CNN直接詢問時，卡茲這麼說。

這是卡茲人生中經常使用到的詬稱。從昨天到現在，什麼都沒改變。福特幾乎沒注意到她的律師在電視上聲稱這一點。

「我們得說她會站出來，」卡茲後來解釋說。

幾個星期前，卡茲、班克斯和席德曼向福特警告，要她注意曝光的危險。但是現在她們認為，最好的走向是她在攝影機前公開的聽證會上作證，她們深信，一旦許多美國人親眼看見她、聽見她，他們就會相信她的陳述。關上門向參議員或者他們的員工投訴，只會給他們機會編故事、掩蓋，或者擱置福特的話。

這時，她們覺得首要的工作是保留福特的選項。「如果我們含糊不清，會看起來很軟弱，」卡茲說。共和黨人會說，福特對站出來詳細說出她的申訴並不是很認真。「如果妳讓步，妳就完了，」卡茲說。所以，她們完全投入，決定協商作業的形式與時機，盡可能地延後，為她們的客戶爭取更多天的時間，為這個想法暖身。（而且，她們認為，也可能會有新的指控浮現。）如果福特之後不願意露面，也好——晚一點結束總比一開始就全部放棄好。

「妳必須信任我們，保持妳的選項開放，」顧問們告訴福特：「妳會主導這件事。」好的，福特回答說。但是我絕對不要去，她告訴她的團隊。顧問們為福特踏出步伐，希望她會跟上，成為一股持續變強的力量。

由於共和黨掌控參議院，司法委員會主席查爾斯．格拉斯利幾乎控制了卡瓦諾聽證會如何舉辦的大小事[12]。站在他後面的是參議院共和黨的多數黨領袖密契．麥康諾（Mitch McConnell），他以手指虎狠招策略聞名，例如阻止前總統歐巴馬在任內最後一年為空缺的高等法院大法官補足席位。

然而，格拉斯利與川普已經答應他們會尊重福特，也許是過去一年中多少事情已經改變了的指標。那年夏天，參議院司法委員會已經舉辦過一場聽證會，當中格拉斯利與其他委員會成員對於聯邦法院內的性騷擾指控相當不客氣[13]。執政的共和黨似乎急著善待福特。他們似乎也很在意大攤牌可能造成的潛在傷害：他們這一方的司法委員會清一色男性，對付一位弱女子，就像克拉倫斯．托馬斯的聽證會一樣。據說川普的助理向他強調，他若採取攻擊模式，將會是一項政治錯誤。「她不應該被輕忽，」[14]總統顧問凱莉安．康威（Kellyanne Conway）週一在白宮車道上告訴記者們。隨著期中選舉逼近，共和黨先前已經傷害了女性選民，他們如今對福特幾乎是畢恭畢敬。在這樣的氛圍下，福特的團隊看到了一個立足點。

她們的計畫是讓席德曼在幕後製造出團隊的說詞，而讓卡茲與班克斯去和格拉斯利的幕僚直接協商。

然而，電視觀眾不知道的是，卡茲除了有一個不願意站出來的客戶，那天早上，她還有第二個祕密。在電視台現身後，她搭了一輛車去醫院，換上病袍，把她的電話交給她的妻子，然後被麻醉。好巧不巧就在那一天，她正要進行規劃已久的乳房手術。

幾年前，卡茲罹患過乳癌，而且完全康復了。但是像許多女性一樣，她做過乳房切除手術，而且需要重建手術。她在好幾個星期前就安排了這項手術，而且她的保險公司不讓她更改日期。她已經向福特發誓，這不會是一個問題。茱蒂與梅根想起溫斯坦報導後，蘿拉・馬登的手術。然而，這是一個更危險的情境，因為當卡茲事多如麻時，她將會失去知覺。這位律師對這項作證如此決絕，她會在因麻醉而暈眩無力時，還去跟格拉斯利協商嗎？

同時間，席德曼也出城了。她的母親上星期過世，她去亞特蘭大處理後事。

在康乃迪克大道（Connecticut Avenue）的法律事務所裡，班克斯帶著愈來愈恐慌的心情監控整個情勢。格拉斯利辦公室已經寄出訊息，詢問安排打電話給卡茲和她的客戶，而他的助理不知道為什麼卡茲沒有回電話。

「我真的想知道我怎麼會讓她從我眼前消失，」班克斯在一段寫給卡茲妻子的簡訊裡半開玩笑地說：「這完全是一齣爛戲。我現在自己一個人在這裡試圖領航這個國家的未來。這會讓一個不重要的角色開始喝酒，或者更糟。請告訴她每件事都很好，然後把這段刪除。」她最後貼了一個馬丁尼酒的表情貼圖。

時間一天天地過去，#MeToo活躍分子繼續動員起來，他們完全不知道福特沒有意願作證，而她主要的公關代表正躺在醫院的手術檯上。

第二天早上，星期二，卡茲在她們位於馬里蘭邊境的家族農場醒來。卡茲身上有縫線、腫脹，還有醫囑要求她至少幾天內不要進辦公室。但是她下決心不服用任何可能會讓她思緒混沌的藥，她從床上坐起來，打開她的筆電，檢查參議員格拉斯利幕僚寄來的電子郵件，開始協商。作為第一步，福特的團隊開始要求聯邦調查局調查福特的指控，試圖找到中立的執法官員關心三十幾年前那一天發生的事。但是聯邦調查局拒絕涉入此案，說他們認為卡瓦諾的背景調查已經結案了。參議院司法委員會的共和黨員堅稱，聯邦調查局具有調查的權威與技巧。

福特的團隊拒絕格拉斯利的委員會私下與福特面談。所以，現在是協商聽證會形式的問題，實際上是制定他們要遵從的規則。那天早上，《紐約時報》的一篇評論文章裡，安妮塔・希爾高度表示對此事的擔憂[15]。二十七年前，在她自己的那場出席作證，「委員會成員的表現結果，讓所有雇主在接下來幾十年中，對工作場所的騷擾申訴都處理不當，」她在文章中寫道。這個委員會，其組成人員多半與當年相同，依然缺乏評估被提名人性騷擾或性侵害申訴的規程，顯示它「從湯馬斯聽證會學到的很少，從最近的#MeToo運動學到的更少，」她寫道。關於福特可能與委員會如何處理的每一件事，大家都爭著搶：包括時機、形式、其他有誰可能會參與。

接下來的幾天，兩方小心翼翼地交換字斟句酌的電子郵件與簡短的通話。卡茲與班克斯催促委員會傳喚卡瓦諾的老朋友馬克．賈吉出來作證，因為根據福特的說法，他是攻擊事件發生時，房間裡的另一個人。如福特在寫給范斯坦的信裡說的，她記得事發後在附近的商店看見他貌似不安的樣子，彷彿對於發生的事覺得愧疚。賈吉是一位改邪歸正的酗酒者，寫過兩本關於喬治城預備學校生活的回憶錄[16]，描述一種經常飲酒作樂的極端派對文化。其中一本書《浪費掉的人生：一個X世代醉漢的故事》（*Wasted: Tales of a GenX Drunk*）提到一位名叫巴特．歐卡瓦諾（Bart O'Kavanaugh）的人，據推測是含糊地影射這位法官，也提到有一晚他「在某人的車上嘔吐」，而且「在離開派對回家的路上失去知覺。」福特的團隊認為，至少賈吉可以證明他的朋友飲酒過量。

委員會怎麼可以不要求賈吉親身作證來確認事實呢？卡茲與班克斯問。格拉斯利的幕僚拒絕了，說他們不會將傳喚證人視為作證的一項條件。然而，他的幕僚接受了賈吉的一份書面聲明[17]，當中承認他是卡瓦諾的中學朋友，但是不記得有任何這樣的派對，也不記得卡瓦諾曾經做出福特所描述的行為。這位幕僚也接受了來自卡瓦諾另一位友人——P．J．史密斯（P. J.

Smyth）——的書面聲明[18]，福特記得他也在那場派對上；他說他對那場聚會完全沒有印象，知道卡瓦諾是一位「非常有為有守」的人，從來沒有看過他對女性做過任何不當的舉動。共和黨已經去除了可能的證人，把情況簡化成：你相信她，還是相信他？

至於他們正式官方的來往函件，福特的團隊努力克制她們的憤慨。與參議院這種機構打交道時，全世界都在看。福特請求她的律師們對委員會對話時要氣氛融洽。她強調，站出來不是因為基於黨派的理由，即使卡瓦諾和她同黨，她也會說出來。福特不知道是否了解許多人抱持著與她不同的觀點：她與民主黨的律師合作，這幾位律師是她從參議院司法委員會裡職位最高的民主黨員那裡認識的；福特也與席德曼合作，她是一位民主黨的黨工，她們提出一項可能推翻共和黨最高法院大法官人選的指控。共和黨主導司法委員會協商的幕僚人員麥克·戴維斯（Mike Davis）後來說，在他看來，福特的團隊看起來是利用她的指控行使政治目的，而拖延協商也是阻撓卡瓦諾提名作業中，協調後的其中一部分策略[19]。

回到帕羅奧圖，福特待在飯店裡接收有關協商的報告，但是她後來說，她並沒有追蹤所有的細節。她受到許多《華盛頓郵報》回應的鼓舞，包括來自同事與高中同學；同事們很快為她的人格辯護，同學們也發出一封信，說她指稱的侵害事件「與我們（當時）聽到與經歷的故事一致」。福特在文章刊出那一天發簡訊給卡茲說：「我不相信媒體。而我人生中各階段的朋友，以及史丹佛與帕羅奧圖大學同仁都隨時準備幫忙。」

但是到了星期四，她依然無法承諾前往華盛頓。當卡茲輕輕地催她，福特仍然抗拒：

福特：我此刻感到壓力太大了。

卡茲想要表現出耐心，但她不能讓司法委員會永遠等著。

卡茲：相信我——我不想要成為另一個壓力。我只是認知到時間限制。我們必須趕快寄信給格拉斯利與范斯坦。

福特：我無法去那裡☹去華盛頓。

卡茲：沒關係，我們隨時可以因為他們沒有公平的規則而退出。這是正確的下一步。

然而，這位律師需要她的客戶給綠燈，才能繼續協商。

卡茲：再確認一下——妳同意我們把我們必須趕快完成的電子郵件寄出去。但是妳希望我們確保，如果他們不同意使用公平措詞且保證妳安全，妳不會進行下一步。

福特：我想要妳在寫信時知道，我無法保證我會去華盛頓特區😢我能看最後的版本嗎？

福特：我好害怕，我不能呼吸了。

福特仍然不明瞭整個情勢。（這是一種模式：她寫信給范斯坦時，不完全理解訊息被洩露的風險；她接受《華盛頓郵報》的專訪，說服自己說，一星期內，這則新聞的週期就結束了。）幾個星期前，她開始嘗試一個很小的、謹慎的參與，但在之後每一個階段，情況都變得更棘手，更難以收拾。如今，她面臨一個可能改變自己人生，甚至可能改變整個國家的選擇，而她想要躲避它。卡茲、班克斯與席德曼在過程中半推半就地催福特，她們說：把事情交給我們。她們不想違背客戶的希望運作，但是她們正在接手，決心要帶領福特往前走。

那個星期四晚上，福特抵達位於舊金山一條靜巷裡的昏暗的法國餐廳。另一位為她提供建議的華盛頓律師寇伯恩正在市區，想要在做決定的最後關頭，再親自見她一次。當福特隔著桌子在他前面拉一張椅子坐下來，她指著她的棒球帽。「這是我的掩護，」她勉強擠出一個笑容說。

在一頓冗長的晚餐裡，她表明為什麼那麼害怕飛到華盛頓：她的家人已經被迫聘請二十四小時的私人警衛。他們不確定何時才能安全返家。福特已經歷夠多的干擾和危險。

她在餐桌上按了手機「播放」鍵。手機裡傳來一個聲音：「妳這說謊的賤貨！」這位律師告訴福特，她對這些訊息感到害怕是對的，他並鼓勵她把這些訊息告訴聯邦調查局。「妳只剩三個月可以活，」另一個聲音說。其他的留言重複類似的短句，聽起來像是它們可能來自相同的變聲器，讓她覺得他們有某種合作關係。「不要來亂我的布萊特。」「不要來亂我的川普。」[20]

隔天，九月二十一日星期五，卡茲來到她醫生的診所，拆掉她的縫線。在候診室，她瞄了一下電視。共和黨人正失去耐心。

CNN播出卡茲寄給格拉斯利團隊的一張要求保密的清單[21]，顯然是一位共和黨幕僚流出去的。川普現在直接對福特的指控投下懷疑，他在推特上發文說：「我毫不懷疑，如果那次的攻擊真如福特博士所說的那麼糟，她或她親愛的父母早就應該立刻向當地的執法單位提出訟訴。」[22]在一場基督教福音派活躍分子的集會上，參議院多數黨領袖麥康諾承諾，參議院會「勇往直前地」動員通過卡瓦諾的提名[23]。

那天晚上，共和黨的司法委員會成員宣布，整個委員會將於下週一，也就是九月二十四日對卡瓦諾任命案行使投票[24]。句點。如果福特想要出現，她需要在那個週五晚上十點前立即確認。晚間新聞主播說話的樣子，彷彿整個件事已經結束。卡茲說：「我們要被趕鴨子上架了。」

卡茲與班克斯在她們的事務所裡工作，手裡還拿著咖啡，寫了一封激昂的公開信給格拉斯利的幕僚，指控他們嚇唬一位身受死亡威脅的弱女子。

「針對聽證會日期與條件加諸惡意且人為的期限，已經對福特博士造成巨大且不合理的焦慮和壓力，」她們寫道：「你們輕率對待這位已經盡她最大努力與委員會合作的性侵害倖存者，完全是不恰當的。」

「晚上十點的期限非常霸道。它唯一的目的是霸凌福特博士，並且剝奪她審慎做出決定的能力，而這決定會影響改變她自己與她的家人，」她們繼續說：「我們最卑微的要求，是多給她一天，讓她做出她的決定。」她們直接把這段回應釋出給媒體記者，這段回應也即刻在電視上播送。

兩小時後，格拉斯利透過推特發出他讓步的訊息[25]，推文內容有些奇怪，彷彿是發了一段給這位被提名人法官的簡訊：

卡瓦諾法官，我剛展延給福特博士做另一次決定，如果她要繼續上星期提出的申訴到參議院來作證，她應該要做決定，如此我們才可以繼續往前。我想聽她作證。我希望你明白。猶豫不決不是我平常的作風。

由於無跡可循，民主黨也沒有控制任何政府機構，卡茲、班克斯與席德曼將福特出面作證放在她們的時間框架中，即使她們的客戶根本沒有簽署要這麼做。之後，世界會談論福特作證的力道，但不了解其他這幾位女性所扮演的幕後角色。

然而，她們現在得想辦法讓她們的客戶前往華盛頓。

到了星期六，很明顯地，福特仍不願鬆口確認要在公開的聽證會上作證。她的矛盾心理癱瘓她了。所以她的顧問群合力哄著她，從一小步到下一小步。

一位對這個事件表示同情的科技業執行長同意提供他的私人飛機，載福特飛往華盛頓。福特警示她的團隊，任何提到飛機的事，只會讓她更緊張，而不是減輕緊張。卡茲還是把飛機照片傳給她了，讓她明白情況的真實性。

接下來，顧問請福特考慮，她如果決定採取行動，她想邀請誰與她一同前往華盛頓？這架飛機可以搭載她的幾位朋友。她先生將留在帕羅奧圖照顧她的兒子；他們夫妻已決定要盡可能減少干擾男孩們的生活。福特考慮哪些朋友是最沉穩的。一位是有三胞胎和一個相差不到兩歲小女兒的媽媽，那年夏天，從她們在聖塔克魯茲海邊的談話後，她就扮演閨密的角色。她知道如何幫助福特冷靜下來。她的另一位友人與凱斯·寇格勒也是，他會對參議院司法委員會發誓，早在幾年前福特就已告訴他，她曾被一位傑出法官性侵害的事。另外兩位史丹佛醫學院的友人在她身邊也會很有幫助。

藉著這些催眠式的情境，卡茲、班克斯與其他顧問說服了福特，前往華盛頓向參議員說明。星期天，福特的團隊與格拉斯利的幕僚終於達成共識：聽證會將於下週四，亦即九月二十七日舉行。

然而，那個週日，也就是九月二十三日，對抗卡瓦諾的整個局勢改變了。福特的團隊花了好幾個星期想著的素材，終於到了：另兩起對這位法官的指控，幾乎是同時浮現。突然間，卡瓦諾被描繪成一種暗黑許多的形象，一位累犯。

《紐約客》刊出了黛博拉．拉米瑞茲（Deborah Ramirez）的陳述[26]，指控當時她與卡瓦諾是耶魯同學，在一次喝醉的派對上，他對著她暴露下體。她說，當時她喝醉了，「躺在地板上，意識模糊，口齒不清」，卡瓦諾把他的生殖器抵著她的臉，她把他推走時，碰到他的生殖器。「卡瓦諾當時正大笑，」拉米瑞茲被引述說：「我仍然可以看見他的臉，還有他的髖部靠近，就像你拉起褲子時的動作。」

基本上就在同一時間，一位加州原告律師麥可．阿凡納提[27]（Michael Avenatti，也是曾經接受與川普和解的情色女星史托米．丹尼爾斯的律師）在推特上推文，說他收到一位新客戶對卡瓦諾聽起來更不利的指控：

我們注意到在一九八〇年代初期，發生在華盛頓特區數次家庭派對的重要證據，當中布萊特．卡瓦諾、馬克．賈吉與其他若干人，可能對使用藥物／飲酒的女性，容許一「列車」的男人接續對她們集體輪暴。

阿凡納提沒有說出他客戶的姓名，但是在推特上針對這位法官拋出了主要的問題，例如：「你是否曾經在一場家庭派對上對一名以上的女性要求性，或者強暴？」他宣稱有多位證人已準備好出來作證。

當卡茲、班克斯與席德曼緊盯這些發展，她們相信，拉米瑞茲關於卡瓦諾露生殖器的說法是真的，而且這項指控有助提高福特的可信度。但是她們認為阿凡納提的動作感覺像是串場節目，有可能對她們的案件造成傷害。

同一個星期天上午，寇貝特正在巴爾的摩的家中工作，她得知《紐約客》的報導即將刊出，正如互相競爭的報社記者通常知道這些事：透過重疊的報導和共同的消息來源。當她得知《紐約客》即將出刊，她假定該雜誌已經揭穿這個故事，而她也請她的記者開始起草一個故事，總結該雜誌的發現。這一類的文章，寫起來心虛，在新聞界有一個名詞：「跟風文章」。

然而，那天晚上當寇貝特、巴克特與波爾迪讀了《紐約客》，寇貝特請她的記者暫停下來。該雜誌獲得了某個《紐約時報》所沒有的重要機會：對拉米瑞茲的訪談。這則故事的某些面向與福特的案子很相近：《紐約客》的文章沒有證人。（一位未具名的同學說，他曾聽說過這個事件，但沒親眼看見。）拉米瑞茲記得一起參加那場派對的人，要不是否認發生過這件事，就是說他們根本不記得有這場派對。

但是拉米瑞茲的陳述有一些附註星號。這篇文章承認拉米瑞茲之前不願意說出這件事，部分原因是她當時喝醉了，有些記憶上的裂口，而且她花了六天的時間檢視她的回憶，用確認的態度描述卡瓦諾在被指控事件中的角色。（這篇文章的共同作者羅南．法羅後來說，許多受害者對拼湊記憶有困難，而六天意謂她的謹慎。）如果拉米瑞茲在卡瓦諾被提名前，就對其他人指認出卡瓦諾為加害者，那麼，《紐約客》就沒有任何案例可供報導。也許他們有更進一步對拉米瑞茲陳述的支持證據是無法寫出來的，所以在文章裡沒有。

新聞界標準的作法是，競爭者可以在重要的報導上嘗試核對彼此的報導。如果《華盛頓郵報》對川普處理俄羅斯的事有獨家新聞，《紐約時報》就會設法報導相同的題材，反之亦然，以便讓他們的讀者知道這則新聞，而且也做了額外的確認。這就像是科學家執行同儕檢視：如果不同的團隊，即使是彼此競爭的團隊，能夠做出相同結果的相同實驗，這項發現就更值得信任。在溫斯坦的報導中，《紐約時報》和《紐約客》的報導有最多的謀合之處，即使不是全部，但也顯示報導內容的可信力。

而現在則是不同的情境。《紐約時報》記者近日也採訪了多位之前的同學與室友，沒有人對這個事件有第一手的了解。更有甚者，《紐約時報》還得知拉米瑞茲曾告訴幾位耶魯的同窗，她不能確定暴露生殖器的那個人就是卡瓦諾。《紐約時報》的編輯因此不對當晚發生在派對上的事妄下結論——若只根據他們自己的報導，這項指控沒有足夠的證據足以刊出一篇獨立的跟風報導。

阿凡納提的推特文造成了另一種更嚴重的困擾。他對這位法官提出輪暴的模糊指控，甚至連指控者是誰都沒有說出來。這位律師以乎有他自己的盤算。之前為史托米．丹尼爾斯辯護時，阿凡納提曾經對媒體發送消息，一邊經營他自己的總統野心。當那個故事在好幾個月前爆發出來的時候，這位傲慢的律師就曾向寇貝特表示，他願意提供一些內幕消息給《紐約時報》和其他新聞機構，但是他主要的策略是要上電視。「我會跟妳睡覺，但不會跟妳結婚，」他說[28]。

那個週日，寇貝特指示《紐約時報》的記者，繼續找出更多關於新指控的訊息。但是那天晚上關於福特即將上場作證的文章裡，只在第十四段提到拉米瑞茲的指控，以及《紐約時報》的不同發現。完全沒有提到阿凡納提和他未具名的客戶[29]。

到了週一早上，共和黨人利用新指控的弱點，更強力地護衛卡瓦諾。福特的團隊原本假設更多指控將鞏固她們客戶的說法，如今看來應是誤判。相反地，它們可能會分散福特陳述的力道。一個星期前，總統顧問凱莉安．康威還聲稱福特值得被聽見，現在，她出現在CBS的《今晨》（*This Morning*）節目說，對卡瓦諾的指控如今「開始感覺起來像是一個巨大的左派陰謀」，暗指這位法官是性騷擾與性侵受害者「未被滿足的需求」之受害者[30]。

站在參議院裡，多數黨領袖麥康諾指控民主黨策謀一起針對這位法官「可恥的抹黑活動」[31]。卡瓦諾有恃無恐後，發出一封信，說他絕不怯戰[32]。

司法委員會的共和黨幕僚麥克．戴維斯後來說，阿凡納提的出現特別重要。「他跳進這個事件裡，把整件事變成像馬戲團，將其他指控者的可信度都降低了，」戴維斯說[33]。

到了九月二十六日星期三上午，也就是聽證會前一天，福特被祕密安頓在水門飯店，不是因為飯店之前的歷史，而是因為它位於華盛頓特區網狀市中心較邊緣的位置。

福特在前一天搭乘借來的私人飛機飛過去，她後來說，她服用了一些安眠鎮定劑安定文（Ativan）幫助她放鬆。她一下飛機，正好總統顧問康威現身，顯然等著搭乘另一架飛機。從加州一路陪伴福特的朋友在兩側保護福特，她壓低了她的棒球帽，但康威沒有認出她。這並不令人意外：雖然福特是當前新聞的核心人物，但是大眾並不認得她的聲音或是外貌。媒體上刊出的是一張幾十年前拍攝的、她戴著太陽眼鏡的照片。在水門飯店，她被嚴密保護著，以致於她每次打開房門，駐在隔壁房間的安全警衛也要同時開門。直到隔天早上之前，她對全國民眾仍然幾乎是個謎。

當她的朋友們都揪團出門參觀華盛頓特區的紀念碑，福特去了飯店裡一間位於較低樓層的會議室。卡茲與班克斯在那裡，她們在事務所與這間準備室之間匆忙來回好幾趟。拉瑞．羅賓斯（Larry Robbins）也是，他持續在幕後擔任福特的諮詢顧問，還有羅賓斯的前同事麥可．布朗維奇（Michael Bromwich），他在上個星期五加入這個團隊，協助與司法委員會的最後一輪協商工作。席德曼則在對面的大廳工作。

這間狹小、其貌不揚的房間裡，網路訊號斷斷續續的，但是有人已經把會議桌的每個位子擺好了水門飯店的標章、筆和水壺。卡茲和辦公室裡一位較年輕的律師，隨同布朗維奇，一同起草了一段開場聲明，敘述福特先前提供給他們和《華盛頓郵報》的細節，避開卡茲所知會讓福特不自在的特定用詞。福特讀了草稿，幾乎全部重新寫了一次。「我幾乎把每句話都刪了，」她說。「那不是我的語言。順序不對。我得把它不是因為與事實不符，而是因為聽起來不像她說的話。變成我自己的版本。」福特寫了又改寫，就像她的科學論文一樣，讓房間裡的律師們無用武之地。

布朗維奇與羅賓斯花了一個小時，帶著福特演練一些他們認為在聽證會上可能會面對的問題，並且給她一些如何面對作證的通則，例如：妳在這裡是為了說明真相，不用擔心結果。如果參議員使用了模稜兩可的詞彙，不要臆測他們的意思。如果他們把一個問題分三部分問，請他們分成一次一部分。布朗維奇解釋說，聽證會時，他會坐在福特身邊。當參議員停頓時，她應該看著他們，深呼吸，不用擔心他們說什麼。

羅賓斯與布朗維奇兩人都熟稔國會聽證會的運作，知道在那種形式下要表現優秀的關鍵，是事前演練、預測問題、琢磨回答的內容。每個到國會作證的人都會演練，即使是已成定局的例行事件也一樣。不練習回答會被認為是不謹慎，甚至有點輕率。這幾位律師必須很快順過那些機械性的練習：有些企業主管花數星期，甚至數個月準備，而福特他們只有一天。

福特做了一些筆記，但是發現自己很難專心，因為律師們彼此間交談。當他們請她練習答覆，她拒絕了。「她非常抗拒，」羅賓斯說。

不到二十四小時之後，福特將出席華盛頓近年來最敏感的一次國會作證。為了避免給人全是共和黨男性對話者的印象，那些參議員將他們的質詢時間讓給一位名為瑞秋・密契爾（Rachel Mitchell）的資深檢察官。不只參議員，每個人都會注意聽福特是否有任何弱點、前後不一，或是看她出糗。

福特一副神泰自若。對她來說，這就像是為一個她已經知道答案的測驗做準備。她對於自己知道哪一項資料，不知道哪一項資料，胸有成竹。沒有任何演練能改變這一點。

她只擔心一點：「我不確定我能在攝影機前面完成這件事，」她告訴她的團隊。她反覆問一個她問了好幾天的問題：她為什麼不能在閉門式的聽證會裡回答司法委員會的問題？

現在席德曼加入了。在一次與福特一對一的對話裡，她反覆說著卡茲與班克斯對福特說了好幾天的話：唯一能保證她的陳述能正確且公正傳播出去的方式，就是透過電視轉播的聽證會。這是卡瓦諾會做的事。「好的，」福特回答說。

席德曼終於相信福特會照著規矩走。但卡茲與班克斯則沒那麼確定。

那天下午，茱蒂搭火車前往華盛頓，查到卡茲與班克斯的法律事務所地址，在距離她們事務所幾步之遙找到一間咖啡廳，準備在那裡等幾個小時。卡茲沒有邀請她。她也從來沒有見過班克斯，還沒與福特說過一句話。當時她與梅根對於幕後發生的事，只知道零碎的訊息。當茱蒂告訴卡茲她要買火車票時，卡茲已經告訴她，她無法承諾茱蒂能採訪到什麼。但是茱蒂與梅根同意，她們當中一定得有人來華盛頓一探究竟，近距離見證這件事，因為她們想釐清這些事件的意義。

那天晚上，茱蒂坐在同一間咖啡廳，卡茲與班克斯現身來找她，帶她上樓去看他們準備工作的最後階段。樓上的律師們正鬥志高昂。辦公室變身成一個應變中心，到處是對客戶問題截然不同處理方式的提醒紙條。因為律師們曾收到威脅，所以門口有安全警衛。事務所的空間同時塞滿了鼓勵，例如陌生人送來給福特的花束，隨意地集中在卡茲的桌上。好多點心送過來，在文件櫃上疊成一堆。

只有一小群幾乎都是女性的義務律師與獻計者，留在辦公室幫助福特。他們的情緒激昂、樂觀、無所畏懼。

走向電梯時，卡茲從桌子上抓了一份《紐約時報》，手舞足蹈地指著標題：「比爾．寇斯比，曾經家喻戶曉的父親楷模，淪為獄中囚犯」[34]。前一天，比爾．寇斯比被判刑三至十年，這是許多人認為永遠不會到來的究責時刻。評論家說，這是#MeToo時代第一個重要判決。卡茲感覺歷史站在她這一邊。

但是在同一個時間，川普正在電視上大肆抨擊對卡瓦諾的指控是民主黨的一大「騙局」，這是梅根在紐約就預料到的發展[35]。川普總統正利用卡瓦諾案件重申他的無辜，將他自己定位為受害者。「我長年身為一個名人，但是我一直背負很多針對我的錯誤指控，大錯特錯的指控，」川普說：「所以，當我看這件事時，我與某些坐在家裡看電視說，『喔，卡瓦諾這個那個的』的人看法不同。這發生在我身上很多次了。」

川普再次將矛頭指向梅根與巴爾巴洛針對他對待女性的報導，稱它是「不實報導」與「錯誤訊息」。川錯還說「四、五個女人收了很多錢，杜撰關於我的故事。」並沒有證據支持川普的宣稱。但是已經有記者記錄下麗莎．布魯姆努力蒐列出知名民主黨人的損贈資料，他們提供資源給潛在川普指控者。布魯姆協助川普逮到話題，在經過一番改造與誇飾後，替他洗清罪名。

福特於晚上十點就寢，希望能好好睡一覺。但兩小時後，她就醒了。她沖個澡，看電視看到天亮。「我等著，已準備好去做這件事，將它結尾，」她後來說。

早晨的準備工作一團匆忙。一位造型師出現，為她做頭髮造型，而當她照鏡子時，覺得她看起來不那麼像她自己，因為髮尾捲起來了。她的幾位顧問認為，確切地說，這位加州學者沒有一般穿去國會聽證會的那種衣服，所以他們訂了十一套不同的套裝，在前一天送到她的飯店。對福特而言，這些套裝看起來顏色好深，而且很昂貴——很像東岸的風格。她選了不是黑色的那一套，午夜藍，這樣她之後能穿去上課，也有裁縫師來協助做一些修改。

兩位史丹佛的同事來她的飯店房間用早餐，一位與她一起搭私人飛機過來，另一位則剛好在華盛頓。當他們討論起各自正進行的科學論文，福特感覺自己正過渡到她想在聽證會上採取的專業模式。

一輛雪佛蘭Suburban車型的休旅車正等著。她與卡茲、班克斯、布朗維奇、羅賓斯與兩位警衛一同上了這輛休旅車，前往國會山莊。這輛車停進了地下停車場，然後她被護送經過國會通道至一個門廳，然後走上梯井，進入一個寬闊的走廊，兩邊都是辦公室的門。人們都探出頭來，想一睹她的廬山真面目。很快地，她與她的團隊到了自己的空間，一間像辦公室、距離聽證會議室好幾個門的房間，他們在休息時間可以在這裡休息與重新集會。福特仍在修改她隨身帶在活頁夾裡的開場詞，執著於字斟句酌。福特說，她刪掉了「尖叫」，改成「大叫」。

當格拉斯利到福特的房間探視，她對他微笑，互相問候。她仍然一心要在每一步上，盡可能地保持愉快。

福特的顧問一直促請司法委員會在一間較小的會議室舉行聽證會，他們認為這樣有助減少福特的躁動。沒有人鉅細靡遺地告訴福特，這場聽證會播放傳播的程度：這是另一個將這件中學時代的事件演變成範圍多大、影響多大的舉動。因為卡茲與班克斯擔心，如果她知道，應該會嚇到動彈不得。

當聽證會的程序正式開始，福特開始念出她的聲明，不太在意自己給外界的印象[36]。她整個夏天都在說這個同樣的故事。她整晚都沒睡。她拿起麥克風，先要求了一杯咖啡。整個空間感覺很詭異，參議員的位置比她高。燈光熠亮，彷彿他們是在一間營運中的劇院。

她的聲音因情緒而有些沙啞，但是她沒有崩潰。她謹慎選擇的用字與形象，特別引人聯想。她說到卡瓦諾笨手笨腳地想脫去她在衣服裡穿的一件式泳衣，以及她躲在浴室時，男孩們「像彈珠一樣撞著牆」下樓去。

「我得在全世界的面前重新體驗這個創傷，並且看見我的人生被電視前的人們、在推特、社群媒體與其他媒體上的人們說三道四，還有出現在這個從來沒見過我、沒和我說過話的政府機構裡，」她說：「我是一個獨立的人，而且我不是任何人的棋子。我站出來的動機，是希望幫助，並提供卡瓦諾先生的行為如何損傷我人生的事實，如此一來，當你們做出接下來的決定時，可以一併慎重考慮。」

福特長年參加科學會議，已習慣問答交流，現在她利用那些經驗，嘗試清楚與準確地說明。她不介意瑞秋·密契爾這位共和黨禮讓所以進行質詢的檢察官提出的來回詰問。她說，不像參議員諸公，這位檢察官坐在地板樓層，感覺比較像是進行一場人與人的互動。她在第一輪的質詢中感覺很受到尊重。

但隨著聽證會繼續，福特愈來愈警覺。密契爾質問的焦點逐漸改變。福特如何抵達華盛頓的？她的測謊情況如何？她說，這些問題對她似乎都是離題而且令人困惑的。到最後一次休息時間，福特累癱了。她不想再進去了。

當她最後的發言結束，密契爾走近她。

「我會為妳的人身安全祈禱，」這位檢察官說。這讓福特相當驚駭。她是否知道某件福特該害怕的事？

回到他們的休息室，福特的顧問們微笑稱讚她。她感謝他們的回饋，但是仍然以學術的角度來看這件事。「當你發表科學談話，你就是說出你所知道的，」她解釋說：「那不是『做得好！』」但是說到傳達她的故事，她覺得她做得很好——她後來用她最愛的運動譬喻來說，已經在場上使勁渾身解數了。當被認為投下正反機率票各半的亞利桑納州共和黨參議員傑夫．弗雷克（**Jeff Flake**）停下來與她打招呼，她也親切地向他回應。當時她還不知道她的發聲，在這塊土地上掀起了多大的力量回響。

茱蒂借了一張通行證，進入擁擠的聽證會議室，在福特發言快結束前溜進去，親身感受她對福特的第一印象。她面對著參議員，坐在一個超大的木桌旁，左右各是卡茲和布朗維奇。由於茱蒂只看得見福特的後腦勺，所以最強烈的印象是她的聲音。她的聲音超乎預期地像小女孩，但是很有權威，部份是因為她的描述很精準。在聽證會中，她似乎很投入於好好回答每個問題。不像在溫斯坦的案子裡，受害者的聲音是透過記者發出，這一次全世界都親眼看見、親耳聽到來自這位女性本人，未經篩過的陳述。

很多觀眾認為，她是如此具說服力的證人，這次大法官的提名基本上是完蛋了。在有線衛星公共事務電視網（C-SPAN）上，性侵倖存者紛紛打電話進來分享她們的遭遇。「我好幾年都沒提這件事，直到我聽了這場聽證會，它真的讓我心碎了，」一位七十六歲的婦人說[37]。川普說他認為福特「非常有說服力」，而且是「一位非常有可信度的證人」[38]。在《紐約時報》，編輯與記者也準備在必要時做一篇卡瓦諾撤銷案的報導。

像許多其他觀眾一樣，茱蒂與梅根不確定輪到卡瓦諾在聽證會作證時，他會說什麼。這位傑出的聯邦法官會先提醒全世界，他在生涯中已經累積多少人對他的尊敬嗎？也許他會說他真的無法想起任何這類事件，而且他應該依他成年後的行為被評判。這種策略已經幫助一些人掃除他們年少輕狂時的負面報導。二〇〇〇年總統大選時，喬治·W·布希用「當我年輕、不負責任的時候，我是年輕、不負責任的」這句話，洗白了他飲酒過度的傳言[39]。這是有史以來最有效的自傳式定調，讓這位曾經愛跑趴的男孩聽起來自我謙虛而且引人共鳴——沒有人想被以他們年輕且最糟的時刻受到評判。

但是很快地，情勢很清楚，這不是卡瓦諾的想法。輪到他站在那張拋光的大木桌旁時，他再下一城，在誓言之下發表一段指控福特的強力否認。「我明確而且堅定地否認福特博士對我的指控。我從來沒有與福特博士發生任何性或肢體上的任何一種接觸。我從來沒有參加過福特博士在她的指控中所描述的那一種聚會。我從來沒有性侵福特博士或任何人，」他說。

茱蒂也看不見卡瓦諾的臉，只看到他寬闊的肩膀和上面一頭棕灰色的頭髮。但她可以聽見他，以及他的憤怒幾乎像是要將他的開場聲明噴吐向全場空氣。他的神態表現與福特南轅北轍。她聽起來掌握得宜、平靜、有禮，不特別治政化，而且平易近人，在聽證中夾雜了一些科學術語，彷彿要佐證她所說的話。卡瓦諾的聽證則聽起來宏亮、尖銳與公然偏頗。「這整整兩個星期是一場算計且合謀的政治攻擊，是由對川普總統與二〇一六年選舉明顯壓抑已久的憤怒所引發，」他說[40]。

在幾分鐘的陳述過程中，他要聽眾設身處地，描述他一輩子的勤奮努力因為一連串日益高漲、失控的申訴而天翻地覆。在前一個星期，阿凡納提的客戶茱莉・史威尼克（Julie Swetnick）終於站出來。在一場向委員會發誓的聲明以及電視訪問裡，她前後矛盾，被大部分人認為是不可信的[41]。

「史威尼克的事件是一個笑話，」他說：「那是一場鬧劇。」

「我早在指控出現的隔天，就想要有一場聽證會，」他說，意指福特的指控。「然而，十天過去，冒出這些無稽之談，」他指的是一些坊間流傳的捕風捉影：「我在羅德島的船上，我在科羅拉多州，你們知道的，我到處被看見。而這些事情被印出來流傳，還被有線電視不停地播報，」

他說。

「我的家庭與我的名字已經被邪惡與不實的外加指控，徹底且永遠的毀了，」他說。「外加」這個字反映了真實情況。

他引用大量論述，讓自己成為男性委屈的焦點，說他才是受害者，說他一輩子的付出與關心，細至他擔任女兒棒球隊教練的時間，都被那些發表不負責任指控的女性毀了。

「如果每個飲酒的美國人，或者每個在中學時喝啤酒的美國人，都突然被認定犯了性侵罪，我們這個國家將會是一個醜陋的新世界，」他說。

共和黨參議員利用他們自己的質詢時間，放大他們想要傳達的訊息。他們把方才一直質問卡瓦諾如何回應的瑞秋．密契爾排擠在一旁；他們放棄了原本要讓一位女性代替他們質詢的計畫。相反地，清一色為男性的共和黨團輪番上陣，忿忿不平的表達他們對迫害一位傑出男性的看法。

「情況愈變愈糟，」德州參議員約翰．柯尼恩（John Cornyn）說：「這是一個連《紐約時報》都不想報導的事件，我指的是拉米瑞茲女士的指控。然後史托米．丹尼爾斯的律師跳出來說這則令人不可置信的故事，指控你犯了最骯髒齷齪與淫穢的行為。這實在令人無法接受，你生氣是有理的。」

「太丟臉了，」猶他州參議員奧林．哈奇（Orrin Hatch）說。「這是美國參議院史上最羞恥的一章，令人傷心，」德州參議員泰德．克魯茲附和。

聽證會當中，這位法官說出一些未必確實的聲明。他稱「魔鬼的三角形」是一種飲酒遊戲，這是在他的畢業紀念冊上的術語，被媒體注意到，但在大部分人的認知裡，這是中學時對兩男一女關係的俚語。他宣稱福特的故事已經「被她指稱在場的那幾個人駁斥，包括一位她多年的朋友。」這不是真的：其中一位福特記得在派對上的友人利蘭．基瑟（Leland Keyser）在一封由她的律師撰寫給司法委員會的信裡說，她不記得這場聚會，不認識卡瓦諾，但是她也告訴《華盛頓郵報》，她相信福特說的是實話[42]。當一位明尼蘇達州的民主黨參議員艾美．克羅布查（Amy Klobuchar）詢問卡瓦諾，他是否曾經因為喝酒而半醉或全醉，他反問**她**是否曾經半醉或全醉，聽起來充滿防衛。

在聽證會上，茱蒂被一件電視上不易察覺的事情吸引：在這個小房間裡，不只有福特與卡瓦諾的支持者，也有#MeToo運動的領袖與批評者。福特結束作證時，「謝謝妳，福特博士！」的呼聲與「任命布萊特！」叫喊聲夾雜在一起。觀眾席一排只有八個座位，比飛機上的一排座位大不了多少。穿著卡瓦諾T恤的女性，與為福特前來的人，雙方人數旗鼓相當。#MeToo運動的發起人塔拉納．伯克穿著運動鞋前來，這樣她可以走路去加入整個國會山莊街區進行中的抗議活動。她坐的位子距離艾希莉．卡瓦諾（Ashley Kavanaugh）不遠，她是這位法官的妻子，表情滿是驚駭。所有的這些人都擠在一個有木質隔間與銅印、看起來很正式的包廂裡，打一場只有湊合著的規則以及欠缺公正裁判的仗。

第二天早上，茱蒂在水門飯店的大廳與卡茲見面。福特與她的團隊在那間狹小會議室裡擠在一起，準備工作的工具還到處可見，整齊擺放的螢光筆，還有花生口味的M&M巧克力。不久，福特走進來了。

她似乎與前一天完全相似，但又完全不同。她的第一句話，與聽證會上的開頭一模一樣：她要一杯咖啡。她和聽證會上一樣，很平易近人，她問卡茲，參議員弗雷克向她打招呼時，她表現得夠不夠優雅。（「妳很美，」卡茲向她保證。）然而，當她褪去正式的套裝，以青綠色的連帽衫和藍色的橡膠勃肯（Birkenstock）涼鞋取而代之，讓人想起這個人的身分與人生，其實只有幾個小時短暫呈現在公共舞台上。她再次看起來像個加州人，她的頭髮仍然因為剛睡起而顯得凌亂。她的手腕上戴著一個細細的銀手鐲，上面寫著「勇氣」。

自從前一天離開國會山莊後，她終於讓自己癱軟一下。她沒有看卡瓦諾的作證。前一晚，她的朋友與家人在水門飯店的一個房間裡聚會，類似一個小型的「感謝老天，終於結束」的聚會，她的帕羅奧圖賓客與她的中學朋友見面。其中一位上電視接受關於福特的採訪，她感謝她為她做這件事。她的雙親也在場。當每個人都在聊天小酌時，福特躺在房間裡一小張加墊的長椅上，閉上了眼睛。

福特的飛機很快就要起飛了，她很急著要回到西部，飛離華盛頓的煎熬。當談到她能回到她的家，重點是回到她的舊生活與例行事務。這似乎是不可能的：她的故事如今引起了全國性的文化大地震，而且具有政治影響。

幾個小時後，司法委員會動起來，將投票決定是否把提名作業送往參議院全院會議，卡茲與班克斯從她們事務所的會議室裡，緊盯著每一分鐘的電視報導。茱蒂與她們坐在一起，觀察律師們等待著她們客戶的作證，是否真的能影響提名結果。

卡茲在會議桌邊來回踱步，發訊息給人還在飛機上的福特。等待的過程很煎熬，她們想要的結果，希望參議員傑夫．弗雷克或另一位共和黨參議員投下否決票，但這件事不太可能發生。電視上的跑馬燈與影像一閃即過，還沒有任何確實的消息，茱蒂問兩位律師一個很大的問題：過去一年裡，到底有多少改變？以及福特作證的重要性是什麼？

「如果卡瓦諾通過任命，我懷疑我們有進步到哪裡去，」班克斯說，她是較悲觀者。

卡茲仍然相信有可能性，不認同這個答案。她認為，福特挑戰了過時的社會規範，而且是因為#MeToo運動提供機緣，因為社會標準已經改變了，才能讓她這麼做。「若是一年前，她不會有機會出面作證，」她堅稱。

「情勢**已經**產生質變了，」她繼續說：「但是體制**沒有**改變。參議院**沒有**改變。這個國家的力量集中在白宮與參議院。但不能就此結論這個運動是失敗的。」卡茲補充說，許多福特的敵對方沒有直接說她是騙子，但是轉而提出她誤認侵犯者身分的古怪理論。她說，這是一種怪異的進步，但還是一種進步。

「我沒有說這個運動是失敗的，」班克斯反駁說：「我是說，即使這個運動的力量這麼大，結果似乎是相同的。」

最後，電視沒有提供清楚的答案。在國會山莊的電梯裡戲劇性遇到兩位性侵倖存者後，參議員弗雷克協議程序暫停，要求聯邦調查局在全院會投票決定卡瓦諾任命案前，先著手調查福特與拉米瑞茲的指控。這正是卡茲與班克斯幾個星期前努力過，但無法獲得回應的請求。現在委員會的共和黨員與白宮暫停這項任命案，認真執行弗雷克為支持這位法官所做的任何事。

茱蒂返回紐約，梅根過來接棒繼續跟著兩位律師。在電視與網路上，部分觀察家預示，表決延後與聯邦調查局介入調查是福特的勝利，但卡茲與班克斯仍抱持懷疑。「我們仍然不知道事情會如何發展，」卡茲對梅根說。

幾個小時後，九月二十八日星期五，福特回到加州，與她的先生與兩個兒子重新團聚時，特別激動。她說孩子們跳上跳下，緊緊抱住她，讓她快透不過氣了。

這幾個月來，福特第一次感覺到平靜。在面對所有那些攝影機時有些尷尬，面對瑞秋．密契爾時有些不自在。但沒有人真正想要摧毀她的家庭或她的學術生涯。她認為卡瓦諾會被任命，她一直都這麼認為。她說，她的成功是能帶著尊嚴向世界說出她的故事。也許，這麼做能讓下一代的受害者更容易站出來。而且，也許審查最高法院大法官候選人的那些人，下次會更謹慎。

最後，福特想，她可以回到她原本的生活。她婉拒了每一個採訪，她告訴她的團隊：「我不想成為**那個**人，我只想回去教書。」

然而，當共和黨尋求通過卡瓦諾任命案時，她還是遭受攻擊了。

星期天晚上，瑞秋・密契爾寄給參議院共和黨一份五頁的報告，焦點在福特的可信度[43]。（「一宗『他說，她說，各說各話』的案子非常難以證明。但是，這個案件比那些更弱。」）三天後，川普在一場密西西比南海文市（Southvaven）的造勢會上，喜孜孜地嘲笑她，火力比以往更甚[44]。（「『妳如何到家的？』『我不記得。』『妳怎麼去到那裡的？』『我不記得。』『那個地方在哪裡？』『我不記得。』『那是幾年前的事？』『我不知道。我不知道。我不知道。』『那是在哪一個區？』『我不知道。』『那個房子在哪裡？』『我不知道。』『樓上，還是樓下，是在哪裡？』『我不知道。』」）

當川普說出這些話時，司法委員會的共和黨人釋出一份發誓過的聲明，來自一位福特在一九九〇年代初曾經約會過的男性，指稱他曾經看過福特利用她對心理學的了解，教導一位室友準備聯邦執法工作面試的測謊，這項指控似乎是要質疑福特已通過測謊的可性度。福特怒不可抑。這落入批評家口實。但是這個謊言也傷害到她的朋友，前聯邦調查局幹員莫妮卡・麥克林（Monica McLean）被迫公開否認曾經讓福特或其他人協助她準備測謊考試[45]。

這個國家的每個人似乎都對福特做的事有些反應。一位在密西西比州南海文市，也就是川普剛公開談話的城市裡的餐廳服務生，也是忿忿不平的人之一。[46]「任何一個女人愛說什麼都可以，」她說的是#MeToo運動：「你和我心知肚明，她們自己找事，爬上梯子，摧毀某個她們不在乎的人。我認為這種事應該自己知道就好。當然，世界上有很多壞人做了很多他們不該做的事。」她自己的女兒是一位強暴受害者，她說：「我的意思是，我了解這是人生的重要時刻。妳去諮商個一年或兩年，做任何妳需要做的事，但是把它說成創傷症後群？沒這回事，我看這不見得。這樣說太沉重。我女兒後來的人生還算順利。妳原諒，然後妳就忘記了。妳不會一輩子傻傻地帶著它[47]。」

其他人則將福特捧為英雄。各地的性侵受害者繼續傾訴她們的心聲，回應她的作證。她收到支持者數萬封的信件，吐露她們個人遭受虐待、侵害與騷擾的故事。如曾獲艾美獎的艾倫・迪珍妮（Ellen DeGeneres）、華裔新聞主播宗毓華（Connie Chung）等名人，都首次為指稱遭受過的犯行站出來，並且明指福特是她們站出來的動力[48]。抗議者使國會山莊充滿了激情，讓之前支持卡瓦諾的遊行相形遜色。《時代雜誌》（*Time*）製作了一個福特作證的封面，上面是她的臉和她證詞中的一句話。

接受《華盛頓郵報》專訪、在攝影機前作證，都是福特尋求保有對自己故事的主控權，但如今它已經被破壞、被讚揚，或被挪用。福特對於擁有最後的話語權很執著，因而她轉向她的團隊求援，詢問是否還有什麼事是她可以做或說的？她的團隊勸退她。卡茲與班克斯告訴她，即使她拿得出攻擊她的影片，批評者仍然會置之不理。而且，她永遠無法承受每位倖存者的創傷之重荷。

「妳無法承擔每個想要女性受到尊重的人，這些人的所有希望與祈求，」卡茲記得後來在一通電話裡告訴她：「妳無法承擔這些。」

福特無法放下。十月四日星期四晚上，福特打電話給卡茲與班克斯。隔天，參議院終於要第一次投票，決定是否繼續卡瓦諾的提名作業。最後，聯邦調查局對福特指控的調查極為狹隘；他們盤問了馬克．賈吉、P．J．史密斯、利蘭．基瑟，以及一位目擊證人的律師，結果發現「無確證」[49]。他們沒有問過福特，甚至或卡瓦諾。關於「三十年前究竟發生了什麼事」這個問題，仍然懸而未決。（該調查對拉米瑞茲的指控，結果也是無確證。）

然而，福特想最後說一些話。那天晚上，她完成了一封兩天前起草的祕密信件。那是寫給參議員傑夫．弗雷克的，感謝他對她展現的善意。

那天深夜，班克斯將信件寄到這位參議員的私人電子郵件信箱。第二天早上投票前，一位信差匆匆送了一份紙本到他的辦公室。

十月五日星期五的下午，參議院討論了提名案。最終投票可能是在隔天。正是茱蒂與梅根第一篇溫斯坦報導過了一週年，也是《走進好萊塢》錄音帶外流的兩週年。

梅根搭火車到華盛頓，發現卡茲在她的辦公室外。這位律師把手機夾在頸上，眼中泛著淚。投票的結果如她們所預期的。她正在和福特電話中，兩位女性正在釐清整個過程。福特做了比她原本計畫還要多很多。而那位法官仍然會擔任最高法院的大法官。

「妳做了妳該做的事，請堅強保重，」卡茲對著電話說。

隔天，卡茲、班克斯與事務所一位年輕律師穿越數百位抗議者，走進參議院大廳，梅根走在後面，來參加卡瓦諾提名作業的最後一次投票。在參議院大廳旁聽席，律師們推開木門，走下白色大理石的階梯，坐上藍色的椅子。她們說，她們來這裡代表福特到最後一刻，即使只是坐在旁聽席上。

當共和黨籍參議員起身高談世界各地的無辜男人如何身陷不公平的攻擊時，律師們不以為然地看著。他們大多沒有直接攻擊福特，他們稱她為那些試圖擊敗卡瓦諾提名案的人的棋子。民主黨的反應則相反，他們批評卡瓦諾，稱讚他的指控者，同情世界各地的性侵受害者。當伊利諾州的參議員迪克·德爾賓（Dick Durbin）稱揚福特為公民責任做了定義，並且為她所遭受的對待感到抱歉，卡茲低下頭，情緒激動。

兩邊逐漸增溫的爭論變成了狂怒。在國會山莊，反卡瓦諾的抗議者拿著大幅標語，寫著「我們相信克里斯汀·布萊西·福特，而且我們相信所有的倖存者」，他們也親身擋住共和黨參議員，甚至帶著象徵卡瓦諾青少年習慣的啤酒罐，到多數黨領袖密契・麥康諾家前面，大喊「喝、喝、喝」以及「我們該拿一個喝醉的大法官怎麼辦？」現在，一些人想擠進大廳看最後的投票。一個接著一個，他們提高嗓子，大喊他們的不滿。當警衛將他們拖出來，他們的呼喊在大廳中回盪：「我與倖存站在一起。」「這個過程是腐敗的。」「這是美國史上的污點。」[50]

大廳的另一邊，川普的白宮顧問唐・麥卡恩（Don McGahn）坐看著議程進行，臉上掛著微笑。當投票結束，參議員麥康諾舉行了一場記者會。梅根發現他也笑容滿面：他拿到新的最高法院多數優勢，也許還外加了一個出乎意料的政治紅利。他說：「在過程中攻擊我們的這些暴民，已經在我們的總部放了一把火。」

卡瓦諾任命案當然不是#MeToo運動命運的最終衡量指標。幾個星期前，麥當勞的員工，包括茱蒂採訪過的金・洛森，舉辦了一場從美國東岸到西岸的大罷工，抗議公司鬆散的性騷擾政策[51]。歷史學家稱之為美國本世紀第一個性騷擾議題的罷工。哥倫比亞廣播公司（CBS）總裁雷・穆恩維斯下台了[52]，成為究責行動中第一個丟掉工作的五百大公司執行長。前一天，諾貝爾和平獎委員會公布二〇一八年的得獎者為納迪亞・穆拉德（Nadia Murad）與丹尼斯・穆克維格（Denis Mukwage），兩位致力於終結性暴力的社會運動家。這時，《紐約時報》剛完成一篇關於谷歌與其高階男性主管之間祕密弊病的震撼報導，包括人稱的安卓手機之父，在另一位員工指控他強迫口交後，被支予九千萬美元資遣——但他否認這項指控[53]。

針對福特指控的爭論，促使人們重新評估中學時期的行為，即使只是私底下。由於粗暴橫調的公開對話往往不令人滿意，許多最深刻的改變，往往發生在於激發更多私底下的個人省思。

福特本人繼續因為整個事件的情緒而心情波動。在她接下來數月與梅根的訪談中，她經常感到哀傷或困惑，偶爾激昂與憤怒，幾乎總是非常焦慮。她當時應該把她的故事說出來嗎？繼續放在心裡會不會比較好？某一天，福特會列出不該為侵害事件站出來的所有原因。隔天，她又會宣稱她毫不後悔。她對於是否要公開站出來的矛盾心情，似乎會跟著她很長一段時間。

當華府的卡瓦諾案激烈爭辯至最高點時，《紐約時報》曾經詢問讀者，是否曾經對女性做過令他們後悔的行為？有數百人回覆，坦言從撫摸到集體性侵的多種逾矩行為[54]。

「我以為在性上『征服』她，是我期望我必須做的事，」湯姆．林屈（Tom Lynch）寫道在一九八〇年時，他曾在一場正式舞會上強行把他的手伸進一個女孩的裙子裡。

今年已經高齡八十二的泰瑞．威頓（Terry Wheaton）回憶在一九五二年左右強吻了一位同學。

「我很抱歉，黛安（Diane），」他說。

終曲 聚會

二〇一八年最後幾個月，我們回想起一個在溫斯坦調查案最初時萌生的想法。那時，我們費盡唇舌說服女性打破沉默，猜想如果把她們聚集起來，是否有助於讓她們願意現身說法。當時，這個想法似乎是不可能的，那會對報導保密性造成威脅。

但是，因為新的原因，我們發現自己又再次考慮這麼做。我們明白，這會有助於回答一些懸而未決的問題，在溫斯坦之外的許多案件都適用：公開表明的女性後來怎麼了？她們如何處理曝光後的每一件事？

二〇一九年一月十六日，我們曾經報導過的十二位女性在我們的請求下，在洛杉磯集合了，試著回答這些問題[1]。

籌辦這次聚會相當具挑戰性。這幾位女性分別住在三個國家，我們打了多通電話，寄出許多訊息，挑選出時程、解釋我們的意圖——不是的，這不是一個團體治療課。因為新聞報導的緣故，我們想要進行一次集體採訪。我們原本想找一家飯店的會議室供大家見面，但似乎沒有一家飯店夠隱密。所以本身也打算參加的葛妮絲・派特洛提供了她位於布倫特伍德（Brentwood）的住家，由我們支付餐點，如此可以避免收受某個單位或個人金額不小的金錢贊助。對某些參與者來說，旅費是一項門檻，所以我們支付了一些機票與飯店住宿費。

晚上六點，當我們與消息來源及主角抵達時，天空正下著雨。車子經過一道不起眼的灰色柵欄，進入了與派特洛位於漢普頓地區的家一樣隱蔽的環境，那是我們在好幾個月前第一次採訪她的地點。在屋內，我們聚在一間活動室裡，這裡是我們當晚與隔天主要的會面房間，我們在一個劈劈啪啪響的火爐前，坐在寬敞的沙發上喝著各式飲品。

整個房間裡是我們報導軌跡的真實呈現。曾告訴梅根在川普大樓電梯裡被川普強吻的瑞秋・克魯克斯從俄亥俄州飛過來，她仍在處理說出經歷後的效應——超過她原本想像的機會和問題。對梅根來說，能在加州屋簷下看見這位高挑的中西部女子，令她非常激動，但也許全都比不過兩人第一次談話後發生的每一件事情。

艾希莉・賈德穿著毛衣，因為她剛從德國回來，下飛機直接過來，她目前住在那裡。自從溫斯坦事件被刊登後，她就被讚揚為女英雄，獲得不少獎章，而且接受了母校哈佛大學甘迺迪政府學院的一份教職。二〇一九年秋季要開課，課程名稱很簡單：「領導者」。她正加入「Time's Up」的董事會，這個組織是溫斯坦醜聞後，從好萊塢發起，開展到其他地方，以促進安全與公平的工作場所為主旨。她也已經對這位製作人騷擾、毀謗以及讓她失去工作機會等行為提起訴訟。常有陌生人走到她面前表達感謝，有一次她下飛機時，甚至得到列隊迎接。

茱蒂想看見她與蘿拉．馬登握手，這位控訴溫斯坦在幾十年前於都柏林騷擾她的前助理，從英國威爾斯飛來。她們是最早公開控訴這位製片的女性。雖然馬登在二〇一七年十月展現出她的決心，但到現在仍說話輕柔，柔順棕髮塞在她的耳後，她說自己還不習慣這類與陌生人的分享。

馬登與她之前在米拉麥克斯的同事賽爾達．帕金斯一起飛過來，帕金斯已經成為一位社會運動家。溫斯坦的故事曝光後幾個星期，她屏息以待，並且成為第一批公開違反保密協議的女性之一，她向記者吐露所有實情——除了與羅溫娜．趙相關的事件與身分，趙是帕金斯一直想保護的同事[2]。事實上，帕金斯原本害怕溫斯坦會對她提出法律追訴，但他沒有。在媒體與英國國會，她公開發起對抗保密和解條款，質疑這整個用封口費擺平性侵指控與其他違法行為的概念[3]。帕金斯天性就是批評者，這種特質促使她在多年前挑戰溫斯坦，現在則挑戰被廣泛接受的法律措施，而她也正用懷疑的態度打量著這個房間。

走進派特洛的房子對她來說有些詭異：她們上次見到彼此是拍攝《莎翁情史》和其他電影的時候，但當時從來沒有彼此分享過溫斯坦的行為舉止。《莎翁情史》發行後，帕金斯也差不多在此時簽下將在往後二十年抹除她的故事的協議文件，數個月後派特洛得到了奧斯卡獎。現在兩位金髮女子併肩坐在一張地毯上聊天。派特洛剛從一個脫口秀錄製節目回來，身上還穿著洋裝，臉上也還沒卸粧，她是一位隨和的主人，躺在椅子上，讓我們主導整個流程。

金．洛森是茱蒂大約一年前聯絡上的麥當勞員工，她從堪薩斯市來。自從上次聯絡後，她成為讓這位速食界巨人，也是全國第二大雇主，正視工作場所性騷擾運動的領導者。她與一位工運組織者亞琳．烏梅爾（Allynn Umel）結伴前來。但是洛森似乎不需要任何的協助。她活潑迷人，從她那個角落傳來的笑聲可以判斷，她似乎很快正與其他人產生連結。

克里斯汀．布萊西．福特坐在一張沙發上，左右兩邊是鼓勵她出來作證的律師黛博拉．卡茲與莉莎．班克斯。這是一次難得的外出：卡瓦諾聽證會後的三個月，福特大部分時候還在躲避大眾目光。她的情況與房間裡其他女性非常不同。她仍會收到死亡威脅。她甚至還沒回到當地購物，害怕被陌生人圍堵，更別說回到她喜愛的教學工作。但是，她告訴梅根，來到洛杉磯反映了她走出去的新決定。

除了這些參與者，我們之前提過名字的還有羅溫娜．趙，她參加了，但是站在一旁，意義重大。自從溫斯坦的故事曝光後，她一直維持不露臉的狀態，透過她的律師與茱蒂聯繫。她從來沒有公開身分，或者打破沉默，而且也不確定她到底會不會這麼做。我們還是邀請她過來，不是因為她的沉默，而是因為這一點：這麼多女性將可怕的故事放在心裡。也許趙會說出這種決定所造成的結果。但是，她的條件是如果她選擇不要公開，這個團體會保密她的名字，而且她的律師南西．艾瑞卡．史密斯（Nancy Erika Smith）也會一起與會。

由於趙一直是隱藏狀態，我們可能會想像她很害羞或是嚴重受創，但其實她親切而有自信，而且肩上掛了一台引人注目的相機。她的父母在她出生前就從香港到了英國，她說著一口英國腔。多年前她離開了電影界，拿到法律學位，成為一位管理顧問，搬到美國，現在一邊為世界銀行寫報告，一邊養小孩。她剛好跟福特住在同一條路上。讓茱蒂寬心的是，趙和她的先生沒有因為她突然出現在門口車道而生氣。她與帕金斯終於再次聯絡上，試著釐清在這麼多年後，她們對彼此的意義。但是她向我們預告，她不確定在這次聚會上，她會不會開口說話。她仍然不曾與其他人分享她的故事。

這幾位女性開始互相交談，友善，但有些試探。她們對彼此幾乎毫無所悉，而她們的共同點，是如此的不尋常。她們每個人都曾經對於說出被性騷擾或性侵害的決定感到心神不寧，很多時候是茱蒂或梅根在電話的另一頭哄勸或鼓勵她們。我們邀請她們參加這場聚會，請她們回答一個核心問題：在決定縱身一跳後，她們在另一岸發現了什麼？

這次的採訪從晚上開始，持續到隔天，我們想要盡可能地平等，一視同仁。每一位女性說的話同等重要。但是也沒有刻意迴避參加者之間的懸殊差異。洛森在麥當勞工作，現在一小時的工資是十美元。六個月前，她還無家可歸。我們沒有向其他人提這件事，但是派特洛家中的每個細節，像是一整層舒適的灰白房間，隨處可見的小奢侈品，例如柔軟的沙發薄毯和鍍金邊的茶具，都實實在在地提醒著這幾位女性之間的歧異。

我們很快介紹了一輪，說明每個人在我們的新聞報導中的角色，很快地，每個人在長桌邊坐下來，享用一盤盤的日本食物，包含烤肉串、沙拉、白飯。這些女性聚在一起，每個人訴說自己怎麼決定站出來的，基本上是重述一次我們已經寫下的故事，對話開始愈來愈熱絡。輪到派特洛時，她舉杯向賈德敬酒，敬她作為第一個對溫斯坦打破沉默的女星。

「艾希莉，坦白說，妳做的事——成為第一個衝鋒陷陣的人，真的非常、非常困難，」她說，承認賈德第一個公開說出溫斯坦的故事，做出了她做不到的事。「妳真的是為我們所有人鋪路讓我們跟著妳站出來，」她說。

「我一直很為妳擔心，」賈德回應她說——意思是一九九〇年當時，不確定派特洛在溫斯坦旁邊是否安然無恙。

當對話在桌邊流轉，一些共同的經驗開始浮現。克魯克斯說，她一些家人繼續支持川普，而不是支持她。帕金斯說，雖然她因為向祕密和解協議宣戰而得到公眾注意，她的一些親戚從來沒有肯定過她的努力。

馬登說完後，她轉向福特，提到自己之所以能公開舉發溫斯坦，部分是因為她相信她的受害遭遇，是更大的加害模式中的一部分。

「妳一個人自己站出來真的相當了不起，」馬登說。

「是啊，我不知道是否有其他人，」福特回應說。

房間裡的參與熱度更上一層。大家共同認識的只有福特，大家從公開作證裡認識她現在出名的面孔與耳熟的高音。她說起背後的故事，重述她整個夏天在聖塔克魯茲海邊的反覆考慮，包括她原本只想在卡瓦諾被提名前打電話給他，請他慎思。

「我當時的想法像是，『我們何不就打電話給他，就像是：**嘿，讓我們拯救我們的家庭，不要陷入這整件事。**』」她說。

輪到趙的時候，茱蒂問她要繼續還是想跳過。

「當然，接下來換我，」她說。言簡意賅，但對她意義重大。「我是在座中唯一沒有公開我的故事的人，所以我沒什麼說出口的經驗，」趙說，除了她的先生，她的家人仍然什麼都不知道。「我覺得很少聽到亞洲人說出這一類的故事，」她繼續說：「這不是因為在亞洲人身上不會發生，我認為在美國，我們有整個圍繞著少數族裔的文化模式，像是盡量不聲張，不要說出來，只要埋頭苦幹，不要無事生波。」

趙說，因為那些原因和其他的考量，她現在正思考要打破沉默。「如果我站出來，把那些一定會令我的朋友震驚，而且撼動我人生的事說出來，這一整個想法真的很嚇人，」她說：「今晚在這裡聽到妳們每一個人的看法，尤其是如何站出來，以及是什麼讓妳們站出來，對我真的很有幫助。」

多了這層考量，聚會的議題變得更急迫而且具體。對我們而言，這是一場要與讀者分享的採訪。對她而言，這可能會幫助她做下改變人生的選擇。

趙比了一個手勢，指著她的相機，問她是否能拍幾張今晚和明天的照片。她給了自己一個完美的工作：她可以躲在鏡頭後面，如果她想要，可以繼續隱形，觀察其他每個人。

第二天早上，大家再度聚在一起，在活動室相同的沙發和椅子上三、五成群。中間一個大大的灰白色腳凳上放了幾杯咖啡——還有花盆上放了麥克風。這仍是一場採訪，我們在錄音，每個人都知道。接下來幾個小時的計畫很簡單：我們請大家輪流分享她們站出來後發生的事，希望對話從這裡開始。外面，雨還在下，增添屋內的庇護感。

蘿拉．馬登對於開口還是很緊張。她不愛出風頭，膽子相對較小，現在繼續生活在威爾斯的斯萬西市（Swansea）洗盤子、看小孩做作業。但她用動聽的口音，告訴其她女性在溫斯坦事件後，她腦海中的變化：她重寫了自己成年生命的歷史。

「我想，去年聽了其他人的故事並且看了一部紀錄片，它真的是關於倫敦的員工，看見當時我多麼的年輕……」她的聲音愈來愈小，試著描述看見自己的經歷在螢幕上被客觀地描繪出來時，是什麼樣的感覺。「我能重新定位它，而且看見那其實不是我做錯了任何事，」她說：「而是他做錯了什麼。」

馬登現在已經四十八歲，沒有人能改變那些她待在米拉麥克斯感到不舒服的歲月，或者給她一個全新的生涯，或者財務上的成就。但「光是能看出是**他的**問題，就有助於我找回自我感，」她說。

派特洛盤坐在溫暖火爐旁的地毯上，她描述了一種改變，關於如何理解她個人歷史與生涯的方式。溫斯坦的不端行為曝光後，她聽說這位製片利用她，包括她的名字、她的奧斯卡獎與她的成功，作為操控其她脆弱女性的方法。從二〇一七年秋天開始，派特洛花了好幾個小時與其他女性通電話，聽她們說溫斯坦在性騷擾或性侵她們的時候，會例行地引用她的名字和她如日中天的事業生涯，錯誤地影射她已經向他投降。「他明指我的事業並對其他人說，『妳不想得到她擁有的嗎？』」

有幾位女性已經公開站出來。有些則告訴派特洛，因為她們在性方面向溫斯坦屈服了，她們覺得自己永遠無法說出來。溫斯坦則否認他曾經說過關於派特洛的事，但似乎這正是他如此擔心派特洛發聲的原因：一旦其他人知道她的故事，他的計謀就被揭穿了。

「這是目前為止最難的一部分，感覺像被當成逼迫強暴的協助工具，」派特洛流著淚說：「這幾乎讓我覺得我在某方面也是有罪的，雖然這完全不合邏輯。」當她說話的時候，她家中華麗的擺設突然有了不同的意涵：溫斯坦把派特洛令人稱羨的人生，用來對付其他的女性。

在麥當勞工作的工運籌辦人烏梅爾遞了一盒面紙給這位大明星。

當每一位女性說話時，其他人都很專注，很少人看手機，也沒有其他干擾。每個人都是來自不同世界的使者：中西部的戰場、演藝事業、最高法院聽證會的激辯。這些分歧，與其說拉開了她們的距離，反倒是激起這些女性的好奇心，把大家凝聚起來。

金．洛森這位二十六歲的速食店員工，紮了一個簡潔的辮子，她住在距離賽爾達．帕金斯相距四千哩遠的地方。帕金斯這位製作人的年齡比她長二十歲，說著一口俐落的英國腔，身上穿著一件繡有大衛．鮑伊（David Bowie）名字的毛衣。但是她們兩位都投身社會運動，當她們接連著說話，她們的字句互相呼應。

帕金斯描述了她向國會議員針對保密協議作證時的感受：「對我而言最棒的，是走進西敏宮，體悟到身為一介平民，我真的擁有這些——西敏宮*是我的，這些政治家是我的。」

洛森告訴大家她向負責伸張受雇者權利，對抗就業環境歧視的政府機構「公平就業機會委員會」申訴麥當勞案件的情況。「我一輩子從來沒有感受到那麼有力量，」她說。在座很少有人曾進行罷工舉過糾察線，所以她敘述了九月時的罷工活動：大聲吟唱、喊出團結、認識新朋友、活力與同袍感、很多現身支持的男性特意走在女性後面。洛森發表了一段演說、接受採訪，而且全程推著女兒的推車。「每個人都與妳同心，」她說：「很像是，如果你不曾聽見我的聲音，今天你會聽見，你知道嗎？」她說。

她們的故事富含一種詩意的翻轉。她們受性騷擾之苦，但是與之宣戰，讓她們獲得新的主導權與尊重。即使年紀輕輕，洛森就已經擔任全國其他麥當勞女性員工的團隊指導，包含促進工會，或使用訊息提供諮詢。客人則用不同的角度待她：「妳不是在電視上談論性騷擾的那一位嗎？」他們會這麼問。

帕金斯說，「自從我說出來後，我現在可以成為二十四歲那年，我可以成為的那個人，」那正是她離開米拉麥克斯的那一年。

但是帕金斯或洛森都還不能說上已取得勝利。英國的和解法案尚未改變，帕金斯也不知道會不會有改變的一天。麥當勞開始強化政策，為經理人引進新的訓練，增加了一支熱線，製作海報告訴員工如何呈報案件。但是洛森尚未在自己那家分店裡看見任何改變，而且也不清楚數千家分店當中，多少家會真的改變。

「我心中很大部分已經等不及要讓所有事情都結束，我可以回去看顧我的馬和羊隻，從此不用再對記者說話，或是上電視，或是再做任何那一類的事，」帕金斯說。

幾位女性點點頭。她們攜手為真摯的改革而努力，雖然還遠遠不夠。她們又會再投注貢獻多少心力於此呢？

---

* 編註：西敏宮（Palace of Westminster）：英國國會所在地。

瑞秋・克魯克斯於二〇一六年站出來指控川普後，深受焦慮與自我意識崩潰之苦，她一邊說，一邊將長腿盤起來坐著。她是在座唯一住在鄉下、傳統地區的人——她說，「比較像是#himtoo的社區」。

她幾次出現在電視和指控記者會後，收到了一個超乎預期的邀請。當地的民主黨員希望她能出來競選州議員——她想，這真是一個很糟糕的想法。批評者已經指控她是為了政治目的而編造有關川普的壞話。「這樣就證實了他們的想法，認為我是為了某種目的做這件事，」她解釋說。

但是她關心教育與健保問題。她告訴其他人說，現任議員可說是「共和黨的橡皮圖章」。也許她可以把她的新經歷利用在正向的地方，她心想。「不論對或不對，因為我現在有了全國的聲量，我有了更大的募款能力，」她說。所以克魯克斯參選這項公職，學習帶領遊行與公眾演說[4]。她加入了一場全美國前所未見的女性候選人參選潮，參與競選希望能拿下美國歷史上，女性從未有過的政治力量[5]。

她說，落選的那一晚，她完全沒有因為自憐自艾而哭泣：民主黨在大部分俄亥俄州都輸了。但是幾個月後，她仍然得奮力洗刷這場選戰所強化的，只從她與川普的故事角度來看待她這個人。在電視上，有時螢幕下方她只會被標註為「川普的指控者」，一個她母親痛恨的詞。「這已經變成妳的身分了，」一位男性友人最近告訴她。

「它打開了多扇門，而且提供了新的道路，但也把我和這個討厭的人綁在一起，」她說。

在場的人安靜地思考她的困境。克魯克斯的生活，伴隨著公開表明最常見的恐懼：可能會為妳貼上永遠的標籤。福特聽得尤其認真。她目前的恐懼與克魯克斯描述兩年來所面對的情境，有著異曲同工之惡，連避免到當地商店購物這類細節都相同。坐在沙發上，她把紅色眼鏡推到她頭上，開始對克魯克斯提問，彷彿克魯克斯手上拿著通往前方的地圖。

「我想知道多久之後妳才能比較正常地坐進妳的車子，上館子，不會有人一直看妳，好奇是否真的是妳，」福特說。她對網路也一籌莫展，包括有假冒她的社群媒體帳號說：「我公開宣布放棄我整個故事。」

「我只能想，『這不是真的！』」福特說：「但我沒有勇敢到跳進去和他們爭辯。而且他們太多人了，所以……社群媒體這檔事……我適應的不好，」她說。

「有時候我會寫回覆，但我從來不貼出來，」克魯克斯告訴她：「這樣非常有宣洩效果。」

福特承認，大眾的反應不全是負面的。她曾被授獎、收到邀請，還有來自寫書與電影的合約。寄給她的信不斷累積，包括很多私密的暴力故事──「帕羅奧圖收到十七萬五千封信，」卡茲插話說。那些只是紙本信件，還有更多的電子郵件。在那些信裡以及每個地方，對她所做的事的反應，是如此的極端。

有好幾個小時，其他人大多只是點頭，禮貌性的提問。現在，她們開始說到重點了。派特洛用一個美式足球的比喻指自己。「只有當你手上有球時，他們會來阻截你，」她解釋說，這句話是她從一位鄉村歌手提姆．麥格羅（Tim McGraw）那裡聽來的。

派特洛與賈德這位長年處理公眾檢核與批評的專家，開始教導其他人如何處理他人的評斷。賈德很直接：不要去讀網路上關於妳的消息，她告訴福特。

「如果一位嗜酒的人能順其自然地遠離酒精，我也可以順其自然地遠離評論區，」賈德說：「當我把自己曝露在那些內容前，我就是在傷害自己，」她繼續說。

「妳是不是真的很少上網？」福特不敢置信地問賈德。

「我二十年來幾乎戒絕所有關於自己的媒體，」賈德說。她會在社群媒體上貼照片或聯結，但試著不去讀任何有關她的事：那是她在第一篇有關溫斯坦的文章刊出後，為什麼會躲到森林裡的部分原因。

當她說話的時候，她蜷坐在一張粉紅布套的椅子上，面向大家。她一整天都坐在那個位子，傾聽其他人說的話，相對較少發言。她似乎是參與者中沒有真的被改變的。她一直希望成為一位社會運動者，當她公開揭露有關溫斯坦的事，這個世界堅定了她的直覺。

「我必須知道我願意死在哪一個山頭，」她告訴這群人：「性別平等是我想要的那個山頭。」

在整個討論過程中，趙坐著聽，很少發言，偶爾把相機鏡頭對著大家，按壓幾下。沒有人強迫她做重大決定，催促她公開說出多年前發生了什麼事。

但是在聚會的最後幾個小時，隨著福特發言變得比較多，趙似乎緊緊抓住了每個字。在趙心裡，福特成為某種若她公開後，她會經歷什麼情況的例子。她們是鄰居的這件事，強化了她感覺到的聯結。即使趙隱藏她的故事，她還是親眼看見朋友和鄰居們為福特舉行燭光守夜，為她送上食物。

幾個月來，趙已經想像過這些席捲福特的爭議與批評若移轉到她身上，會是什麼樣子？但這樣的類比是不準確的，因為溫斯坦的事件更塵埃落定，也更沒有爭議。但是對她來說，這是真實的。「我想像一切都會崩塌，」趙向其他人承認。「會有新聞車在我家門外。我擔心小孩上學時會被跟蹤。」

這些心理練習有著出乎意料的效果。看著一旁與她面對面的福特，強化了趙公開出來的想法。她告訴這群人，她感覺到離自己加入她們的行列，把名字放進自己的故事更接近了。「和妳們這麼多人一起在這個房間，我不能說這對我沒有啟發，」她說。

「我認為這真的深刻影響了我，」她補充道。經過數小時的討論後，這已經成為最強的聯繫，幾乎每位已經公開表明的人都被它改變了，大家也對於分享自己的私密故事，能夠對其他人產生影響這件事，感到相當震驚。

房間裡的女性立刻展現支持。「如果妳決定站出來，那會是很大的一步，而且是成長的一步，」洛森說：「不論妳要花多長的時間把它說出來。」

「如果妳這麼做，我們都會做妳的後盾，」派特洛說。

福特插話，加入謹慎的提醒。「我可以跟妳說些事嗎？」她問。「當我處於妳現在這個情況時，有很多人會像是告訴我，『妳應該這麼做。事情會很順利的。』這有點像是妳現在的狀況。」但是這些建議，尤其是關於事情走向的樂觀猜測，其實無法令人全盤採納。「我甚至完全沒有聽進去，當時的情況對我來說是如此讓人無法招架，」她說。

沒有人能預測說出來之後，情況會變怎樣。預測是沒有用的。一旦故事被公開，就無法預測會發生什麼事，誰可能會讀到？或者哪些人可能會呼應、補充，或是不同意？沒有人能確定，或者保證一定會造成什麼影響。結果可能是遍體鱗傷，或者被激勵賦權（empower），或者兩者皆有。

但是，如同這個房間裡以及更多房間外的人現在所了解的：如果事情不分享出來，沒有任何事會改變。問題沒有被看見，便無法被處理。在新聞報導的世界裡，報導就是結果，意味著結束，也是最後的產物。但是在真實世界中，新訊息的浮現才只是開始——關於對話、行動與改變。

「我們還活著，」帕金斯說，引來一陣笑聲，這是這群人最後交換的心得之一。她不是直接對趙說，但她的訊息很清楚。「我們還笑著。沒有人因為站出來而死。我們走進大火，但從另一端全身而退。」

「我認為，我們都以身上的疤痕為傲，」她說。

在總結日後這筆帳可能會如何被記住時，馬登看得更遠。「我們不是第一批公開說出來的人，」馬登說：「我們不是第一批公開說出來的女人。」

「這絕對不是結束，」她說：「重點是人們必須繼續公開說出來，不要害怕。」

幾個星期後，趙打電話說：她已經準備好公開表明，也準備好讓我們公開說出她的姓名。她知道已經有超過八十名女性公開站出來指認溫斯坦。[6]她不確定公眾是否還會關心她的陳述。但是她還是想說出來。在溫斯坦調查案初期，她還沒準備好，但是其他在洛杉磯與世界各地的女性，已經讓這條路變好走了。她怕對溫斯坦的法律訴訟可能功敗垂成，所以她想要幫忙寫下故事，繼續推動改變。

「我不想讓這件事就這樣溜走，」她說。

後記

二〇二〇年六月

距洛杉磯聚會後幾乎恰好一年，在一個冬末早晨，最初投注於哈維・溫斯坦調查案的團隊，急忙到新聞室集合。我們並排坐著，筆電開著，蕾貝卡・寇貝特、迪恩・巴克特與麥特・波爾迪站在我們後面等著。哈維・溫斯坦在紐約的審判案即將宣判。

我們完全不知道結果將會如何。想要讓溫斯坦承擔法律責任的努力，沒有進行地特別順利。截至那天，二〇二〇年二月，幾乎有一百位女性公開指控這位失勢的製片，犯行從騷擾到強暴都有。但是大部分的指控日期太久遠，以致於無法起訴，或者屬於不至於觸及刑法的侵害行為。檢察官只先起訴溫斯坦在洛杉磯的案子，但是我們對該案的細節仍然未知。數十名受害者在民事法庭控告溫斯坦，試圖讓他金錢賠償，但是，在兩千五百萬美元下的協議，保險公司會負擔費用。他不必承認任何犯行。

好幾個月以來，我們一直在報導這起紐約的刑事案件，每一次的轉折都發現，情況比許多人想的還要複雜許多。在近期眾多對警察不當執法的指控聲中，檢察官被迫放掉一個指控案。這個案件核心的兩位女性潔西卡・曼（Jessica Mann）與米莉安・哈利（Miriam Haley）承認，她們在指稱的性侵害發生後，還與溫斯坦有兩廂情願的性行為，而且與他保持多年的友好聯繫。我們知道這類事情很常見──幾乎沒有「完美的」強暴受害者，而這兩位女性都有工作上的理由與製片人保持聯繫。我們也得知，像這一類的複雜案件幾乎從來不會被起訴。執法人員認為，法官會覺得案件太棘手而無法定罪。

溫斯坦抓住案件的複雜因素，動員一場激烈而且廣泛的辯護。他與他的律師爭辯說，曼、哈利和其他證人其實是為了工作上的利益而操弄他。整個#MeToo運動走太偏了。溫斯坦特別聘請一位女性律師，而他選擇的這位丹娜・羅坦諾（Donna Rotunno）是一位會強烈反駁，傲慢且挑釁的發言人。在審判期期間，也就是幾個星期前，梅根曾為《紐約時報》播客的專訪上，詢問羅坦諾，她是否被性侵害過？「沒有，」她說：「因為我絕對不會把自己放在那個位置上。」有些聽眾支持這位律師的立場，但更多人傳達出怒氣。性侵受害者使用描述主題的「#」符號標籤「#WhereIPutMyself」（#把自己放在哪裡），分享她們被攻擊的情境，反駁不管受害者怎樣，對事情發生也有責任的說法。

所以，當我們並排坐著，經歷判決宣布前的漫長時間，我們知道結果的利害關係是什麼。即使這場審判太狹隘，不能說是#MeToo運動的真正試煉，它仍舊被如此看待。如果這場運動的關鍵人物溫斯坦被宣判無罪，對已經發生的社會改變具有什麼意義？我們有信心，不論結果如何，我們的新聞報導會持續，但也警覺到，如果他被宣判無罪，可能對溫斯坦唯一的究責方式，就只剩新聞報導。

我們聽到「有罪」這兩個字。兩次。溫斯坦因強暴曼與哈利被定罪，其他的指控則無罪，接著他被直接送進牢裡等待服刑。檢察官突破藩籬，讓性犯罪受害者得到應得的法律正義，然後贏了。陪審團相信這些女性，並且為她們裁判。從新聞報紙開始的文化改變，正堂而皇之地進入了法院。

我們交換了一個深沉的眼神，在擁擠的新聞室裡，各自陷入片刻的沉思。

然後，我們展開工作。我們得打電話給幾位消息來源，詢問她們的反應，有報導要寫。同事們已經潤好稿，張貼電子報了。這不是一則緩慢、審慎的調查，而是要盡可能迅速且準確的即時新聞。

茱蒂親自打電話給艾希莉．賈德，告訴她這則三分鐘前的新聞。在這三年中，她們打了不知幾通重要的電話，而這一次感覺像是這系列裡的最後一通。賈德和往常一樣沉穩，完全理解狀況。她協助開啟了整件報導，如今也在這裡收尾。

「事情就應該這樣，」賈德說：「事情就應該這樣。」

接著，茱蒂打電話給厄文．瑞特，他似乎對前老闆即將面臨長期監禁感到震驚。「這個傢伙以為他可以為所欲為，」他說：「每個為他工作的人都聽他講過一千遍這種話，『我是超人而你不是。我是天才而你們全是雇員。』」一位同事打電話給羅溫娜．趙，她已經能對自己的故事侃侃而談，接受採訪並為她所克服的事而感到驕傲。「從某個角度來看，我覺得我至今建立起來的人生、活過且享受的每一天，都是對溫斯坦的勝利，」她說。

幾個星期後的早晨，我們坐在法庭上，就在溫斯坦本人後方幾呎，聆聽他判刑。長板椅上坐滿了人，我們在最後幾分鐘才到：由於幾乎沒有人出席聲援溫斯坦，我們得坐在原本分配給他親友的位子。當天是二〇二〇年三月十一日，雖然令人擔憂的新病毒正在全世界傳播，當時紐約還很少有人對它有所防範：在那個時候，多噴幾下手部消毒液似乎就很足夠了。

整個程序感覺很相似，像我們之前所知的流程一樣。已作證過的六位證人坐在第一排，彼此緊靠著，當中幾位發表令人激動的陳述。溫斯坦以一段冗長、沒有重點，有點抱歉但又自誇的獨白回應。瑞特坐在後面幾排，蘭斯．梅洛夫亦是。知名女權律師葛洛麗亞．艾爾瑞德也在場，雖然近日她與她的女兒麗莎．布魯姆被仔細審查，她依然擔任其中一位作證控告溫斯坦的女演員安娜貝拉．席歐拉（Annabella Sciorra）的代表律師。

法官判下了可能是最重的刑期之一：二十三年。溫斯坦已經六十七歲了。他很可能在獄中度過他的餘生。「雖然這是第一個被定罪，但不是他的第一個犯行，」法官說。

隨後，哈維．溫斯坦被拷回他的輪椅，坐在輪椅上被推走了。

誌謝

如果你／妳看完這本書，大概就已經知道我們要感謝哪些人。那些還只是開始。

感謝我們所有的消息來源人士：感謝這些人參與我們的新聞報導。當中有些人冒著很大的個人風險與我們說話，或者吐露從來沒想過會和陌生人分享的故事——然後為了這本書而分享更多。當中很多人接受我們冗長、重複的詢問，或者不舒服的問題。特別感謝穿插在整個敘事中，每一位提供明燈般的電子郵件、簡訊，以及其他文件的人。有更多從專家到我們說不出名字的沉默舉報者，提供我們重要的指引，包括仍在我們腦中迴盪的事件與想法。

除了這本書中描繪到的同事，我們也感謝《紐約時報》加入我們報導溫斯坦行列的記者們，包括Rachel Abrams、Ellen Gabler、Susan Dominus、Steve Eder、Jim Rutenberg、William Rashbaum、Barry Meier、Al Baker、Jim McKinley，以及《紐約時報》的「每日」（*The Daily*）播客錄音團隊。在每一個轉折處，我們都從小亞瑟．蘇茲柏格（Arthur Sulzberger Jr.）、亞瑟．蘇茲柏格

（Arthur Sulzberger）、Sam Dolnick、報社經營部門的同事，以及讓這則報導成真的讀者那裡，得到關鍵的支持。迪恩・巴克特（Dean Baquet）、麥特・波爾迪（Matt Purdy）、大衛・麥克羅（David McCraw）、Sheryl Stolberg、艾蜜莉・史提爾（Emily Steel）、Carolyn Ryan與麥可・巴爾巴洛（Michael Barbaro）慷慨地對草稿給與回饋意見。

在這本書中看不見，但無處不在的編輯，是Ann Godoff，我們振奮的力量。Ann在這個計畫中貢獻了她的眼光、清楚的思路以及決斷力，還有鼓舞的字條，我們把它們貼在辦公室的牆上。William Heyward與Casey Denis、Sarah Hutson與Gail Brussel、Carolyn Foley與Juliann Barbato，他們全投注許多時間與數年的經驗，協助我們說出與分享這個故事。感謝你們無私的付出。

我們在《紐約時報》的編輯蕾貝卡・寇貝特（Rebecca Corbett）是我們真正的指北針。她不僅在整個溫斯坦調查案中導引我們，也閱讀、評論這些章節的數個版本，協助我們捕捉與解釋我們所目睹的一切。

我們在倫敦的編輯與同盟Alexis Kirschbaum提供了重要的見解、回饋與友誼。也很感謝彭博出版社（Bloomsbury Publishing）的Emma Bal與Jasmine Horsey。

Elyse Cheney是我們的經紀人、仲介與嚮導，我們感謝她的堅持、判斷與催促。我們也虧欠她的同事Claire Gillespie、Alice Whitwham、Alex Jacobs與Allison Devereux許多。Greater Talent Network的Charlotte Perman與Kristen Sena謙和地處理我們的演講行程——尤其是校園訪問，來

自學生的問題幫助我們流暢地說出我們想在這些書頁中說的話。

凱爾西・庫達克（Kelsey Kudak）帶著敏銳與使命感，仔細查證我們的草稿，審閱數百頁複雜的調查工作，以平等心從兩位作者間找到方向。Astha Rajvanshi在大大小小的主題上提供研究協助。

至於其他重要的協助，我們也要感謝Joseph Abboud、Kendra Barkoff、Kassie Evashevski、Natasha Fairweather、Jonathan Furmanski、Molly Levinson、Eleanor Leonard、Priya Parker、Melissa Schwartz、Felicia Stewart, Nancy Erika Smith與Josh Wilkinson。至於作者照，我們很幸運在擴展的She Said家族裡，有一位對人物照略懂一二的攝影師，非常感謝Martin Schoeller與他的團隊拍攝這些照片。

任何帶過幼兒的父母，可以立刻想到換尿布、餵奶與睡眠訓練這些在我們進行調查之間（偶爾是正在做報導）時的場景。我們的保姆、孩子的老師，以及大部分時間是我們的家人，一次又一次地拯救了我們。

來自茱蒂：生命中並非每件事都是以妳預期的順序來到。在這本書裡事件描述的期間，是我自童年以來最需要我父母（Wendy & Harry Kantor）的時候，感謝他們不變的愛，以及他們經常翩然而至，照顧我的小孩，含飴弄孫，並給她們一些指導。媽媽和爸爸，Charlene Lieber，我的第二個媽媽，與冷靜、勇敢的Fred Lieber；以及整個擴展的Kantor Lieber家族：謝謝你們陪伴我們度過這幾個忙亂的年頭。Donna Mitchell，感謝妳成為我們女兒生活中安靜與善良的力量，感謝妳與我們分享各種重要與不重要的時刻。

Ron：即使你挖掘了財務違法行為，並且在你出的書中報導，為大學學費準備，你依然全力支持這本書，鼓勵我、餵養我、支持我。你給我的最好的禮物之一，是你在最初的溫斯坦報導要出刊前幾天，留在我桌上的便利貼，上面寫著「妳可以的。」是的，我可以，但只因為有你的愛、協助與奉獻。

塔莉亞（Talia）：妳是一道光，一個加密箱，一位愈來愈厲害的討論對象與爭論家。妳偷聽到一些大約十歲的人不該聽的事，忠實地保守祕密，照顧妳的小妹妹，甚至常常在我身陷更大困難時，保持冷靜。看著妳流暢地說出妳是誰，而且開始構築一個人生，令我激動萬分。

維奧利特（Violet）：當我們展開這個計畫時，妳才一歲半，妳的天真無邪是我的避風港。父母應該安慰他們的孩子，我卻經常在妳的鬈髮、歌聲、牙牙學語與新發現中，找到安慰，尤其是妳用力的擁抱。

來自梅根：我虧欠我的父母（John與Mary Jane Twohey）很多，他們是幾十年來我的道德指北針，強化我的價值觀、鼓勵我追求真相，並且在我跌倒時把我扶起來。Ben與Maya Rutma、Helen與Felix Rutman-Scholeller和Martin Schoeller，非常感謝你們無比親切與快樂的笑聲。Jenny Rattan-John，你是我們的堅石，我們的老師，也是一位珍貴的家庭成員。

Jim：當溫斯坦調查案開始時，我們結婚不到一年，而且我們是新手父母。你從來沒有猶豫支持這個計畫和後來的這本書，即使這意味著取消假期、長時間的單親，你也巧妙回應我隨著工作而來的緊張情緒。你溫暖的擁抱、敏銳的聆聽技巧與鼓勵的簡訊，推動我向前，而你自己身為文學經紀人的專業知識與判斷，總在最佳的時刻提出來。

米拉（Mira）：妳在這些報導的同時，學習走路和說話，而妳面對每個成長階段的精神活力，是我主要的靈感來源。我愈來愈對妳的恆毅力、機靈與熱情覺得感恩與驚嘆。

致我們的女兒們，和你／妳的女兒們：願妳們永遠擁有尊重與尊嚴，在工作場所和其他地方皆然。

註釋

這本書是根據我們三年的採訪報導，從二〇一六年春天到二〇一九年春天，關於唐納．J．川普對待女性的方式、哈維．溫斯坦數十年間被指控的性騷擾與性虐待，以及克里斯汀．布萊西．福特走向公開指控布萊特．卡瓦諾性侵的軌跡。這些註釋是為了提供讀者一張道路地圖，了解這本書的哪一個訊息是出自哪一個消息來源。

我們進行了數千次的採訪，幾乎與書中描述的每個人都說過話，包括川普、溫斯坦和福特，福特還花了數十小時向梅根詳述她的經歷。福特的律師團、鮑勃．溫斯坦、大衛．波伊斯、蘭斯．梅洛夫、厄文．瑞特，還有我們所描述的大部分被指稱的受害者，都允許我們數次採訪。部分我們所分享的訊息原本是不公開的，例如茱蒂與瑞特初期的對話，以及二〇一七年十月四日溫斯坦突襲《紐約時報》，但經過額外的調查報導，包括重新與當事人確認，我們才能放入這些素材。在過去兩年，我們數次尋求溫斯坦對我們的報導給與評論，最近一次是二〇一九年春天。凱爾西．庫達克（Kelsey Kudak）花了五個月的時間事實查核本書中的內容，同時還補充新的資訊。

我們看過成千上萬的文件，註明如下，包括對川普的訴訟、溫斯坦影業公司的內部紀錄，以及福特與她的律師們的信件往來。有些文字簡訊、電子郵件和其他原始紀錄在本書中重現，如此讀者可以直接檢核。

我們也參考其他記者的報導，包括羅南・法羅、艾蜜莉・史提爾與麥可・史密特的文章。

（編註：因川普Twitter帳號於2021年1月被永久封鎖，故有些連結已失效，無法閱讀。）

第一章　第一通電話

1 麥高恩給茱蒂的電子郵件，May 11, 2017。

2 Rose McGowan (@rosemcgowan), "because it's been an open secret in Hollywood/ Media & they shamed me while adulating my rapist. #WhyWomenDontReport," Twitter, October 13, 2016, https://twitter.com/rosemcgowan/status/786723360550035460.

3 Rose McGowan, *Brave* (New York: HarperCollins, 2018).

4 Rose McGowan (@rosemcgowan), "casting note that came w/ script I got today. For real. name of male star rhymes with Madam Panhandler hahahaha I die," Twitter, June 17, 2015, https://twitter.com/rosemcgowan/status/611378426344288256.

5 Rose McGowan (@rosemcgowan), "It is okay to be angry. Don't be afraid of it. Lean in. Like a storm cloud it passes, but it must be recognized. #readthis," Twitter, April 3, 2017, https://twitter.com/rosemcgowan/status/849083550448193536; "dismantle the system," Twitter, May 4, 2017, https://twitter.com/rosemcgowan/status/860322650962264064.

6 Jennifer Senior (@JenSeniorNY), "At some pt, all the women who've

been afraid to speak out abt Harvey Weinstein are gonna have to hold hands and jump," Twitter, March 30, 2015, https://twitter.com/jenseniorny/status/582657086737289216.

7 Jodi Kantor (@jodikantor), "Harvey Weinstein at the January 2017 Women's March in Park City, Utah," Twitter, October 5, 2017, https://twitter.com/jodikantor/status/916103297097961472.

8 Sabrina Rubin Erdely, "A Rape on Campus," *Rolling Stone*, November 4, 2014.《滾石》雜誌於2015年4月5日撤回了這則報導，委託《哥倫比亞新聞評論》進行研究，研究結果由該雜誌刊登。Sheila Coronel, Steve Coll, and Derek Kravitz, "Rolling Stone and UVA: The Columbia University Graduate School of Journalism Report," *Rolling Stone*, April 5, 2015, https://www.rollingstone.com/culture/culture-news/rolling-stone-and-uva-the-columbia-university-graduate-school-of- ournalism-report-44930; Ravi Somaiya, "Rolling Stone Article on Rape at University of Virginia Failed All Basics, Report Says," *New York Times*, April 5, 2015, https://www.nytimes.com/2015/04/06/business/media/rolling-stone-retracts-article-on-rape-at-university-of-virginia.html.

9 Ben Sisario, Hawes Spencer, and Sydney Ember, "Rolling Stone Loses Defamation Case Over Rape Story," *New York Times*, November 4, 2016, https://www.nytimes.com/2016/11/05/business/media/rolling-stone-rape-story-case- uilty.html; Hawes Spencer and Ben Sisario, "In Rolling Stone Defamation Case, Magazine and Reporter Ordered to Pay $3 Million," *New York Times*, November 7, 2016, https://www.nytimes.com/2016/11/08/business/media/in-rolling-stone-defamation-case-magazine-and-reporter-ordered-to-pay-3-million.html; Matthew Haag, "Rolling Stone Settles LawsuitOver Debunked Campus Rape Article," *New York Times*, April 11, 2017, https://www.nytimes.com/2017/04/11/business/media/rolling-stone-university-virginia-rape- story-settlement.html；Sydney Ember, "Rolling Stone to Pay$1.65 Million to Fraternity Over Discredited Rape Story," *New*

York Times, June13, 2017, https://www.nytimes.com/2017/06/13/business/media/rape-uva-rolling-stone-frat.html.

10 Erik Wemple, "Charlottesville Police Make Clear That Rolling Stone Story Is a Complete Crock," *Washington Post*, March 23, 2015, https://www.washingtonpost.com/blogs/erik-wemple/wp/2015/03/23/charlottesville-police-make-clear-that-rolling-stone-story-is-a-complete-crock; Bill Grueskin, "More Is Not Always Better," *Columbia Journalism Review*, April 5, 2015, https://www.cjr.org/analysis/rolling_stone_journalism.php; Craig Silverman, "The Year in Media Errors and Corrections 2014," *Poynter Institute*, December 18, 2014, https://www.poynter.org/newsletters/2014/the-year-in-media-errors-and-corrections-2014.

11 Megan Twohey, "Dozens of Rape Kits Not Submitted for Testing by Chicago Suburban Police Departments," *Chicago Tribune*, June 14, 2009, https://www.chicagotribune.com/news/chi-rape-kits-14-jun14-story.html; Megan Twohey, "Illinois to Test Every Rape Kit," *Chicago Tribune*, July 6, 2009, https://www.chicagotribune.com/news/ct-met-rape-kit-law-20100706-story.html; Megan Twohey, "Doctors Continue to Operate Unchecked," *Chicago Tribune*, August 23, 2010, https://www.chicagotribune.com/lifestyles/health/chi-doctor-sex-charges-gallery-storygallery.html; Megan Twohey, "The Child Exchange," *Reuters*, September 9, 2013, https://www.reuters.com/investigates/adoption/#article/part1.

12 *Celebrity Apprentice:All-Stars*, Season 6, episode 1, aired March 3, 2013, on NBC; Mark Graham, "Did Donald Trump Just Utter the Most Blatantly Sexist Statement in the History of Broadcast Television?" VH1, March 5, 2013, http://www.vh1.com/news/84410/donald-trump-brande-roderick-on-her-knees

13 Associated Press, "For Many Trump Employees, Keeping Quiet Is Legally Required," *Fortune*, June 21, 2016, http://fortune.com/2016/06/21/

donald-trump-nda; John Dawsey and Ashley Parker,"'Everyone Signed One': Trump Is Aggressive in His Use of Nondisclosure Agreements, Even in Government," *Washington Post*, August 13, 2018, https://www.washingtonpost.com/politics/everyone-signed-one-trump-is-aggressive-in-his-use-of-nondisclosure-agreements-even-in-government/2018/08/13/9d0315ba-9f15-11e8-93e3-24d1703d2a7a_story.html.

14 Michael Barbaro and Megan Twohey, "Crossing the Line: How Donald Trump Behaved with Women in Private," *New York Times*, May 14, 2016, https://www.nytimes.com/2016/05/15/us/politics/donald-trump-women.html.

15 同前註。

16 川普接受梅根・圖伊與麥可・巴爾巴洛的採訪，May 10, 2016。

17 *Fox and Friends*, "Donald Trump's Ex-girlfriend Says She Was Misquoted in the *Times*," *Fox News*, May 16, 2016, https://video.foxnews.com/v/4895612039001/#sp=show-clips.

18 Donald J. Trump (@realdonaldtrump), "The @nytimes is so dishonest. Their hit piece cover story on me yesterday was just blown up by Rowanne Brewer, who said it was a lie!" Twitter, May 16, 2016, https://twitter.com/realdonaldtrump/status/732196260636151808 ; Donald J. Trump (@realdonaldtrump), "With the coming forward today of the woman central to the failing @nytimes hit piece on me, we have exposed the article as a fraud!" Twitter, May 16, 2016, https://twitter.com/realdonaldtrump/status/732230384071680001.

19 Erik Wemple, "Bill O'Reilly Follows Donald Trump into the Racist Hellhole," *Washington Post*, June 7, 2016, https://www.washingtonpost.com/blogs/erik-wemple/wp/2016/06/07/bill-oreilly-follows-donald-trump-into-racist-hellhole.

20 David A.Farenthold, "Trump Recorded Having Extremely Lewd

Conversation aboutWomen in 2005," *Washington Post* (updated), October 8, 2016, https://www.washingtonpost.com/politics/trump-recorded-having-extremely-lewd-conversation-about-women-in-2005/2016/10/07/3b9ce776-8cb4-11e6-bf8a-3d26847eeed4_story.html.

21 Video, "Trump Responds in 2016 to Outrage over Comments," *New York Times*, October 8, 2016, https://www.nytimes.com/video/us/politics/100000004698416/trump-responds-to-outrage-over-lewd-remarks.html; Maggie Haberman, "Donald Trump's Apology That Wasn't," *New York Times*, October 8, 2016, https://www.nytimes.com/2016/10/08/us/politics/donald-trump-apology.html.

22 "Transcript of the Second Debate," *New York Times*, October 10, 2016, https://www.nytimes.com/2016/10/10/us/politics/transcript-second-debate.html.

23 Megan Twohey and Michael Barbaro, "Two Women Say Donald Trump Touched Them Inappropriately," *New York Times*, October 12, 2016, https://www.nytimes.com/2016/10/13/us/politics/donald-trump-women.html.

24 Rachel Crooks, interviews by Megan Twohey, October 2016 through spring 2019.

25 Eli Saslow, "Is Anyone Listening?" *Washington Post*, February 19, 2018, https://www.washingtonpost.com/news/national/wp/2018/02/19/feature/trump-accuser-keeps-telling-her-story-hoping-someone-will-finally-listen.

26 川普接受梅根採訪，October 11, 2016。

27 Video, "Presidential Candidate Donald Trump Rally in Panama City, Florida," C-SPAN, October 11, 2016, https://www.c-span.org/video/?416754-1/donald-trump-campaigns-panama-city-florida .

28 "'You Can Do Anything': In 2005 Tape, Trump Brags about Groping, Kissing Women," National Public Radio, October 7, 2017, https://www.npr.org/2016/10/07/497087141/donald-trump-caught-on-tape-making-vulgar-remarks-about-women; Alan Rappeport, "John McCain Withdraws Support

for Donald Trump after Disclosure of Recording," *New York Times*, October 10, 2018, https://www.nytimes.com/2016/10/08/us/politics/presidential-election.html ; Jonathan Martin, Maggie Haberman, and Alexander Burns, "Lewd Donald Trump Tape Is a Breaking Point for Many in the G.O.P.," *New York Times*, October 8, 2016, https://www.nytimes.com/2016/10/09/us/politics/donald-trump-campaign.html.

29 Josh Gerstein, "Woman Suing Trump over Alleged Teen Rape Drops Suit, Again," *Politico*, November 4, 2016, https://www.politico.com/story/2016/11/donald-trump-rape-lawsuit-dropped-230770; Jane Coaston and Anna North, "Jeffrey Epstein, the Convicted Sex Offender Who Is Friends with Donald Trump and Bill Clinton, Explained," *Vox*, February 22, 2019. https://www.vox.com/2018/12/3/18116351/jeffrey-epstein-trump-clinton-labor-secretary-acosta.

30 abc.com Staff, "Woman Accuses Trump of Inappropriate Sexual Conduct at 1998 US Open," ABC, October 20, 2016, https://abc7.com/politics/woman-accuses-trump-of-inappropriate-sexual-conduct-at-1998-us-open/1565005.

31 Katie Mettler, "She Accused Trump of Sexual Assault, Lou Dobbs Tweeted Her Phone Number," *Washington Post*, October 14, 2016, https://www.washingtonpost.com/news/morning-mix/wp/2016/10/14/she-accused-trump-of-sexual-assault-lou-dobbs-tweeted-her-phone-number.

32 Marc Kasowitz, "re: Demand for Retraction," letter from Marc Kasowitz to David McCraw, October 12, 2016, https://assets.donaldjtrump.com/DemandForRetraction.PDF.

33 David McCraw, "re: Demand for Retraction," letter from David McCraw to Marc Kasowitz, October 13, 2016, https://www.nytimes.com/interactive/2016/10/13/us/politics/david-mccraw-trump-letter.html.

34 Emily Steel and Michael S. Schmidt, "Bill O'Reilly Thrives at Fox News, Even as Harassment Settlements Add Up", *New York Times*, April 1, 2017, https://www.nytimes.com/2017/04/01/business/media/bill-oreilly-sexual-

harassment-fox-news.html.

35 Karl Russel,"Bill O'Reilly's Show Lost More Than Half Its Advertisers in a Week," *New York Times*, April 11, 2017, https://www.nytimes.com/interactive/2017/04/11/business/oreilly-advertisers.html.

36 Emily Steel and Michael S.Schmidt, "Bill O'Reilly is Forced Out at Fox News," *New York Times*, April 19, 2017, https://www.nytimes.com/2017/04/19/business/media/bill-oreilly-fox-news-allegations.html.

37 John Koblin and Jim Rutenberg, "Accused of Sexual Harassment, Roger Ailes Is Negotiating Exit from Fox," *New York Times*, July 19, 2016, https://www.nytimes.com/2016/07/20/business/media/roger-ailes-fox-news-murdoch.html.

38 女性主義者蕭娜・湯瑪斯接受茱蒂採訪，April 2017。

第二章　好萊塢的祕密

1 "2017 Cannes Film Festival Red Carpet Looks," photos, *New York Times*, May 20, 2017, https://www.nytimes.com/2017/05/20/fashion/2017-cannes-film-festival-red-carpet-looks.html.

2 Ramin Setoodeh, "Ashley Judd Reveals Harassment by Studio Mogul", *Variety*, October 6, 2015, https://variety.com/2015/film/news/ashley-judd-sexual-harassment-studio-mogul-shower-1201610666.

3 朱迪斯・哥德雷奇茱蒂的電子郵件，June 13, 2017。

4 梅麗莎・托梅接受茱蒂採訪，2017–18。

5 Elizabeth Rubin, "Spy, Mother, Comeback Kid: All Eyes Are on Claire Danes," *Vogue*, July 14, 2013, https://www.vogue.com/article/all-eyes-on-claire-homeland-claire-danes-and-damian-lewis.

6 Lisa Bloom (@LisaBloom), "BIG ANNOUNCEMENT: My book SUSPICION NATION is being made into a miniseries, produced by Harvey Weinstein and Jay Z!," Twitter, April 7, 2017, https://twitter.com/lisabloom/status/850402622116855809.

7 Ashley Judd and Maryanne Vollers, *All That Is Bitter and Sweet* (New York: Ballantine, 2015).

8 艾希莉・賈德接受茱蒂與梅根採訪，June 2017-January 2019。

9 許多賈德的成長過程都紀錄在她2015年的自傳Judd and Vollers, *All That Is Bitter and Sweet*。

10 戴安・羅森費爾德接受茱蒂採訪，May 11, 2018。

11 Ashley Judd, "Gender Violence: Law and Social Justice" (master's thesis, Harvard's Kennedy School of Government, 2015), 2010.

12 #NastyWoman, "YouTube video," 00:06:43, Live at State of the Word, posted by Nina Mariah, December 11, 2016, https://www.youtube.com/watch?v=dvN0On85sNQ.

13 賈德接受茱蒂採訪，2017; Copper Fit執行長接受茱蒂採訪，2019。

14 吉兒・卡格曼接受茱蒂採訪，June 2017。

15 珍妮・康內爾接受茱蒂採訪，2017；莉娜・杜漢接受茱蒂採訪，2017。

16 蒂娜・布朗接受茱蒂採訪，September 26, 2017。

17 派特洛接受茱蒂梅根採訪，2017–19。

18 Anita Gates, "Miriam Weinstein, Mother and Backbone of Original Miramax, Dies at 90," *New York Times*, November 4, 2016, https://www.nytimes.com/2016/11/04/movies/miriam-weinstein-died-miramax.html.

19 "Jade Egg," Goop, https://shop.goop.com/shop/products/jade-egg?country=USA:BillBostock,"Gwyneth Paltrow's Goop settles$145,000 lawsuit over baseless vaginal eggs health claims," *Business Insider*, September 5, 2018, https://www.businessinsider.com/gwyneth-paltrows-goop-lawsuit-vaginal-egg-claims-2018-9.

20 Jen Gunter, "Dear Gwyneth Paltrow, I'm a Gynecologist and Your Vaginal Jade Eggs Are a Bad Idea," *Dr. Jen Gunter*, January 17, 2017, https://drjengunter.com/2017/01/17/dear-gwyneth-paltrow-im-a-gyn-and-your-vaginal-jade-eggs-are-a-bad-idea.

21 鄔瑪・舒曼接受茱蒂的採訪與電子郵件往來，2017–19。

22 琳達・菲爾斯坦接受梅根採訪，2009年於《芝加哥論壇報》進行報導工作時。

23 Ryan Tate, "Why Harvey Weinstein Thinks He Owns New York Media," *Gawker*, April 2, 2008, http://gawker.com/5004915/why-harvey-weinstein-thinks-he-owns-new-york-media.

24 大衛・西蒙接受茱蒂採訪，2018-19。

25 James Risen and Eric Lichtblau, "Bush Lets U.S. Spy on Callers without Courts," *New York Times*, December 16, 2005, https://www.nytimes.com/2005/12/16/politics/bush-lets-us-spy-on-callerswithout-courts.html.

第三章　如何讓受害者噤聲

1 The New York Division of Human Rights, https://dhr.ny.gov , and the California Department of Fair Employment and Housing, https://www.dfeh.ca.gov.

2 2017年由加州的公平就業暨居住部製作。

3 由凱蒂・班納與茱蒂整理的會議紀錄與文件。

4 Katie Benner, "Women in Tech Speak Frankly on Culture of Harassment," *New York Times*, June 30, 2017, https://www.nytimes.com/2017/06/30/technology/women-entrepreneurs-speak-out-sexual-harassment.html.

5 Susan Fowler, "Reflecting on One Very, Very Strange Year at Uber," *Susan Fowler*, February 19, 2017, https://www.susanjfowler.com/blog/2017/2/19/reflecting-on-one-very-strange-year-at-uber.

6 Katie Benner,"A Backlash Builds against Sexual Harassment in Silicon Valley," *New York Times*, July 3, 2017, https://www.nytimes.com/2017/07/03/technology/silicon-valley-sexual-harassment.html.

7 Emily Steel, "At *Vice*, Cutting- Edge Media and Allegations of Old- School Sexual Harassment," *New York Times*, December 23, 2017, https://www.nytimes.com/2017/12/23/business/media/vice-sexual-harassment.html.

8 Catrin Einhorn, "Harassment and Tipping in Restaurants: Your Stories," *New York Times*, March 18, 2018, https://www.nytimes.com/2018/03/18/business/restaurant-harassment-tipping.html; Catrin Einhorn and Rachel Abrams, "The Tipping Equation," *New York Times*, March 12, 2018, https://www.nytimes.com/interactive/2018/03/11/business/tipping-sexual-harassment.html.

9 Susan Chira and Catrin Einhorn, "How Tough Is It to Change a Culture of Harassment? Ask Women at Ford," *New York Times*, December 19, 2017, https://www.nytimes.com/interactive/2017/12/19/us/ford-chicago-sexual-harassment.html ; Susan Chira and Catrin Einhorn, "The #MeToo Moment: Blue-collar Women Ask, 'What About Us?'" *New York Times*, December 20, 2017, https://www.nytimes.com/2017/12/20/us/the-metoo-moment-blue-collar-women-ask-what-about-us.html ; Susan Chira, "We Asked Women in Blue-collar Workplaces about Sexual Harassment: Here Are Their Stories," *New York Times*, December 29, 2017, https://www.nytimes.com/2017/12/29/us/blue-collar-women-harassment.html; Susan Chira, "The 'Manly'Jobs Problem," *New York Times*, February 8, 2018, https://www.nytimes.com/2018/02/08/sunday-review/sexual-harassment-masculine-jobs.html.

10 Emily Steel, "How Bill O'Reilly Silenced His Accusers," *New York Times*, April 4, 2018, https://www.nytimes.com/2018/04/04/business/media/how-bill-oreilly-silenced-his-accusers.html.

11 Chai Feldblum接受茱蒂採訪，May 11, 2017。

12 溫斯坦兄弟於1993年以八千萬美元將米拉麥克斯賣給迪士尼後，他們於2005年與他們拆夥。Laura M. Holson, "How the Tumultuous Marriage of Miramax and Disney Failed," *New York Times*, March 6, 2005, https://www.nytimes.com/2005/03/06/movies/how-the-tumultuous-marriage-of-miramax-and-disney-failed.html。

13 約翰・史密特接受梅根的採訪，2017年春-2019年春。

14 艾美・伊斯瑞爾接受茱蒂採訪，2017-19。

15 賽爾達・帕金斯接受茱蒂採訪，2017-19。

16 羅溫娜・趙接受茱蒂採訪，May-June 2019・

17 唐娜・吉格里歐提供給茱蒂與凱爾西・庫達克的電子郵件，November 2017-June 2019。

18 Megan Twohey, Jodi Kantor, Susan Dominus, Jim Rutenberg, and Steve Eder, "Weinstein's Complicity Machine," *New York Times*, December 5, 2017, www.nytimes.com/interactive/2017/12/05/us/harvey-weinstein-complicity.html.

19 安德魯・張接受茱蒂採訪，July 2017。

20 蘿拉・馬登接受茱蒂採訪，July 2017 - January 2019。

21 Gloria Allred, *Fight Back and Win* (New York: HarperCollins, 2006)；艾爾瑞德接受梅根採訪，October 2016 - spring 2019.

22 Emily Steel, " How Bill O'Reilly Silenced His Accusers," *New York Times*, April 4, 2018, https://www.nytimes.com/2018/04/04/business/media/how-bill-oreilly-silenced-his-accusers.html.

23 Rebecca Davis O'Brien, "USA Gymnastics, McKayla Maroney Had Confidentiality Agreement to Resolve Abuse Claims," *Wall Street Journal*, December 20, 2017, https://www.wsj.com/articles/usa-gymnastics-reached-settlement-over-abuse-claims-with-gold-medalist-mckayla-maroney-1513791179; Will Hobson, "McKayla Maroney Sues USA Gymnastics, Saying It Tried to Buy Her Silence on Abuse," *Washington Post*, December, 20, 2017, https://www.washingtonpost.com/sports/mckayla-maroney-sues-usa-gymnastics-saying-it-tried-to-buy-her-silence-on-abuse/2017/12/20/1e54b482-e5c8-11e7-a65d-1ac0fd7f097e_story.html.

24 艾希莉・馬索接受梅根採訪，October 2017 -2019春天。

25 Consumer Attorneys of California, https:// www.caoc.org.

26 電話裡多人接受梅根採訪，2018。

第四章 「正面形象管理」

1 Brett Anderson, "A History of the Baquets, New Orleans Restaurant Family: From the T- P Archives," NOLA, originally published July 20, 2004, republished May 15, 2014, https://www.nola.com/dining/2014/05/from_the_t-p_archives_a_short.html; Brett Anderson, "The Importance of Eddie's: The Late- great Baquet Family Restaurant, Remembered," NOLA, May 16, 2014, https://www.nola.com/dining/2014/05/the_importance_of_eddies_the_l.html.

2 此訊息得自2017年至2019年春天對波伊斯與那些熟悉他擔任溫斯坦律師事務的人，以及從2015年至2017年由包括波伊斯意見的電子郵件與其他紀錄，還有以下關於他的文章：Daniel Okrent, "Get Me Boies!" *Time*, December 25, 2000, http://content.time.com/time/world/article/0,8599,2047286,00.html; Andrew Rice, "The Bad, Good Lawyer: Was David Boies Just Doing Right by Harvey Weinstein? Or Did He Cross an Ethical Line?" *New York* magazine, September 30, 2018, http://nymag.com/intelligencer/2018/09/david-boies-harvey-weinstein-lawyer.html.

3 迪恩・巴克特接受梅根與茱蒂菜訪，2018。

4 拉尼・戴維斯接受梅根與茱蒂採訪，August 3, 2017。

5 歐雷塔在進行溫斯坦的人物側寫時，聽說和解金的事。Ken Auletta, "Beauty and the Beast," *New Yorker*, December 8, 2002, https://www.newyorker.com/magazine/2002/12/16/beauty-and-the-beast-2。

6 肯・歐雷塔、鮑勃・溫斯坦、大衛・鮑伊斯接受梅根採訪，2019。

7 Megan Twohey, Jodi Kantor, Susan Dominus, Jim Rutenberg, and Steve Eder, "Weinstein's Complicity Machine," *New York Times*, December 5, 2017, www.nytimes.com/interactive/2017/12/05/us/harvey-weinstein-complicity.html.

8 Alana Goodman, "Harvey Weinstein's ORIGINAL contract with ex-Mossad agents ordered them to prove he was the victim of a 'negative campaign' in

what was dubbed 'Operation Parachute'—spying on actresses, close friend designer Kenneth Cole and amfAR," *Daily Mail*, November 8, 2017, https://www.dailymail.co.uk/news/article-5062195/Harvey-Weinstein-agreed-pay-1-3m-ex-Mossad-agents.html.

9 茱蒂與梅根採訪麥高恩、肯達爾與其他於2016和2017年與塞斯・費里曼有聯絡的人，以及費里曼寄的電子郵件。

10 班傑明・華利斯2018年接受梅根採訪，以及2016年時華利斯與費里曼之間的電子郵件。

11 Ronan Farrow, "Harvey Weinstein's Army of Spies," *New Yorker*, November 6, 2017, https://www.newyorker.com/news/news-desk/harvey-weinsteins-army-of-spies.

12 "Read: The Contract Between a Private Security Firm and One of Harvey Weinstein's Lawyers," *New Yorker*, November 6, 2017, https://www.newyorker.com/sections/news/read-the-contract-between-a-private-security-firm-and-one-of-harvey-weinsteins-lawyers.

13 「黛安娜・菲立普」，給茱蒂的電子郵件，August 8, 2017。合作的網站「Reuben Capital Partners」被移除；網站的螢幕截圖被刊登出來。Alana Goodman, "EXCLUSIVE: The SPY Who Duped Rose McGowan UNMASKED! This is the blonde Israeli military veteran who worked undercover for disgraced mogul Harvey Weinstein and tricked the actress into sharing her memoirs," *Daily Mail*, November 8, 2017, https://www.dailymail.co.uk/news/article-5064027/Israeli-military-vet-duped-Rose-McGowan-revealed.html.

14 Alexandra Pechman, "Gloria Allred and Lisa Bloom Are the Defenders of Women in 2017," *W*, July 21, 2017, https://www.wmagazine.com/story/gloria-allred-lisa-bloom-donald-trump-blac-chyna-lawyer.

15 梅根給麗莎・布魯姆的電子郵件，November 1, 2016。

16 Stephen Feller, "Trump Rape Accuser Cancels Press Conference after Death Threats," *United Press International*, November 3, 2016, https://www.

upi.com/Top_News/US/2016/11/03/Trump-rape-accuser-cancels-press-conference-after-death-threats/2381478150421.

17 Kenneth P. Vogel, "Partisans, Wielding Money, Begin Seeking to Exploit Harassment Claim," *New York Times*,December 31, 2017, https://www.nytimes.com/2017/12/31/us/politics/sexual-harassment-politics-partisanship.html.

18 布魯姆接受茱蒂與梅根的採訪，2019；布魯姆給梅根的電子郵件，June 2019。

19 塔瑪拉・霍德接受梅根採訪，2018夏—2019春；塔瑪拉・霍德與布魯姆之間的電子郵件往來；Lloyd Grove, "Clients Turn on 'Champion for Women' Lisa Bloom after Her Scorched-earth Crusade for Harvey Weinstein," *Daily Beast*, October 26, 2017, https://www.thedailybeast.com/lisa-bloom-has-files-on-rose-mcgowans-history-inside-her-scorched-earth-crusade-for-harvey-weinstein; Emily Steel, "Fox Is Said to Settle With Former Contributor OverSexual Assault Claims," *New York Times*, March 8, 2017, https://www.nytimes.com/2017/03/08/business/fox-news-roger-ailes-sexual-assault-settlement.html。

20 梅根的「美國愛滋研究基金會」報導包括採訪該基金會的董事會成員，如當時的主席Kenneth Cole、哈維・溫斯坦、大衛・波伊斯、Charles Prince，以及其他知道慈善義賣募得的六十萬美元被挪用到《尋找夢幻島》投資人口袋的人士。該報導也包括2015年到2017年之間，勾勒出該基會幹部與董事會某些成員之間金錢交易的電子郵件與文件，以及溫斯坦對於嘗試調查工作的反應；Megan Twohey, "Tumult after AIDS Fund-Raiser Supports Harvey Weinstein Production," *New York Times*, September 23, 2017, https://www.nytimes.com/2017/09/23/nyregion/harvey-einstein-charity.html

21 湯姆・阿賈米接受梅根採訪，2017夏-2019春。

22 麗莎・布魯姆的法律事務所，「布魯姆事務所」（The Bloom Firm）2016年12月的帳單紀錄。

23 內斯交給溫斯坦的報告草稿，July 2017。

第五章 企業的共謀

1 厄文・瑞特給茱蒂的電子郵件，September 2017。

2 瑞特接受茱蒂與梅根採訪，September 2017-May 2019。

3 Frank Pallotta and Molly Shiels, “NBC Says It’s Not Moving Forward with Bill Cosby Project,” CNN, November 19, 2014, https://money.cnn.com/2014/11/19/media/cosby-nbc-sitcom/index.html; Goeff Edgers, “Bill Cosby’s ‘Far from Finished’ Tour Pushes On: But Will It Be His last?” *Washington Post*, March 24, 2015, https://www.washingtonpost.com/entertainment/bill-cosbys-far-from-finished-tour-pushes-on-will-it-be-his-last/2015/03/24/d665bee4-cf1f-11e4-8a46-b1dc9be5a8ff_story.html; Todd Leopold, “Cancellations Have Dogged Cosby’s Tour,” CNN, February 21, 2015, https://www.cnn.com/2015/02/20/entertainment/feat-cosby-tour-cancellations/index.html.

4 2014年與2015年溫斯坦影業公司的電子郵件與其他內部文件紀錄。

5 同前註。

6 莎麗・瑞特接受茱蒂採訪，October 25, 2018。

7 桑迪波・瑞哈爾接受茱蒂採訪，November 2018。

8 哈維・溫斯坦與溫斯坦影業的合約。

9 湯姆・普林斯與瑞特之間的電子郵件，February 2015。

10 蜜雪兒・富蘭克林接受茱蒂的採訪，2017-2019。

11 哈維溫斯坦、傑森・李連、拉尼・戴維斯、查理・普林斯、蘿貝塔・卡普蘭和卡倫・杜飛接受梅與寇貝特採訪，September 19, 2017。

12 溫斯坦接受茱蒂採訪，September 19, 2017。

13 Megan Twohey, James C. McKinley Jr., Al Baker, and William K. Rashbaum, “For Weinstein, a Brush With the Police, Then No Charges,” *New York Times*, October 15, 2017, https://www.nytimes.com/2017/10/15/nyregion/harvey-weinstein-new-york-sex-assault-investigation.html.

14 肯・歐雷塔接受梅根採訪，2019。

15 梅根採訪熟悉該筆和解金的人，以及調閱自2015年以來的溫斯坦影業公司內部紀錄。

16 Ronan Farrow, “Harvey Weinstein’s Secret Settlements,” *New Yorker*, November 21, 2017, https://www.newyorker.com/news/news-desk/harvey-weinsteins-secret-settlements.

17 根據梅根於2018年與2019年對鮑勃・溫斯坦的採訪、梅根與茱蒂對鮑勃身邊同事的採訪，以及電子郵件與溫斯坦影業公司內部紀錄。

18 鮑勃・溫斯坦接受梅根採訪；Ronan Farrow, “Harvey Weinstein’s Secret Settlements,” *New Yorker*, November 21, 2017, https://www.newyorker.com/news/news-desk/harvey-weinsteins-secret-settlements。

19 鮑勃・溫斯坦接受梅根採訪，2018；以及瑞特接受茱蒂採訪，2017-19。

20 鮑勃寄給大衛・波伊斯的電子郵件，August 16, 2015。

21 蘭斯・梅洛夫接受梅根採訪，2016年9月-2019年春：對梅洛夫同事的採訪；電子郵件與其他溫斯坦影業內部紀錄。

22 羅德金・柯恩寄給溫斯坦董事會一位律師Philip Richter的電子郵件，September 4, 2015。

23 Megan Twohey and William K. Rashbaum, “Transactions Tied to Weinstein and AIDS Charity Are Under Investigation,” *New York Times*,November 2, 2017. https://www.nytimes.com/2017/11/02/nyregion/harvey-weinstein-amfar.html.

24 2015年與2016年溫斯坦影業的內部紀錄。

第六章 「還有誰公開說出來？」

1 連恩・巴克特接授茱蒂與梅根採訪，2018。

2 哈維・溫斯坦、查爾斯・哈爾德、麗莎・布魯姆與拉尼・戴維斯接授茱蒂與梅根和寇貝特採訪，October 3, 2017。

3 Eriq Gardner,“Ailes Media Litigator Charles Harder on His Improbable

Rise with Clients Melania Trump and Hulk Hogan," *Hollywood Reporter*, September 22, 2016, https://www.hollywoodreporter.com/thr-esq/ailes-media-litigator-charles-harder-930963.

4 Sydney Ember,"Gawker and Hulk Hogan Reach $31 Million Settlement," *New York Times*, November 2, 2016, https://www.nytimes.com/2016/11/03/business/media/gawker-hulk-hogan-settlement.html.

5 Brian Stelter,"Roger Ailes Enlists Lawyer behind Hulk Hogan and Melania Trump Suits," *CNN Money*, September 5, 2016, https://money.cnn.com/2016/09/05/media/roger-ailes-charles-harder/index.html.

6 Tom Hamburger,"Melania Trump Missed Out on 'Once-in-a-Lifetime Opportunity' to Make Millions, Lawsuit Says," *Washington Post*, February 7, 2017, https://www.washingtonpost.com/politics/melania-trump-missed-out-on-once-in-a-lifetime-opportunity-to-make-millions-lawsuit-says/2017/02/06/3654f070-ecd0-11e6-9973-c5efb7ccfb0d_story.html?utm_term=.1f8e8f635b8c&tid=a_inl_manual; Emily Hell,"When They Go Low, Melania Trump Calls Her Lawyers," *Washington Post*, January 30, 2019, https://www.washingtonpost.com/lifestyle/style/when-they-go-low-melania-trump-calls-her-lawyers/2019/01/30/d3892a1e-240a-11e9-ad53-824486280311_story.html?utm_term=.09e90f097c14; GlennFeishman, "Trump Hires Harder, Hulk Hogan's Gawker- Toppling Lawyer in Dispute Against Omarosa," *Fortune*, August 14, 2018, http://fortune.com/2018/08/14/trump-charles-harder-gawker-lawyer-hulk-hogan-omarosa.

7 Jason Zengerle,"Charles Harder, the Lawyer Who Killed Gawker, Isn't Done Yet," *GQ*, November 17, 2016, https://www.gq.com/story/charles-harder-gawker-lawyer.

8 蘭斯・梅洛夫、大衛・波伊斯與大衛・葛拉瑟接受梅根採訪，2018年與2019年。

9 麗莎・布魯姆寫給哈維・溫斯坦、拉尼・戴維斯、查爾斯・哈爾德與大衛．波伊斯的電子郵件，October 4, 2017。

第七章 「即將掀起一場運動」

1 大衛．葛拉瑟接受梅根採訪，2017年10月與2019年春天。

2 查爾斯．哈爾德給Diane Brayton、亞瑟．蘇茲柏格、迪恩．巴克特、茱蒂與梅根的電子郵件，October 4, 2017。

3 大衛．麥克羅給查爾斯．哈爾德的電子郵件，October 4, 2017。

4 Brent Lang, Gene Maddaus, nd Ramin Setoodeh, "Harvey Weinstein Lawyers Up for Bombshell *New York Times*, *New Yorker* Stories," *Variety*, October 4, 2017, https://variety.com/2017/film/news/harvey-weinstein-sexual-new-york-times-1202580605; Kim Masters, Chris Gardner, "Harvey Weinstein Lawyers Battling N.Y. Times, New Yorker Over Potentially Explosive Stories," *Hollywood Reporter*, October 4, 2017, https://www.hollywoodreporter.com/news/harvey-weinstein-lawyers-battling-ny-times-new-yorker-potentially-explosive-stories-1045724.

5 葛拉西．艾倫（Gracie Allen）接受茱蒂採訪，2018。

6 溫斯坦與布魯姆接受茱蒂與梅根訪問，October 5, 2017。

7 Jodi Kantor and Megan Twohey, "Harvey Weinstein Paid Off Sexual Harassment Accusers for Decades," *New York Times*, October 5, 2017, https://www.nytimes.com/2017/10/05/us/harvey-weinstein-harassment-allegations.html.

8 Bruce Haring,"Fifth Weinstein Company Board Member Resigns, Leaving Three Remaining," *Deadline*, October 14, 2017, https://deadline.com/2017/10/fifth-weinstein-company-board-member-resigns-leaving-three-left-1202188563.

9 湯米—安．羅勃茲以及凱瑟琳．肯達爾、朵恩．丹寧與朱迪斯．哥德雷奇的故事，全都在接下來數周的《紐約時報》中描繪出來。Jodi Kantor and Rachel Abrams, "Gwyneth Paltrow, Angelina Jolie and Others Say Weinstein Harassed Them," *New York Times*, October 10, 2017, https://

www.nytimes.com/2017/10/10/us/gwyneth-paltrow-angelina-jolie-harvey-weinstein.html；之後有關Hoped'Amoreand與Cynthia Burr的故事也被描繪出來。Ellen Gabler, Megan Twohey, and Jodi Kantor, "New Accusers Expand Harvey Weinstein Sexual Assault Claims Back to '70s," *New York Times*, October 30, 2017, https://www.nytimes.com/2017/10/30/us/harvey-weinstein-sexual-assault-allegations.html。

10 Ronan Farrow, "From Aggressive Overtures to Sexual Assault: Harvey Weinstein's Accusers Tell Their Stories," *New Yorker*, October 10, 2017, https://www.newyorker.com/news/news-desk/from-aggressive-overtures-to-sexual-assault-harvey-weinsteins-accusers-tell-their-stories.html。

11 Yashar Ali, "TV Journalist Says Harvey Weinstein Masturbated in Front of Her," *Huffington Post*, October 6, 2017, https://www.huffingtonpost.com/entry/weinstein-sexual-harassment-allegation_us_59d7ea3de4b046f5ad984211.

12 Nicole Pelletiere, "Harvey Weinstein's Adviser, Lisa Bloom, Speaks Out: 'There was misconduct,'" ABC, October 6, 2017,https://abcnews.go.com/Entertainment/harvey-weinsteins-adviser-lisa-bloom-speaks-misconduct/story?id=50321561;Megan Twohey and Johanna Barr,"Lisa Bloom, Lawyer Advising Harvey Weinstein, Resigns Amid Criticism From Board Members," *New York Times*, October 7, 2017, https://www.nytimes.com/2017/10/07/business/lisa-bloom-weinstein-attorney.htm.

第八章　海邊的兩難

1 Melena Ryzik, Cara Buckley, and Jodi Kantor,"Louis C. K. Is Accused by 5 Women of Sexual Misconduct," *New York Times*, November 9, 2017, https://www.nytimes.com/2017/11/09/arts/television/louis-ck-sexual-misconduct.html.

2 Michael Rothfeld and Joe Palazzolo, "Trump Lawyer Arranged $130,000 Payment for Adult- Film Star's Silence," *Wall Street Journal*, January

12, 2018,https://www.wsj.com/articles/trump-lawyer-arranged-130-000-payment-for-adult-film-stars-silence-1515787678 ; Megan Twohey and Jim Rutenberg, "Porn Star Was Reportedly Paid to Stay Quiet about Trump," *New York Times*, January 12, 2018, https://www.nytimes.com/2018/01/12/us/trump-stephanie-clifford-stormy-daniels.html.

3 Joe Palazzolo, Michael Rothfeld, and Lukas I. Alpert, "National Enquirer Shielded Donald Trump from Playboy Model's Affair Allegation," *Wall Street Journal*, November 4, 2016, https://www.wsj.com/articles/national-enquirer-shielded-donald-trump-from-playboy-models-affair-allegation-1478309380;Ronan Farrow, "Trump, a Playboy Model, and a System for Concealing Infidelity," *New Yorker*, February 16, 2018, https://www.newyorker.com/news/news-desk/donald-trump-a-playboy-model-and-a-system-for-concealing-infidelity-national-enquirer-karen-mcdougal; Jim Rutenberg, Megan Twohey, Rebecca R. Ruiz, Mike McIntire, and Maggie Haberman, "Tools of Trump's Fixer: Payouts, Intimidation and the Tabloids," *New York Times*, February 18, 2018, https://www.nytimes.com/2018/02/18/us/politics/michael-cohen-trump.html; Ronan Farrow, "Harvey Weinstein's Army of Spies," *New Yorker*, November 6, 2017, https://www.newyorker.com/news/news-desk/harvey-weinsteins-army-of-spies; Mike McIntire, Charlie Savage, and Jim Rutenberg, "Tabloid Publisher's Deal in Hush-Money Inquiry Adds to Trump's Danger," *New York Times*, December 12, 2018, https://www.nytimes.com/2018/12/12/nyregion/trump-american-media-michael-cohen.html.

4 Melena Ryzik, "Weinstein in Handcuffs Is a'Start to Justice' for His Accusers," *New York Times*, October 25, 2018, https://www.nytimes.com/2018/05/25/nyregion/metoo-accusers-harvey-weinstein.html.

5 Laura McGann, "The Still Raging Controversy Over Al Franken's Resignation, Explained," *Vox*, May 21, 2018, https://www.vox.com/2018/5/21/17352230/al-franken-accusations-resignation-democrats-

leann-tweeden-kirsten-gillibrand.

6 "Defending 'Brilliant' Harvey Weinstein," BBC, June 15, 2018, https://www.bbc.co.uk/sounds/play/p0664pjp.

7 金・洛森接受茱蒂採訪，2018-19。

8 卡茲接受茱蒂與梅根採訪，2018-19。

9 克里斯汀・布萊西・福特接受梅根採訪，2017年12月－2019年5月，以及福特與她的友人、參議院司法委員會與她的一位律師之間的文字通訊。爭議的論文可以在以下網址找到：https://www.researchgate.net/publication/327287729_Attenuation_of_Antidepressant_Effects_of_Ketamine_by_Opioid_Receptor_Antagonism。

10 「羅素・福特的聲明」(Declaration of Russell Ford)，參議院司法委員會於參議院同意任命程序期間，針對數起布萊特・卡瓦諾法官的指控之調查，November 2, 2018, https://www.judiciary.senate.gov/imo/media/doc/2018-11-02%20Kavanaugh%20Report.pdf,55-56。

11 凱斯・寇格勒接受梅根採訪，2019；福特接受梅根採訪，2018-19。

12 Jessica Contrera, Ian Shapira, Emma Brown, and Steve Hendrix, "Kavanaugh Accuser Christine Blasey Ford Moved 3,000 Miles to Reinvent Her Life:It Wasn't Far Enough," *Washington Post*, September 22, 2018, https://www.washingtonpost.com/local/christine-blasey-ford-wanted-to-flee-the-us-to-avoid-brett-kavanaugh-now-she-may-testify-against-him/2018/09/22/db942340-bdb1-11e8-8792-78719177250f_story.html.

13 WhatsApp messages from Christin eBlasey Ford to Washington Post Tip Line，參議院司法委員會於參議院同意任命程序期間，針對數起布萊特・卡瓦諾法官的指控之調查，November 2, 2018, https://www.judiciary.senate.gov/imo/media/doc/2018-11-02%20Kavanaugh%20Report.pdf,46。

14 Julie O'Brien, "I Don't Know Kavanaugh the Judge,but Kavanaugh the Carpool Dad Is One Great Guy," *Washington Post*, July 20, 2018, https://www.washingtonpost.com/opinions/i-dont-know-kavanaugh-the-judge-but-

kavanaugh-the-carpool-dad-is-one-great-guy/2018/07/10/a1866a2c-8446-11e8-9e80-403a221946a7_story.html.

15 福特接受梅根採訪，2018-19；Mathew McMurray給Kelsey Kodak的電子郵件，June 17, 2019。

16 黛安・范斯坦的辦公室給福特的電子郵件，July 2018。

17 勞倫斯・羅賓斯接受梅根採訪，January 2019。

18 對卡茲的描述是根據卡茲接受梅根與茱蒂的採訪，2017年8月—2019年春天：律師之間的書面通訊。

19 巴瑞・柯伯恩接受梅根採訪，February 2019。

20 Ronan Farrow, "Les Moonves and CBS Face Allegations of Sexual Misconduct," *New Yorker*, August 6, 2018, https://www.newyorker.com/magazine/2018/08/06/les-moonves-and-cbs-face-allegations-of-sexual-misconduct.

21 Melena Ryzik,"Louis C.K. Performs First Stand-up Set at Club Since Admitting to #MeToo Cases," *New York Times*, August 27, 2018, https://www.nytimes.com/2018/08/27/arts/television/louis-ck-performs-comedy.html.

22 Hillel Italie, "Next O'Reilly Book Coming in September," Associated Press, April 23, 2018, https://www.apnews.com/f00002d9107742b991fecb982312243b.

第九章 「我無法保證我會前往華府」

1 福特接受梅根採訪，2018-19。

2 Sheryl Gay Stolberg,Adam Liptak, and Charlie Savage, "Takeaways from Day 1 of Brett Kavanaugh's Confirmation Hearings," *New York Times*, September 4, 2018, https://www.nytimes.com/2018/09/04/us/politics/kavanaugh-confirmation-hearing-updates.html.

3 同前註。

4 Ryan Grim,"Dianne Feinstein Withholding Brett Kavanaugh Document

from Fellow Judiciary Committee Democrats," *The Intercept*, September 12, 2018, https://theintercept.com/2018/09/12/brett-kavanaugh-confirmation-dianne-feinstein.

5 Dianne Feinstein, "Feinstein Statement on Kavanaugh," United States Senator for California, Dianne Feinstein, September 13, 2018, https://www.feinstein.senate.gov/public/index.cfm/press-releases?ID=FB52FCD4-29C8-4856-A679-B5C6CC553DC4.

6 Emma Brown, "California Professor, Writer of Confidential Brett Kavanaugh Letter, Speaks Out about Her Allegation of Sexual Assault," *Washington Post*, September 16, 2018, https://www.washingtonpost.com/investigations/california-professor-writer-of-confidential-brett-kavanaugh-letter-speaks-out-about-her-allegation-of-sexual-assault/2018/09/16/46982194-b846-11e8-94eb-3bd52dfe917b_story.html.

7 Seung Min Kim, "Kavanaugh Denies Decades- old Allegation of Potential Sexual Misconduct," *Washington Post*, September 14, 2018, https://www.washingtonpost.com/politics/kavanaugh-denies-decades-old-allegation-of-potential-sexual-misconduct/2018/09/14/60ee3ae8-b831-11e8-94eb-3bd52dfe917b_story.html?utm_term=.7d6c36ca93cf.

8 Bob Woodward,*Fear: Trump in the White House* (New York: Simon & Schuster, 2018), 175.

9 Aaron Blake, "'I Don't Believe Them' : Trump Doubts Sexual Abuse Accusers and Sides with an Ally—Again," *Washington Post*, July 6, 2018, https://www.washingtonpost.com/news/the-fix/wp/2018/07/06/i-dont-believe-them-trump-doubts-sexual-abuse-accusers-and-sides-with-an-ally-again.

10 Rosa Brooks (@brooks_ rosa), "Tweet 1 of a bunch: I oppose Kavanaugh's nomination, think senators should vote no based on his judicial record, but am uncomfortable with asserting that his behavior as a teen tells us anything about his 'character' now," Twitter, September 16, 2018, https://twitter.com/

brooks_rosa/status/1041482381625122816.

11 "Lawyer: Kavanaugh Accuser Willing to Testify," CNN, September 17, 2018, https://www.cnn.com/videos/politics/2018/09/17/kavanaugh-accuser-christine-ford-attorney-debra-katz-newday-sot.cnn.

12 福特的團隊與美國參議院司法委員會共和黨團之間的協議描述，是根據梅根與茱蒂採訪卡茲與班克斯；梅根採訪麥克・戴維斯；參議院司法委員會於參議院同意任命程序期間，針對數起布萊特・卡瓦諾法官的指控調查之書面往來，November 2, 2018, https://www.judiciary.senate.gov/imo/media/doc/2018-11-02%20Kavanaugh%20Report.pdf； 卡茲提供的額外電子郵件。

13 Lydia Weaver, "Senate Judiciary Urges Response to Sexual Harassment in Federal Courts," *The Hill*, June 13, 2018, https://thehill.com/regulation/392075-senate-judiciary-wants-response-to-sexual-harassment-in-federal-courts.

14 "Kellyanne Conway Says Kavanaugh Accuser 'Should Not Be Ignored,'" NBC, September 17, 2018, https://www.nbcnews.com/video/kellyanne-conway-says-kavanaugh-accuser-should-not-be-ignored-1322246211718.

15 Anita Hill, "How to Get the Kavanaugh Hearings Right," *New York Times*, September 18, 2018, https://www.nytimes.com/2018/09/18/opinion/anita-hill-brett-kavanaugh-clarence-thomas.html.

16 Judge had written two memoirs: Dwight Garner, "What a Book Critic Finds in Mark Judge's 'Wasted' 21 Years Later," *New York Times*, October 2, 2018, https://www.nytimes.com/2018/10/02/books/wasted-mark-judge-memoir.html.

17 參議院司法委員會於參議院同意任命程序期間，針對數起指控布萊特・卡瓦諾法官的調查，November 2, 2018, https://www.judiciary.senate.gov/imo/media/doc/2018-11-02%20Kavanaugh%20Report.pdf,79。

18 參議院司法委員會於參議院同意任命程序期間，針對數起指控布萊特・卡瓦諾法官的調查：November 2, 2018, https://www.judiciary.

senate.gov/imo/media/doc/2018-11-02%20Kavanaugh%20Report.pdf,90–91。

19 麥克・戴維斯接受梅根採訪，June 2019。

20 巴瑞・柯伯恩與福特接受梅根採訪，2019。

21 Transcript, "Trump's Star Gets Bars; Kavanaugh Accuser Open to Testifying; Conway's Interview Reviewed," CNN, September 21, 2018, http://transcripts.cnn.com/TRANSCRIPTS/1809/21/nday.06.html.

22 Donald J. Trump (@realdonaldtrump), "I have no doubt that, if the attack on Dr. Ford was as bad as she says, charges would have been immediately filed with local Law Enforcement Authorities by either her or her loving parents. I ask that she bringthose filings forward so that we can learn date, time, and place!" Twitter, September 21, 2018, https://twitter.com/realdonaldtrump/status/1043126336473055235

23 "'We're going to plow right through it,'McConnell says on Kavanaugh nomination," *Washington Post*, September 21, 2018, https://www.washingtonpost.com/video/politics/were-going-to-plow-right-through-it-mcconnell-says-on-kavanaugh-nomination/2018/09/21/39beef50-bdac-11e8-8243-f3ae9c99658a_video.html?utm_term=.56cd2476da50.

24 "Judiciary Committee Continues Effort to Accommodate Testimony from Dr. Ford Next Week," Senate Judiciary Committee, September 21, 2018, https://www.judiciary.senate.gov/press/rep/releases/judiciary-committee-continues-effort-to-accommodate-testimony-from-dr-ford-next-week.

25 格拉利斯推文的時間戳預設的是太平洋岸時間，這也是為什麼推文上的時間是太平洋岸時間晚上8點42分，然而其實格拉利斯公開這則貼文是東岸時間晚上11點42分。Chuck Grassley (@ChuckGrassley), "Judge Kavanaugh I just granted another extension to Dr Ford to decide if she wants to proceed w the statement she made last week to testify to the senate She shld decide so we can move on I want to hear her. I hope u understand. It's not my normal approach to b indecisive,"

Twitter, September 21, 2018, https://twitter.com/ChuckGrassley/status/1043344767684366336。

26 Ronan Farrow and Jane Mayer, "Senate Democrats Investigate a New Allegation of Sexual Misconduct, from BrettKavanaugh's College Years," *New Yorker*, September 23, 2018, https://www.newyorker.com/news/news-desk/senate-democrats-investigate-a-new-allegation-of-sexual-misconduct-from-the-supreme-court-nominee-brett-kavanaughs-college-years-deborah-ramirez.

27 Lisa Ryan, "What Credible Information' Does Michael Avenatti Have on Kavanaugh?" *The Cut*, September 24, 2018, https://www.thecut.com/2018/09/michael-avenatti-kavanaugh-judge-client-tweets.html.

28 寇貝特接受梅根與茱蒂採訪，2018-19。

29 Sheryl Gay Stolberg and Nicholas Fandos, "Christine Blasey Ford Reaches Deal to Testify at Kavanaugh Hearing," *New York Times*, September 23, 2018, https://www.nytimes.com/2018/09/23/us/politics/brett-kavanaugh-christine-blasey-ford-testify.html.

30 Emily Tillett, "Kellyanne Conway says Brett Kavanaugh allegations feel like'a vast left- wing conspiracy,'" *CBS This Morning*, September 24, 2018, https://www.cbsnews.com/news/kellyanne-conway-says-brett-kavanaugh-accusers-allegations-feel-like-a-vast-left-wing-conspiracy-2018-09-24.

31 "McConnell slams'shameful smear campaign'against Kavanaugh," *Washington Post*, September 24, 2018, https://www.washingtonpost.com/video/politics/mcconnell-slams-shameful-smear-campaign-against-kavanaugh/2018/09/24/f739f09a-c02f-11e8-9f4f-a1b7af255aa5_video.html?utm_term=.6d2f69646c81.

32 "Brett Kavanaugh defends himself in letter to Senate Judiciary Committee," CNN, September 24, 2018, https://www.cnn.com/2018/09/24/politics/read-brett-kavanaugh-letter-senate-judiciary-committee/index.html.

33 麥克・戴維斯接受梅根採訪，2019年6月。

34 Graham Bowley and Joe Coscarelli, "Bill Cosby, Once a Model of Fatherhood, Sentenced to Prison," *New York Times*, September 25, 2018, https://www.nytimes.com/2018/09/25/arts/television/bill-cosby-sentencing.html.

35 "Press Conference by President Trump," The White House, September 27, 2018, https://www.whitehouse.gov/briefings-statements/press-conference-president-trump-2.

36 Christine Blasey Ford, Opening Statement, Kavanaugh Hearing, September 27, 2018, https://www.c-span.org/video/?c4760434/christine-blasey-ford-opening-statement.

37 "Brenda from Missouri calls into C-SPAN," C-SPAN, September 27, 2018, https://www.c-span.org/video/?c4751718/brenda-missouri-calls-span.

38 "Trump's Evolving Statements on Christine Blasey Ford," Associated Press, October 3, 2018, https://apnews.com/04e24ef006f4487282e2f9be3faf0a01.

39 Jim Yardley, "Bush, Irked at Being Asked, Brushes Off Drug Question," *New York Times*, August 19, 1999, https://www.nytimes.com/1999/08/19/us/bush-irked-at-being-asked-brushes-off-drug-question.html.

40 "Kavanaugh Hearing: Transcript," *Washington Post*, September 27, 2018, https://www.washingtonpost.com/news/national/wp/2018/09/27/kavanaugh-hearing-transcript.

41 David Bauder, "NBC Faces Scrutiny for Interview with Kavanaugh Accuser," Associated Press, October 2, 2018, https://www.apnews.com/42674fffa6dd4c108ccd908bee7c856e.

42 參議院司法委員會於參議院同意任命程序期間，針對數起指控布萊特・卡瓦諾法官的調查，November 2, 2018, https://www.judiciary.senate.gov/imo/media/doc/2018-11-02%20Kavanaugh%20Report.pdf, 93; Seung Min Kim, Sean Sullivan, and Emma Brown, "Christine Blasey Ford Moves Closer to Deal with Senate Republicans to Testify

against Kavanaugh," *Washington Post*, September 23, 2018, https://www.washingtonpost.com/politics/lawyers-for-christine-blasey-ford-say-she-has-accepted-senate-judiciary-committees-request-to-testify-against-kavanaugh/2018/09/22/e8199c6a-be8f-11e8-8792-78719177250f_story.html?utm_term=.296382a233b1。

43 Rachel Mitchell, "Memorandum, Analysis of Dr. Christine Ford's Allegations," September 30, 2018, https://www.jimhopper.com/pdf/mitchell_memo_highlighted.pdf.

44 Allie Malloy, Kate Sullivan, and Jeff Zeleny, "Trump mocks Christine Blasey Ford's testimony, tells people to 'think of your son,'" CNN, October 4, 2018, https://www.cnn.com/2018/10/02/politics/trump-mocks-christine-blasey-ford-kavanaugh-supreme-court/index.html.

45 Gregg Re and John Roberts, "Christine Blasey Ford Ex-boyfriend Says She Helped Friend Prep for Potential Polygraph; Grassley Sounds Alarm," Fox News, October 2, 2018, https://www.foxnews.com/politics/christine-blasey-ford-ex-boyfriend-says-she-helped-friend-prep-for-potential-polygraph-grassley-sounds-alarm; Peter Baker, "Christine Blasey Ford's Credibility Under New Attack by Senate Republicans," *New York Times*, October 4, 2018, https://www.nytimes.com/2018/10/03/us/politics/blasey-ford-republicans-kavanaugh.htm.

46 Susan Chira and Ellen Ann Fentress, "In a Mississippi Restaurant, Two Americas Coexist Side by Side," *New York Times*, October 8, 2018, https://www.nytimes.com/2018/10/08/us/politics/trump-kavanaugh-mississippi-.html.

47 "Who Is Believed and Who Is Blamed?," *The Daily*, October 10, 2016, https://www.nytimes.com/search?query=https%3A%2F%2Fwww.nytimes.com%2F2018%2F10%2F10%2Fpodcasts%2Fthe-daily%2Fkavanaugh-assault-metoo-women-girls-respond.html.

48 Savannah Guthrie, "Ellen DeGeneres Opens up about Being a Victim

of Sexual Abuse," *Today Show*, October 4, 2018, https://www.today.com/video/ellen-degeneres-opens-up-about-being-a-victim-of-sexual-abuse-1336566851633; Connie Chung, "Dear Christine Blasey Ford: I, Too, Was Sexually Assaulted—and It's Seared into My Memory Forever," *Washington Post*, October 3, 2018, https://www.washingtonpost.com/opinions/dear-christine-blasey-ford-i-too-was-sexually-assaulted—and-its-seared-into-my-memory-forever/2018/10/03/2449ed3c-c68a-11e8-9b1c-a90f1daae309_story.html.

49 Senate.gov, "Supplemental FBI Investigation Executive Summary," October 5, 2018, https://www.grassley.senate.gov/news/news-releases/supplemental-fbi-investigation-executive-summary.

50 Jenna Amatulli, "Brett Kavanaugh Protesters Bring Beer, Chant 'Chug' Outside Mitch McConnell's House," *Huffington Post*, October 5, 2018, https://www.huffpost.com/entry/brett-kavanaugh-protesters-bring-beer-chant-chug-outside-mitch-mcconnells-house_n_5bb75543e4b028e1fe3cdc5a.

51 Rachel Abrams, "McDonald's Workers across the U.S. Stage #Metoo Protests," *New York Times*, September 18, 2018, https://www.nytimes.com/2018/09/18/business/mcdonalds-strike-metoo.html.

52 Edmund Lee, "CBS Chief Executive Les Moonves Steps Down after Sexual Harassment Claims," *New York Times*, September 9, 2018, https://www.nytimes.com/2018/09/business/les-moonves-longtime-cbs-chief-may-be-gone-by-monday.html.

53 Google and secret problems: Daisuke Wakabayashi and Katie Benner, "How Google Protected Andy Rubin, 'Father of Android,'" *New York Times*, October 25, 2018, https://www.nytimes.com/2018/10/25/technology/google-sexual-harassment-andy-rubin.html.

54 Alicia P. Q. Wittmeyer, "Eight Stories of Men's Regret," *New York Times*, October 18, 2018, https://www.nytimes.com/interactive/2018/10/18/

opinion/men-metoo-high-school.html.EPILOGUE:THEGATHERING

終曲　聚會

1 本章內容是根據這兩天團體採訪的錄音紀錄。

2 Matthew Garrahan,"Harvey Weinstein: How Lawyers Kept a Lid on Sexual Harassment Claims," *Financial Times*, October 23,2017, https://www.ft.com/content/1dc8a8ae-b7e0-11e7-8c12-5661783e5589.

3 Holly Watt, "Harvey Weinstein Aide Tells of 'Morally Lacking' Non-disclosure Deal," *The Guardian*, March 28, 2018, https://www.theguardian.com/film/2018/mar/28/harvey-weinstein-assistant-zelda-perkins-i-was-trapped-in-a-vortex-of-fear ; House of Commons Women and Equalities Committee, "Sexual Harassment in the Workplace, Fifth Report of Session 2017– 2019," *House of Commons*, July 18, 2018, https://publications.parliament.uk/pa/cm201719/cmselect/cmwomeq/725/725.pdf.

4 Matthew Haag,"Rachel Crooks, Who Accused Trump of Sexual Assault, Wins Legislative Primary," *New York Times*, May 9, 2018, https://www.nytimes.com/2018/05/09/us/politics/rachel-crooks-ohio.html.

5 Karen Zraick, "Night of Firsts: Diverse Candidates Make History in Midterm Elections," *New York Times*, November 11, 2017, https://www.nytimes.com/2018/11/07/us/politics/election-history-firsts-blackburn-pressley.html.

6 Sara M. Moniuszko and Cara Kelly, "Harvey Weinstein Scandal: A Complete List of the 87 Accusers," *USA Today*, October 27, 2017, https://www.usatoday.com/story/life/people/2017/10/27/weinstein-scandal-complete-list-accusers/804663001.Index

國家圖書館出版品預行編目資料

性、謊言、吹哨者：紐約時報記者揭發好萊塢史上最大規模性騷擾案，引爆#MeToo運動的新聞內幕直擊／茱蒂・坎特（Jodi Kantor）、梅根・圖伊（Megan Twohey）著；游淑峰譯. -- 初版. -- 臺北市：麥田出版：英屬蓋曼群島商家庭傳媒股份有限公司城邦分公司發行, 2021.02
面； 公分
譯自：She said : breaking the sexual harassment story that helped ignite a movement
ISBN 978-986-344-870-9（平裝）
1.性騷擾 2.性犯罪 3.報導文學
548.544 109020911

麥田叢書 105

性、謊言、吹哨者

紐約時報記者揭發好萊塢史上最大規模性騷擾案，引爆#MeToo運動的新聞內幕直擊

She Said: Breaking the Sexual Harassment Story That Helped Ignite a Movement

作　　者／茱蒂・坎特（Jodi Kantor）、梅根・圖伊（Megan Twohey）
譯　　者／游淑峰
責任編輯／許月苓
主　　編／林怡君

國際版權／吳玲緯
行　　銷／巫維珍　蘇莞婷　何維民　吳宇軒　陳欣岑
業　　務／李再星　陳玫潾　陳美燕　葉晉源
編輯總監／劉麗真
總 經 理／陳逸瑛
發 行 人／凃玉雲
出　　版／麥田出版
10483臺北市民生東路二段141號5樓
電話：(886)2-2500-7696　傳真：(886)2-2500-1967
發　　行／英屬蓋曼群島商家庭傳媒股份有限公司城邦分公司
10483臺北市民生東路二段141號11樓
客服服務專線：(886) 2-2500-7718、2500-7719
24小時傳真服務：(886) 2-2500-1990、2500-1991
服務時間：週一至週五09:30-12:00・13:30-17:00
郵撥帳號：19863813　戶名：書虫股份有限公司
讀者服務信箱E-mail：service@readingclub.com.tw
麥田網址／https://www.facebook.com/RyeField.Cite/
香港發行所／城邦（香港）出版集團有限公司
香港灣仔駱克道193號東超商業中心1/F
電話：(852)2508-6231　傳真：(852)2578-9337
馬新發行所／城邦（馬新）出版集團Cite (M) Sdn Bhd.
41-3, Jalan Radin Anum, Bandar Baru Sri Petaling, 57000 Kuala Lumpur, Malaysia.
電話：(603)9056-3833　傳真：(603)9057-6622
讀者服務信箱：services@cite.my

封面設計／盧卡斯工作室
印　　刷／前進彩藝有限公司

■2021年3月2日　初版一刷　Printed in Taiwan.

定價：480元

ISBN 978-986-344-870-9

cite城邦媒體 麥田出版

Rye Field Publications
A division of Cité Publishing Ltd.

廣　告　回　函
北區郵政管理局登記證
台北廣字第000791號
免　貼　郵　票

英屬蓋曼群島商
家庭傳媒股份有限公司城邦分公司

104 台北市民生東路二段141號5樓

▼

請沿虛線折下裝訂，謝謝！

讀者回函卡

cite城邦媒體

※為提供訂購、行銷、客戶管理或其他合於營業登記項目或章程所定業務需要之目的，家庭傳媒集團（即英屬蓋曼群島商家庭傳媒股份有限公司城邦分公司、城邦文化事業股份有限公司、書虫股份有限公司、墨刻出版股份有限公司、城邦原創股份有限公司），於本集團之營運期間及地區內，將以e-mail、傳真、電話、簡訊、郵寄或其他公告方式利用您提供之資料（資料類別：C001、C002、C003、C011等）。利用對象除本集團外，亦可能包括相關服務的協力機構。如您有依個資法第三條或其他需服務之處，得致電本公司客服中心電話請求協助。相關資料如為非必填項目，不提供亦不影響您的權益。

□ 請勾選：本人已詳閱上述注意事項，並同意麥田出版使用所填資料於限定用途。

姓名：________________ 聯絡電話：________________

聯絡地址：□□□□□________________

電子信箱：________________

身分證字號：________________（此即您的讀者編號）

生日：____年____月____日 性別：□男 □女 □其他________

職業：□軍警 □公教 □學生 □傳播業 □製造業 □金融業 □資訊業 □銷售業

□其他________________

教育程度：□碩士及以上 □大學 □專科 □高中 □國中及以下

購買方式：□書店 □郵購 □其他________________

喜歡閱讀的種類：（可複選）

□文學 □商業 □軍事 □歷史 □旅遊 □藝術 □科學 □推理 □傳記 □生活、勵志

□教育、心理 □其他________________

您從何處得知本書的消息？（可複選）

□書店 □報章雜誌 □網路 □廣播 □電視 □書訊 □親友 □其他________

本書優點：（可複選）

□內容符合期待 □文筆流暢 □具實用性 □版面、圖片、字體安排適當

□其他________________

本書缺點：（可複選）

□內容不符合期待 □文筆欠佳 □內容保守 □版面、圖片、字體安排不易閱讀 □價格偏高

□其他________________

您對我們的建議：________________

____